ANDRÉ CLOT

DAS MAURISCHE SPANIEN

ANDRÉ CLOT

DAS MAURISCHE SPANIEN

800 JAHRE ISLAMISCHE HOCHKULTUR IN AL ANDALUS

AUS DEM FRANZÖSISCHEN VON
HARALD EHRHARDT

ALBATROS

Titel der französischen Originalausgabe:
L'Espagne musulmane. VIIIe-XVe siècle.
© Librairie Académique Perrin, 1999

Bibliographische Information der Deutschen Bibliothek
Die Deutsche Bibliothek verzeichnet diese Publikation in der
Deutschen Nationalbibliographie;
detaillierte bibliographische Daten sind im Internet
über http://dnb.ddb.de abrufbar.

Titel der deutschen Ausgabe:
Al Andalus. Das maurische Spanien
© 2002 Patmos Verlag GmbH & Co. KG
Artemis & Winkler Verlag, Düsseldorf und Zürich

© 2004 Patmos Verlag GmbH & Co. KG
Albatros Verlag, Düsseldorf
Alle Rechte, einschließlich derjenigen des auszugsweisen Abdrucks
sowie der fotomechanischen und elektronischen Wiedergabe, vorbehalten.
Umschlaggestaltung: butenschoendesign, Lüneburg
Umschlagmotiv:
»Madinat az Zahra«, Salon Ricos. Foto: Bednorz-Photo, Köln
ISBN 3-491-96116-5
www.patmos.de

INHALT

Heinrich Heine
Lobpreis auf al Andalus

Es ist ein schönes Land, das schöne Spanien,
Ein großer Garten, wo da prangen Blumen,
Goldäpfel, Myrten – aber schöner noch
Prangten mit stolzem Glanz die Maurenstädte.

Und Schönes blühte, wo die Schönheit herrschte:
Kunst, Wissenschaft, Ruhmsucht und Frauendienst.

Viel neue Weisheit sprosste aus der alten.
Und Scharen wissbegier'ger Schüler wallten
Aus allen Ländern her nach Cordoba,
Um hier zu lernen, wie man Sterne misst,
Und wie man löst die Rätsel dieses Lebens.
Cordoba fiel, Granada stieg empor,
Und ward der Sitz der Maurenherrlichkeit.

Aus: Almansor

DIE ARABER – ENTSTEHUNG EINES WELTREICHS

Die ersten Eroberungen

Von den großen Eroberungen der Weltgeschichte erregen die der Araber im Nahen und Mittleren Orient wohl das größte Staunen – nicht nur wegen der kurzen Zeit, in der sie durchgeführt wurden, sondern vielleicht mehr noch, weil sie mit einer verblüffend geringen Anzahl von Menschen durchgeführt wurden.

Nicht einmal ein Jahr nach dem Tode Mohammeds im Jahre 632 hat sich sein Nachfolger, der Kalif Abu Bakr, fast der gesamten Arabischen Halbinsel bemächtigt. Im Jahre 637 wird das Perserreich der Sasaniden in der Schlacht von Qadissija besiegt und einige Jahre später dann endgültig vernichtet. Fast zur gleichen Zeit kommen Syrien, der Irak, Mesopotamien unter die Herrschaft des Kalifen. Im Auftrag des Kalifen Omar marschiert General Amr ibn al As im Jahre 639 mit 3000 Mann in Ägypten ein und nimmt die nahe dem späteren Kairo gelegene Festung Babylon (Babylon fossatum) ein und errichtet hier die erste Hauptstadt des arabischen Ägypten, al Fustat. Ein Jahr später ziehen sich die byzantinischen Truppen aus Alexandria zurück, versuchen aber, die Stadt, die nach wie vor den Schlüssel zum Besitz Ägyptens darstellt, vom Meer her zurückzuerobern, jedoch letztlich vergeblich. 642 und endgültig 646 wird die Stadt den Arabern überlassen. Weniger als zwanzig Jahre nach dem Tod des Propheten haben die Araber fast alle Länder des fruchtbaren Halbmonds, des iranischen Hochlands mit Chorasan sowie Teile der byzantinischen Provinzen in Nordafrika erobert. Die folgenden Eroberungszüge werden zwar weniger leicht vonstatten gehen, aber ein eminent wichtiger Zug der arabischen Expansion ist rasch deutlich geworden: Zuvor nahezu unbekannt, haben die Araber unvermittelt ihre Wüstenheimat verlassen und sind auf der orientalischen und internationalen Bühne erschienen, die sie niemals mehr verlassen werden. Die politischen und wirtschaftlichen Folgen erweisen sich als immens.

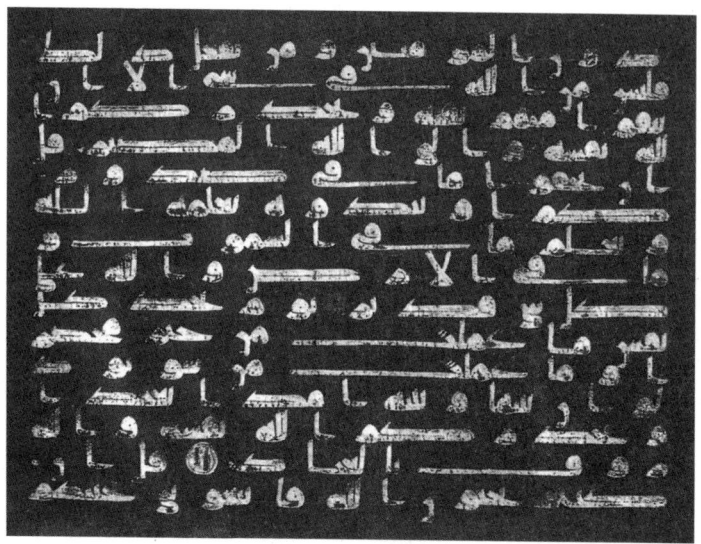

Koranhandschrift in kufischer Schrift (8. Jh.)

Bevor wir der Expansion der Araber nach Westen folgen, stellt
sich eine Frage, die von den Historikern unterschiedlich beantwortet wird: Warum diese plötzlichen und unerwarteten Eroberungen? Welchen Idealen folgten diese Wüstenkrieger, die in wenigen Jahren die Herren einiger der größten Länder und der
größten Zentren des Mittleren Ostens wurden? Die Antriebskraft
dieser blitzartigen Kriegszüge wurde lange Zeit im religiösen Fanatismus gesucht, mit dem der Islam die Araber unvermittelt beseelt hätte. Es ist zwar richtig, dass die Religion des Propheten in
seiner Umgebung – keineswegs immer ohne Schwierigkeiten –
rasch eine Anhängerschaft gewonnen hatte. Ihre Zahl indessen
war gering; die Mehrzahl der «Glaubenskämpfer» waren vielmehr
Menschen, die nichts oder fast nichts vom Islam wussten. Was sie
suchten, waren vor allem die Reichtümer, die sie in den geplün-
derten Städten zu finden hofften, die Annehmlichkeiten des Le-

bens, die sie in den neu eroberten städtischen Zentren erwarten durften. Die gegen die persischen und byzantinischen Städte anstürmenden Araber waren meist polytheistische Beduinen, denen der Islam noch gänzlich fremd war. Von einigen Abweichungen im Lauf der Jahrhunderte einmal abgesehen, ist der Islam eine tolerante Religion, die keineswegs gewaltsame Bekehrungen anstrebt. Die Kalifen hatten daher zunächst keine Bedenken, kampferprobte und beutelustige Beduinen, auch wenn sie vom Islam unberührt waren, in ihren Dienst zu stellen.

Die Eroberungen wurden indessen begünstigt von der Schwäche und Zerrissenheit der benachbarten Reiche. Die byzantinischen Ostprovinzen – Syrien, Palästina, Ägypten – litten unter der religiösen Intoleranz der Kaiser, die beherrscht vom Gedanken der Reichseinheit einen erbitterten Kampf gegen die «Irrlehren» der vorwiegend im Osten beheimateten Monophysiten und Nestorianer führten. Die Länder des byzantinischen Ostens waren nahe daran, sich von Konstantinopel loszusagen, so groß war ihre Unzufriedenheit. Sie hatten genug von der Unduldsamkeit und dem rigiden Steuerdruck Konstantinopels, wohingegen sich die Araber gegenüber den religiösen Überzeugungen ihrer Untertanen indifferent verhielten. Die Araber verlangten von ihnen lediglich eine friedfertige Haltung gegenüber der Staatsgewalt und die Entrichtung bestimmter Abgaben, insbesondere der *djiziyya*, die jeder Nicht-Muslim zu entrichten hatte. Zudem befanden sich die in den Provinzen stationierten byzantinischen Truppen meistenteils in miserablem Zustand, waren schlecht organisiert, schlecht geführt, schlecht besoldet. Die großen Grundbesitzer hatten sich längst der Kontrolle der oft unfähigen und korrupten Provinzialregierungen entledigt. «Die Eroberung Ägyptens», konstatiert der englische Historiker N. J. Bell, «war weder ein Wunder, noch ein Beispiel eines göttlichen Racheaktes gegen eine im Irrtum verhaftete Christenheit; es war nichts anderes als der unabwendbare Zerfall eines bis ins Mark verfaulten Gebäudes.» Die andere Großmacht im Osten, das Perserreich der Sasaniden, war allerdings noch geschwächter als Byzanz. Zu Beginn des 7. Jahrhunderts hatte Chosroes II. die byzantinischen Provinzen Syrien und Ägypten an sich gerissen, als zur gleichen Zeit die Avaren, ein kriegerisches Steppennomadenvolk aus Mittel- und Ostasien, vor Konstantinopel standen. Kaiser Herakleios erkaufte sich den Abzug der Avaren, griff dann ihre Verbündeten, die Perser, an und warf sie in mehreren Feldzügen zurück. Größter Triumph des Kaisers war die Wiedergewinnung des (vor Jahrzehnten von den Persern erbeuteten) Wahren Kreuzes als Symbol der christlichen Einheit aller Reichsuntertanen und die Rückführung der kostbaren Reliquie nach Jerusalem. Das Perserreich wie auch sein «Erbfeind» Byzanz waren ausgeblutet, als sich die Araber auf sie stürzten. Nahezu Jahr für Jahr durchzogen die Wüstenreiter Kleinasien, das sich ihnen als lohnendes Beutefeld darbot. Sie verheerten die Küsten Zyperns, plünderten Rhodos, und im Jahre 654, nun schon im Seekrieg erfahren, vernichteten die Araber die byzantinische Flotte, die Kaiser Konstans II. persönlich kommandierte. In den Jahren 674–678 belagerten die Truppen des Kalifen jedes Frühjahr die Hauptstadt. Die Stadt wurde zu Wasser und zu Lande angegriffen, stand mehrfach kurz vor der Kapitulation und konnte sich nur durch den Einsatz des «Griechischen Feuers», der gefürchteten «Wunderwaffe» der Byzantiner, retten. Byzanz bestand die Feuerprobe und sollte die gewonnene Atempause zur allmählichen Reorganisation seiner Heeres- und Verwaltungsinstitutionen nutzen. Seine imperiale Großmachtstellung blieb unangetastet.

Die Sasaniden freilich besaßen kein «Griechisches Feuer», «diese Waffe des Satans», und verfügten nicht über die günstigen natürlichen Verteidigungsmittel und stabilen Befehlsstrukturen wie Byzanz. Das Perserreich löste sich rasch auf. 642 wurde bei Nihawend die Armee Yazigirds, des letzten Sasanidenkönigs, geschlagen. Die Besetzung des Landes durch die Araber ging ohne Schwierigkeiten vonstatten. Ein Teil der sasanidischen Armee verband sich mit den Invasoren. Deren Druck setzte sich nach Osten fort, bis in die ersten Jahre des 8. Jahrhunderts. Belutschistan und Sind fielen 707–710, der Indus wurde 712–714 erreicht.

Vorstoß nach Nordafrika

Die Eroberung Ägyptens hatte sich als vergleichsweise mühelos erwiesen. Die Byzantiner jedoch behaupteten die Seeherrschaft und ausgedehnte Territorien, die etwa dem heutigen Libyen entsprachen. Um ihre Eroberungen weiter voranzutreiben, müssen die Araber zugleich das Binnenland wie auch die Küste halten. Mit 4000 Mann, meist aus dem Jemen und dem Hedschas, führt General Amr, der Regent Ägyptens, im Jahre 643 den Angriff in Richtung auf Barka, die Hauptstadt der Cyrenaika, die er ohne Mühe einnimmt; einer seiner Generäle, Okba, erobert ohne nennenswerte Gegenwehr weite Teile im Innern des Landes. Tripolis fällt, nicht ohne Widerstand seitens der Byzantiner; die Häfen der Tripolitanischen Küste werden erobert. Amr wird von einem seiner Stellvertreter, Abi Sahr, abgelöst. Er stellt ein Expeditionsheer von 7000 bis 10.000 Mann aus arabischen Stämmen auf, schlägt die Byzantiner, nimmt Kairuan und Sbeitla, schließlich Gafsa. Die gesamte Region fällt in die Hände der Araber, aber General Abu Sahr willigt ein, sich wieder zurückzuziehen – nach Empfang einer beträchtlichen Summe Geldes. Als kundiger Stratege weiß er, dass diese Eroberungen nur gehalten und erweitert werden können, wenn sie von einer starken Flotte flankiert werden – und die muss erst geschaffen werden. Drei Jahre später sind die Schiffe gebaut, und die Offensive beginnt auf Neue. Im Jahre 670 setzt sich Okba in Kairuan fest, inmitten einer fruchtbaren Gegend und weitab vom Meer gelegen, das von da an die große Militärbasis und das bedeutende administrative Zentrum der Region sein wird. Von dort aus stößt er in den folgenden Jahren ins südliche Tunesien vor. Der Angriff ist umso erfolgreicher, als die Byzantiner damit beschäftigt sind, Konstantinopel gegen einen arabischen Angriff zu verteidigen. Die Feldzüge werden bis nach

Ostalgerien und bis vor die Tore Karthagos vorangetrieben; die Stadt wird von den Truppen Okbas belagert, aber nicht eingenommen. Erst 695 fällt die Stadt, um kurz danach wieder von den Byzantinern genommen zu werden; drei Jahre später fällt sie jedoch endgültig in die Hände der Araber. So wechseln sich Erfolge und Rückschläge ab. Von der Leichtigkeit, mit der die Araber die Länder Asiens besetzt und islamisiert hatten, ist nichts mehr zu spüren. Das große Problem, mit dem sich die verschiedenen arabischen Heerführer auseinander zu setzen haben, ist der Widerstand der Berber im Landesinnern, insbesondere der Stämme im Auras-Gebirge unter dem Oberbefehl einer Frau, der *Kahina* («Prophetin»), nach Meinung einiger Historiker die Königin eines vor dem Eindringen des Islam zum Judentum übergegangenen Berberstammes. Sie soll mit einem christlichen Griechen verheiratet gewesen sein, was ihre Beziehungen zu Byzanz erklären könnte. Die «Amazone» stellt sich den Arabern in großen Schlachten entgegen, besiegt sie und wird schließlich selbst bei einem Kampf im Auras-Gebirge (östlicher Atlas) getötet.

Angesichts des erbitterten Widerstands der Berber erkennt der arabische General Hasan, dass die Assimilation der einzige Weg ist, mit den Berbern ins Reine zu kommen. Er schlägt ihnen einen vorteilhaften Frieden vor und schickt ihnen Missionare. Die zum Islam konvertierten Berber behandelt er als Gleichberechtigte. In der gleichen Epoche wird in der Nähe von Karthago die Stadt Tunis gegründet. In uneinnehmbarer Lage entwickelt sie sich zur Basis der arabischen Flotte in Nordafrika. Die Flotte selbst wird in kurzer Zeit von Tausenden koptischer Familien gebaut, die vom Kalifen nach Afrika geschickt worden sind; sie ist stark genug, die Byzantiner zur Aufgabe Nordafrikas zu zwingen, mit Ausnahme einiger verstreuter Besitzungen, namentlich Ceutas, der mächtigen, von Justinian erbauten Festung, in der ein byzantinischer Exarch die Herrschaft ausübt. In der Folgezeit setzen die arabischen Heerführer nordafrikanische Araber und Berber gemeinsam ein, ohne dass sich ihnen die aus der Levante stammenden

Einheiten anschließen. Diese Assimilierungs-Politik erweist sich als Weg zum Erfolg: Nordafrika wird rasch islamisiert, mit Ausnahme einiger Stämme im Innern und in der Region um die Meerenge von Gibraltar. Gestützt auf rechtgläubige Stämme werden die arabischen Generäle – Musa ist einer der wichtigsten – die rebellischen Stämme, die Juden und Christen unterwerfen. Musa ist sich seiner Macht so sicher, dass er auf Sizilien landet und Syrakus einnimmt, das von seinen Truppen geplündert wird. Siebzig Jahre genügen den Arabern, um ganz Nordafrika bis zum Atlantik zu erobern.

DIE EROBERUNG SPANIENS

Ein sturmreifes Land

Wie die Länder des östlichen Mittelmeerraumes durchlief auch Spanien in der Spätantike schwer wiegende Krisen, die es gleichsam zu einem «sturmreifen Land» machten. Das im Einflussbereich der Karthager liegende Land mit seinen iberischen und keltischen Völkern wurde von den Römern im 2. Jahrhundert v. Chr. im Zuge der Punischen Kriege mühsam erobert, «die erste eroberte, die letzte unterworfene Provinz». Bis ins 5. Jahrhundert bildete die Hispania eines der größten und reichsten Gebiete des Römischen Reiches. Mehrere Kaiser (Trajan, Hadrian, Theodosius der Große) und große Schriftsteller (Seneca, Martial, Lukan, Quintilian) erblickten hier das Licht der Welt. Tarragona, Valencia, Cartagena, Córdoba, Cádiz, Sevilla sind römische Gründungen. Zahlreiche grandiose Spuren hielten die Erinnerung an römische Bauwerke wach. Die Römer hatten Straßen gebaut, hatten ein Sicherheitssystem, die *pax romana*, etabliert und damit einer hoch entwickelten Zivilisation Tür und Tor geöffnet, in der das Christentum rasch aufblühte und von der Kirche berühmte Klös-

Westgotische Krone (Votivkrone des Königs Rekkesvinth), 7. Jh.
(Schatz von Guarrazar, Archäologisches Nationalmuseum Madrid)

ter und Heilige empfing. Im Jahre 395 aber, beim Tod Kaiser Theodosius', wird das Reich geteilt: Die westlichen Provinzen behalten Rom als ihr Zentrum.

Zu Beginn des 5. Jahrhunderts beginnen die ostgermanischen Völker ihren Zug nach Westen. Die Vandalen machen den Anfang, es folgen die Sueben, schließlich die Goten, «das gewaltigste der germanischen Völker», die sich in einen ostgotischen und einen westgotischen Stammesverband aufteilen; letztere fühlen sich in besonderen Maße von Luxus und Reichtum der Römer angezogen. Die Westgoten unter Alarich brandschatzen Rom im Jahre 410; von da aus stoßen sie ins südliche Gallien und zur Iberischen Halbinsel vor. Die Vandalen und Sueben überschreiten ihrerseits die Pyrenäen; der Gotenkönig Wallis drängt sie zurück. Sie ziehen weiter nach Nordafrika; die Römer sind zu schwach, um diese Chance zur Rückeroberung der Iberischen Halbinsel zu nutzen; die Westgoten hingegen sind zahlreich und gut organisiert. Im Jahre 507 wird Alarich bei Vouillé (nördlich von Poitiers) vom Frankenkönig Chlodwig I. geschlagen, der damit seine Herrschaft über Aquitanien sichern kann. Diese Niederlage ist gleichsam die Chance der Westgoten, die nun gezwungen sind, sich auf die Iberische Halbinsel zurückzuziehen. Sie errichten eine Verwaltung, gründen Städte und erlassen Gesetze. Eine große Zukunft eröffnet sich ihnen. Aber anarchische Tendenzen gefährden die mühsam errungene Einheit des Westgotenreiches: Arianer, die die Mehrheit bilden, und Katholiken geraten in unversöhnlichen Streit. Die Katholiken rufen die Byzantiner an, die zwar nichts ausrichten, aber sich im Süden Spaniens, in der Baetica, festsetzen. Als zusätzliche Schwierigkeit kommt hinzu, dass das westgotische Königtum, wie viele andere germanische Königreiche auch, ein Wahlkönigtum war, was stets zu Streitigkeiten zwischen den Anhängern der Königssöhne und einem oder mehreren Heerführern führte, die man «auf den Schild gehoben» hatte. Daraus ergab sich eine ständige Folge von Kriegen zwischen den «Erwählten». Einigen Königen gelang es jedoch, die Einheit zu stärken, indem sie Zentralinstitutionen ins Leben riefen wie die «aula regia» (die Pfalzorganisation), ein Gesetzbuch erließen, den kulturellen Aufschwung förderten. Das Königtum der Westgoten stützte sich auf die westgotische Kirche, die nach der Bekehrung Rekkareds die Oberhand gewann und vor allem im Erzbischof Isidor von Sevilla einen großen Heiligen und Kirchenschriftsteller, der antikes Bildungsgut an die entstehende mittelalterliche Welt weitergab, aufzuweisen hatte. Die Kirchengesetze der westgotischen Reichskonzilien von Toledo haben Recht und Verfassung des christlichen Europa stark geprägt. Mit dem Übergang des Westgotenreiches zur katholischen Glaubensrichtung wurden die Juden Spaniens zur Zielscheibe strenger Verfolgungen: Synagogen, Grundbesitz und Religionsausübung wurden ihnen verboten. Nicht weniger als sechshunderttausend von ihnen wurden zwangsweise getauft. Im Moment der arabischen Eroberung sollten sie sich daran erinnern. Von inneren Auseinandersetzungen geschwächt, häufig von schwachen Königen regiert, zu gering an Zahl, geradezu verloren in der Masse der einheimischen Bevölkerung, werden die Westgoten zur leichten Beute für kühne und landhungrige Krieger.

Den Zusammenbruch und die Eroberung des westgotischen Spanien werden die Invasoren umso leichter bewerkstelligen können, als die Bevölkerung der Halbinsel ein recht buntscheckiges Bild bietet und wenige Gemeinsamkeiten hat: alteingesessene, mehr oder weniger romanisierte Kelten und Iberer; ihrer Stammestradition verhaftete Westgoten; Juden in der Diaspora, von den Westgoten ausgegrenzt und verfolgt, jedoch an Anzahl zunehmend: Sie werden bald eine wichtige wirtschaftliche und kulturelle Rolle spielen. Dazu noch eine beträchtliche Zahl an Levantinern, «Syrern», die vor allem im Wirtschaftsleben vertreten sind. Sie konzentrieren sich in den Durchgangsregionen zu beiden Seiten der Pyrenäen; in Narbonne und Zaragoza, in Tarragona, Barcelona, an der Ostküste bis zur Straße von Gibraltar, in Cartagena, in Elvira, überall trifft man auf eine ähnliche Bevölkerungsstruktur. Diese unterschiedlichen Bevölkerungsgruppen leben nebeneinander, ohne sich wirklich zu vermischen, ohne sich zu assimilieren. Ihr Widerstand gegen die Araber wird schwach sein – wenn sie die Invasoren nicht gar unterstützen, wie vor allem die jüdische Bevölkerung.

Tarik der Berber

Die Landung der Araber im Jahre 711, die ungeheure Auswirkungen auf die Geschichte der Iberischen Halbinsel und Europas haben wird, beginnt wie eine Liebesgeschichte: Graf Julian hatte seine Tochter an den Westgotenhof von Toledo geschickt, damit sie dort ihre Bildung vervollkommne. Als einmal König Roderich die Schöne beim Bade im Tajo belauschte, entbrannte er in Liebe zu ihr und verführte kurzerhand die Grafentochter. Als Julian von dieser Schande erfuhr, schwor er Rache und überredete Tarik, den muslimischen Statthalter von Tanger, in Spanien einzufallen – ein leicht zu eroberndes Land, wie er sagte. Seine eigenen Truppen würden sich den arabischen Kriegern anschließen.

Nichts an dieser erst lange Zeit nach der arabischen Landung entstandenen romantischen Geschichte ist verbürgt – außer der realen Existenz des Grafen Julian, der tatsächlich Ceuta, den nordafrikanischen Brückenkopf gegenüber von Gibraltar, im Auftrag der Byzantiner als Comes (Gouverneur, ‹Graf›) regierte und der als solcher mit Tarik gegen die Westgoten paktierte.

Tarik (Tariq), der in Tanger als Unterbefehlshaber des Kalifen starke militärische Kräfte der Berber kommandierte und die Schwäche des durch Thronkämpfe zerrissenen Westgotenreiches kannte, fasste den Plan einer Überquerung der Meerenge mit dem Ziel, sich selbst ein Fürstentum auf der Halbinsel zu errichten – er und seine Soldaten wussten vom Reichtum und von der Verwundbarkeit Spaniens. Nach der Unterwerfung Afrikas lag somit die Eroberung Spaniens, «der schlaffe Bauch des westlichen Europa», so dachte er, in der Natur der Sache. In den Jahren 710 und 711 bereitete Tarik seinen Kriegszug vor. Zunächst schickte er hundert Berittene und vierhundert Mann zu Fuß unter Führung eines Offiziers namens Tarif voraus. Das kleine Expeditionsheer ging in der Nähe von Algeciras an einer Stelle an Land, die man später Tarifa nannte, stieß ins Innere vor, ohne auf Widerstand zu stoßen, und kehrte mit reicher Beute wieder zurück. Der Erfolg dieses Beutezuges ermunterte Tarik, die Eroberung nun ernsthaft in Angriff zu nehmen und sich an die Spitze des Unternehmens zu stellen. Zwölftausend Berber und farbige Soldaten überquerten mit ihm die Meerenge. Um nicht die Aufmerksamkeit der westgotischen Wachmannschaften zu erregen, gingen sie in der Nacht an einer Stelle namens *Mons Calde* an Land, die man später Djebel al Tariq (Gibraltar) nannte. Diese wichtige Begebenheit ereignete sich im Jahre 711.

Unmittelbar nach der Landung besetzte Tarik ohne Mühe eine Befestigung im Südwesten Gibraltars sowie die ganze Region um Algeciras und die Meerenge. Er war davon überzeugt, die gesamte Halbinsel erobern zu können, was, zumindest am Anfang, auch durchaus wahrscheinlich schien. Die Westgoten reagierten langsam. Roderich war zu dieser Zeit mit der Abwehr der Franken in Navarra beschäftigt, und seine Truppen im Süden waren wenig zahlreich. Sie wurden von Theodomir befehligt, der vergeblich versuchte, den Vormarsch Tariks zu stoppen. Gänzlich überrascht von dieser unvorhergesehenen Invasion, erbat Theodomir von Roderich Hilfe und sagte ihm: «Wir wurden von einem feindlichen Heer angegriffen … Ich weiß nicht, ob sie vom Himmel fielen oder ob sie aus der Erde hervorkamen.» Der alarmierte König zog sofort nach Córdoba und rief die Anführer aller verfügbaren Einheiten zusammen, alles, was das westgotische Spanien an waffenfähigen Männern aufzubieten hatte, um die Angreifer zurückzuschlagen. So bot er nach Angaben der Chronisten 40.000 bis 100.000 mangelhaft bewaffnete und schlecht geführte Kämpfer auf. Die beiden Heere bewegten sich einige Wochen in Ausweichmanövern umeinander herum und prallten schließlich um den

20. Juli 711 in der Umgebung von Sidonia, unweit von Cádiz, aufeinander. Die Mammutschlacht dauerte acht Tage – mit einzelnen Kämpfen an verschiedenen Orten. War Verrat im Spiel, wie man allzu oft bei schmählichen Niederlagen unterstellt? Dies bleibt ungewiss. Auf jeden Fall aber ist sicher, dass zahlreiche westgotische Befehlshaber und Adlige Roderich noch auf dem Schlachtfeld verließen, weil sie der Meinung waren, die Araber führten lediglich eine Razzia durch und würden mit ihrer Beute bald wieder abziehen. Roderichs schwaches und undiszipliniertes Heer, das vor allem aus Sklaven bestand, die man in aller Eile bewaffnet hatte, unterlag der muslimischen Streitmacht, der König fand den Tod. Dreitausend Muslime fielen, ein beträchtlicher Verlust, der jedoch das arabische Heer nicht nachhaltig schwächte. Diese folgenreiche Schlacht fand um den 20. Juli 711 statt.

Die Vernichtung des Westgotenreichs

Tarik wusste, dass seine Eroberung erst abgeschlossen sein konnte, wenn die Macht der Westgoten vollständig gebrochen war; er beschloss daher, unverzüglich die Verfolgung aufzunehmen. Er besetzte Medina Sidonia, sodann Écija, wo sich einige tausend Westgoten gesammelt hatten, die dem Tod entgangen waren, die aber nicht hatten fliehen können. Erneut geschlagen flüchteten sie in die Berge. Jetzt waren sie sicher, dass die Muslime keine Razzia durchführten, sondern gekommen waren, um das ganze Land zu erobern. Das westgotische Königreich zerfiel. Die noch nicht eroberten Provinzen machten sich unter Herzögen selbstständig. Die Westgoten waren besiegt, ihre Kräfte zerstreut, aber immerhin bestand die Möglichkeit, dass ein neuer Anführer auf der Bildfläche erschien, die Macht an sich riss und ein neues Heer aufstellte. Dazu wollte ihnen Tarik, vielleicht auf Rat Julians, keine Zeit lassen. Er marschierte ohne größere Verzögerung auf die westgotische Hauptstadt Toledo los. Kleinere arabische Einheiten besetzten Elvira, Murcia, Málaga und andere Städte. Ein

General byzantinischer Herkunft, Mugharit al Rumi, erhielt den Auftrag, Córdoba zu besetzen, dessen ruinöse Mauern keinen ausreichenden Schutz mehr boten. Die Muslime drangen in die Stadt ein; der westgotische Statthalter hatte sich mit einer kleinen Schar in der Kathedrale verschanzt; er wurde gefangen genommen und mit den Seinen hingerichtet. Tarik fand Toledo von seinen Einwohnern verlassen vor, mit Ausnahme einer kleineren Gruppe Juden, die sich, wie auch in anderen Städten, der westgotischen Verfolgungen erinnerten und die Muslime unterstützten. Der Heerführer nahm ungeheure Reichtümer in Besitz, die sich im Laufe der Jahrhunderte in Toledo angesammelt hatten, darunter ein «Tisch» aus Gold, Silber und anderen edlen Materialien – wahrscheinlich der Altar der Kathedrale. Darauf besetzte er Guadalajara, ohne auf Widerstand zu stoßen, überquerte das Gebirge und zog in Alcalá de Henares ein. Weiter stieß er nicht mehr vor, denn die schlechte Jahreszeit kam heran, und er kehrte nach Toledo zurück.

Die Nachricht von den Erfolgen Tariks in Spanien, die alle Vorstellungen übertrafen, rief in Nordafrika Begeisterung hervor. Je gewisser die Kunde vom Zerfall des Westgotenreiches wurde, desto mehr Berber sammelten sich, überquerten die Straße von Gibraltar und besetzten die Gebiete, die von den Westgoten verlassen worden waren. Musa ibn Nusair, der Gouverneur Nordafrikas im Auftrag der Omayyaden in Damaskus, wurde von Tarik aufgefordert, Truppenverstärkungen zu schicken. Entgegen allen Erwartungen geriet der Gouverneur in rasenden Zorn: Ihm allein gebühre die Aufgabe und die Ehre, dieses große christliche Land mit all seinen Reichtümern zu erobern, und nicht einem seiner Soldaten, der ohne jeden Auftrag gehandelt habe. So befahl er Tarik, nichts bis zu seiner eigenen Ankunft zu unternehmen. Tarik kümmerte sich nicht darum. Er wollte die Widerstandsnester in der Umgebung von Toledo vernichten – und im Übrigen sah er selbst sich als Sieger. Ein Konflikt mit seinem Vorgesetzten, dem Gouverneur, war unausweichlich.

Genau ein Jahr nach Tariks Landung bei Gibraltar erschien Musa der Oberbefehlshaber in Spanien an der Spitze von 18.000 Arabern, mehrheitlich aus dem Jemen, sowie Berbern; Würdenträger aus Kairuan, Generäle, Verwaltungsbeamte, Geistliche begleiteten ihn, auch zwei seiner Söhne. Er landete an der Küste von Algeciras und zog von dort nach Sevilla, das er ohne Schwierigkeiten einnahm. Mérida indessen kapitulierte erst nach längerer Belagerung. In der Zwischenzeit trieben Musas Söhne die Eroberung des Südens und des Südostens der Halbinsel voran: Málaga, Elvira, Cartagena; dort verfolgte Musa eine Politik der Zusammenarbeit mit der einheimischen Bevölkerung, ganz im Gegensatz zu Tarik, der die gesamte westgotische Verwaltung eliminieren wollte, um sie durch Berber zu ersetzen: Musa lehnte diese Politik ab, denn er hegte den Berbern gegenüber wenig Sympathie.

Die beiden Männer, die einander seit der Landung noch nicht begegnet waren, hatten ein recht stürmisches Zusammentreffen bei Talavera. Musa soll Tarik mit der Peitsche misshandelt und ihm vorgeworfen haben, den Feldzug völlig eigenmächtig durchgeführt zu haben. Tarik besänftigte ihn mit dem besten Argument: Er bot Musa die Schätze an, die er seit seiner Landung zusammengerafft hatte. Auf diese Weise zufrieden gestellt, unternahmen sie die weitere Eroberung der Halbinsel gemeinsam. Tarik überzeugte Musa von einer grundlegenden Notwendigkeit: Ihr Kriegszug sollte nicht nur eine einfache, wenn auch in größerem Stil durchgeführte Razzia sein, sondern das Ziel verfolgen, eine dauerhafte Präsenz der Muslime in Spanien herbeizuführen, kurz: die Eroberung des ganzen Landes.

Musa und Tarik verbrachten den Winter in Toledo, von wo aus sie 714 die Eroberung des Landes wieder aufnahmen. Zaragoza wurde genommen, dann Barcelona, Lérida und Huesca. Zu diesem Zeitpunkt möglicherweise entsandte Musa eine Abordnung unter Mugharit al Rumi zum Kalifen nach Damaskus, um ihm von der erfolgreichen Eroberung zu berichten, die sich nun allen anderen im östlichen Mittelmeerraum würdig an die Seite stellte. Es ist nicht vollständig gesichert, aber doch wahrscheinlich, dass Musa bald darauf die Pyrenäen überschritt und die Rhône bei Avignon erreichte. Hatte er die Absicht, seinen Feldzug nach Osten, durch ganz Europa hindurch bis Konstantinopel voranzutreiben, wie einige Historiker meinen? Sein Aufenthalt jenseits der Pyrenäen muss kurz gewesen sein, denn wir treffen ihn bald darauf bei der Eroberung Altkastiliens, Galiciens und Asturiens, wo er Garnisonen einrichtet. Die Westgoten sind bereits so versprengt, erniedrigt, auf den Status von Flüchtlingen reduziert, dass sich die muslimischen Heerführer weigern, sie weiter zu verfolgen. Die Herrschaft der Goten war zu einem Kapitel der Vergangenheit geworden.

Der unerwünschte Sieg

Inzwischen waren etwas mehr als drei Jahre seit Tariks Landung bei Gibraltar vergangen. So wie Musa in Zorn geraten war über Tariks eigenmächtiges Landungsunternehmen und seine ersten Siege, so war auch der Kalif Walid keineswegs begeistert von den unerwarteten Erfolgen seines Generals; Musa wurde zum Rapport über seine unautorisierte Initiative nach Damaskus einbestellt. Einmal abgesehen von der Tatsache, dass derart selbstständiges Vorgehen in einem Staat, in dem die Autorität des Herrschers sakrosankt war, absolut inakzeptabel war, fürchtete Walid, die Eroberung Spaniens könne die arabische Präsenz in Nordafrikas gefährden: Um die Eroberungen auf der Iberischen Halbinsel fortzuführen, wäre er genötigt, Truppen aus Damaskus zur Verstärkung abzustellen und damit die Grenzgebiete im Osten von Truppen zu entblößen, nur um im Westen ein nahezu unbekanntes Land zu besetzen, das – zumindest im Augenblick – nicht Teil seiner Eroberungspläne war. Zudem erschien es Walid unwahrscheinlich, dass das Westgotenreich bereits vernichtet sein sollte.

Für ihn war der Rückzug der westgotischen Heere nichts anderes als eine vorläufige Absetzbewegung zur Tarnung einer Kriegslist. Somit gebot es die Vorsicht, diese für das Reich möglicherweise gefährlichen Operationen einzustellen. Musa gehorchte den Befehlen des Kalifen nicht sofort. Einige westgotische Provinzen harrten noch ihrer Eroberung; sich unvermittelt an den Hof des Kalifen zu begeben, barg die größte Gefahr. Musa nutzte seine Zeit. Über Toledo und Córdoba begab er sich nach Sevilla, das er zur Hauptstadt von al Andalus machte. Sevilla lag nicht weit vom Meer und der Straße von Gibraltar, und von da aus war die Verbindung zu anderen Ländern leicht zu bewerkstelligen. Er ernannte seinen Sohn Aziz zum Statthalter in Sevilla und schiffte sich im November 714 nach Afrika ein, wo er mit seinem zweiten Sohn Marwan zusammentraf. Tarik begleitete ihn.

Es dauerte geraume Zeit, bis seine schwer beladene Karawane Ägypten und dann Syrien erreichte. Der Gouverneur führte viele Gefangene mit sich, die gewaltige Mengen an Beutestücken, Edelmetallen, Gold, Silber, Perlen und Kunstgegenstände, wie den berühmten «Tisch» von Toledo, transportieren mussten. Als Musa Damaskus erreichte, fand er Walid auf dem Krankenbett vor. Wie er es erwartet hatte, warf ihm der Kalif vor, in Spanien die Initiative – und welche Initiative! – ohne seine Einwilligung ergriffen zu haben. Er beklagte sich auch darüber, dass Musa nur zögerlich seinem Befehl, nach Damaskus zurückzukehren, Folge geleistet habe. Der Kalif starb jedoch kurze Zeit darauf. Musa musste nun noch eine Zeit lang das Missfallen des Nachfolgers Soliman, eines Bruders von Walid, erdulden. Die beiden Männer versöhnten sich schließlich, zumindest nach außen hin, und begaben sich sogar gemeinsam auf Pilgerfahrt nach Mekka; Musa aber verlor seinen Posten als oberster Gouverneur Nordafrikas. Darüber hinaus bekamen seine Verwandten und Anhänger die Ungnade des Kalifen zu spüren. Musa starb 715 oder 716, aller Ämter beraubt. Was nun Tarik betrifft, so hatte der Kalif anscheinend die Absicht, ihn zum obersten Gouverneur zu machen, aber Mugharit, an-

Das spanische Nationalheiligtum von Covadonga, Zentrum des christlichen Widerstands gegen die Mauren.

scheinend im Besitz der Gunst des Kalifen, konnte ihn davon wieder abbringen, und so starb der Mann, der seinem Herrn ein Königreich geschenkt hatte, in Vergessenheit. Abdul Aziz blieb noch eine Zeit lang Statthalter von al Andalus und heiratete Egilona, die Witwe Roderichs. Er war es, der mit einem westgotischen Herzog aus dem Südosten der Halbinsel einen der wenigen überlieferten Verträge schloss: Dem Westgoten wurden gegen Entrichtung einer Geldsumme Herrschaft und Religionsfreiheit für ihn und seine Untertanen zugesprochen. Kurz darauf, im Jahre 716, wurde Abdul Aziz, vermutlich auf Befehl des Kalifen, ermordet. Seinen Kopf schickte man nach Damaskus. Nach Aussage einiger Texte – namentlich der *Chronik von 754* – habe er selbst das westgotische Königtum wiederherstellen und die Autorität des Kalifen zurückweisen wollen. Dies sollte der einzige Fall von Insubordination eines Statthalters von al Andalus sein – alle anderen bewahrten, bis zum Regierungsantritt der Omayyaden in Spanien, dem Kalifen in Damaskus die Treue.

Mit dem Tod der ersten Eroberer Spaniens ging eine Ära zu Ende. Große Teile im Norden des Landes waren nicht unterworfen und verblieben unter christlicher Herrschaft, und was man Reconquista nennt, setzte gleich nach den ersten Jahren der arabischen Herrschaft mit der Bewegung des Pelayo (Pelagius) ein. Dieser westgotische Herzogssohn errichtete bald nach 711 eine christliche Herrschaft in Asturien und soll 718 (oder 722) mit göttlicher Hilfe ein großes maurisches Heer beim Höhlenheiligtum von Covadonga geschlagen haben – die christliche Geschichtsüberlieferung der Spanier sieht in Pelayo den Heros eponymos der Reconquista. Dessen ungeachtet, das westgotische Königtum war erloschen, und der Widerstand – bevor er in der Umgebung christlicher Fürsten und Bischöfe organisiert wurde – blieb sporadisch und ohne eigentlichen Führer. Die Statthalter und dann die muslimischen Herrscher werden in der Folgezeit viel mehr Sorgen mit den streitbaren und machtgierigen, uneinigen und rebellischen Berbern und Arabern haben.

SPANIEN – RANDPROVINZ DES ARABISCHEN REICHS

Die Festigung der arabischen Präsenz

Die Eroberung der Iberischen Halbinsel wurde, wie schon gesagt, weitgehend durch die inneren Streitigkeiten der Westgoten, durch Bürgerkriege, durch die Passivität der einheimischen Bevölkerung erleichtert. Haben die Juden wirklich den Arabern geholfen, Spanien zu erobern? Das ist durchaus wahrscheinlich, spielte aber niemals eine ausschlaggebende Rolle. Das westgotische Königtum war schon damals nachhaltig geschwächt. Es war ihm nicht gelungen, dem Staatswesen eine widerstandsfähige politische Struktur zu verleihen, und es zerbrach beim ersten Ansturm eines mächtigen, zu allem entschlossenen Feindes. Das Vordringen der Araber wurde außerdem von den milden Konditionen begünstigt, die die Invasoren den Städten gewährten. Die angebotenen Verträge sicherten den lokalen Autoritäten die Erhaltung ihrer Macht und ihrer religiösen Freiheit gegen Übergabe und Tributzahlung. Leisteten sie dagegen den Muslimen Widerstand, wurde die gesamte Bevölkerung in die Sklaverei verschleppt. Ganze Regionen unterwarfen sich daher bereitwillig den arabischen Heeren.

Nachdem Abdul Aziz aus dem Wege geräumt war, erwies sich die Oberherrschaft des Kalifen über die arabischen Besitzungen als nahezu ungefährdet, bis die Omayyadendynastie auf der Iberischen Halbinsel Einzug gehalten hatte. Etwa zwanzig von Damaskus oder dem Generalgouverneur in Kairuan ernannte Statthalter sollten innerhalb eines Zeitraums von vierzig Jahren aufeinander folgen. Alle hatten die schwierige Aufgabe, den Frieden zwischen den rivalisierenden arabischen Clans sowie zwischen Arabern und Berbern aufrechtzuerhalten.

Die Streitigkeiten zwischen den Arabern Spaniens waren nichts anderes als eine Verlagerung alter Gegnerschaften auf die neu eroberte Halbinsel. Zwei Clans standen sich bereits in Syrien feindlich gegenüber: die Kaisiten und die Kalbiten. Die ersten waren Nomaden, die schon vor der Hedschra das Zentrum und den Norden der arabischen Halbinsel durchzogen und sich in den wesentlich einladenderen Gebieten Syriens und Mesopotamiens niedergelassen hatten. Die Kalbiten nannten sich Jemeniten, aber als Nomaden, die sie waren, durchzogen sie vor allem die Steppengebiete zwischen Syrien und dem Irak. Die Gründe dieses Hasses sind nicht genau bekannt – vielleicht war es, wie überall im Orient und zu allen Zeiten, der Gegensatz zwischen nomadischen und sesshaften Völkern. Die Feindschaft manifestierte sich häufig in Gewaltausbrüchen: In den Jahren 743–744 wurde Kalif Walid II. von den Jemeniten, Anhängern Yazids III., ermordet. Nach dessen Tod brachten die Kalbiten einige Monate später Marwan IV. gewaltsam an die Macht.

Nach Spanien überführt, zeitigten diese tödlichen Streitigkeiten umso mehr politische Konsequenzen, als die Berber, die eine zahlenmäßig starke Gruppe bildeten, gegen die von ihnen so bezeichnete «arabische Unterdrückung» rebellierten: Weil sie als Kharidjiten einer als häretisch angesehenen Richtung des Islam angehörten, wollten ihnen die Araber einen niederen Status zuweisen. Als ursprüngliche Gebirgsbewohner ließen sie sich bevorzugt in solchen Gegenden Spaniens nieder, die ihrer alten Heimat glichen. Sie bildeten in sich geschlossene Gruppen und lebten in der kriegerischen Tradition der nordafrikanischen Berber. Wir werden noch häufig auf sie zurückkommen.

Der erste Gouverneur, Ayyub, Nachfolger des unglücklichen Abd el Aziz, kam einige Monate nach dessen Tod an die Macht. Es waren möglicherweise die Berber, die ihn nach heftigen Auseinandersetzungen mit den Arabern designiert hatten. Ayyub war ein religiöser Mensch, fromm und ohne sonderliche Autorität – sonst wäre er wohl auch nicht gewählt worden. Er regierte lediglich sechs Monate und zeichnet für eine einzige, jedoch wichtige Entscheidung verantwortlich: Er war es, der Córdoba anstelle von Sevilla zur Hauptstadt von al Andalus machte. Offenkundig auf Geheiß der in dieser Gegend zahlreich vertretenen Berber konsultierte er vor dieser Entscheidung weder Soliman, den Kalifen von Damaskus, noch den Statthalter von Nordafrika in Kairuan – ein deutliches Zeichen dafür, dass die Eroberer der Halbinsel fest entschlossen waren, die neuen Provinzen selbst zu regieren und weder Steuern noch Tribute an Damaskus zu entrichten. Soliman reagierte nicht sofort, aber einige Monate später entsandte der Oberstatthalter von Nordafrika einen neuen Statthalter namens Hurr mit vierhundert Mann, um strenge Maßnahmen zu ergreifen. Er scheint aber nicht sonderlich erfolgreich gewesen zu sein, denn zweieinhalb Jahre später wurde er durch Sahm, den neuen, direkt vom Kalifen ernannten Statthalter, abgelöst. Sahm sollte Einvernehmen zwischen den verschiedenen Gruppen der Eroberer herbeiführen, die sich um Land und Güter in den Haaren lagen. Zu diesen Auseinandersetzungen gesellten sich Unruhen unter den Berbern Nordafrikas, die immer auch Auswirkungen auf Spanien hatten. Sahm erfüllte seinen Auftrag einstweilen, indem er, so weit wie möglich, den Berbern Freiheiten gewährte und den anderen die Abführung eines bestimmten Anteils ihrer Einkünfte an den Kalifen auferlegte. Diese «Regelung» sollte lediglich provisorischen Charakter haben. Die so genannte «Epoche der Statthalter», die mit der Ankunft der ersten Omayyaden endete, war von den endlosen Streitigkeiten unter den verschiedenen muslimischen Gruppen und den daraus resultierenden politischen Wirren geprägt.

Dennoch hinterließ Sahm Spuren in der Geschichte: Er war der erste spanische Muslim, der eine wirkliche Expedition über die Pyrenäen unternahm. Schon zu Zeiten Tariks sollten arabische Abteilungen die Rhône, Avignon und Lyon erreicht und sich dann wieder zurückgezogen haben. Um 720 überschritt Sahm die Pyrenäen in Richtung Narbonne, wie es heißt mit einer richtigen Armee – dies erscheint jedoch übertrieben. Er griff die Stadt an, die er mühelos einnahm, wandte sich dann gegen Toulouse. Die Belagerung zog sich längere Zeit hin, und dies ermöglichte es dem Herzog von Aquitanien, Eudo, die Stadt zu befreien. Zahlreiche Muslime wurden getötet, auch Sahm fand den Tod. Die Araber Spaniens wählten einen der Ihren, Ghafiri, zu seinem Nachfolger, sehr zum Missfallen des nordafrikanischen Statthalters. Wieder einmal stellte sich die Frage der Autonomie von al Andalus oder seiner Anbindung an Nordafrika. Nach neuen Auseinandersetzungen wurde Anbasa vom Statthalter eingesetzt.

Hatten die Araber die Absicht, nach der Eroberung der Halbinsel Gebiete jenseits der Pyrenäen zu erobern und sich dort festzusetzen? Gewisse Anzeichen sprechen dafür, wie etwa der Nachzug muslimischer Familien nach Gallien. Wahrscheinlich umfasste dieser Zug von Muslimen beiderlei Geschlechts nach Norden nur eine eng begrenzte Anzahl von Familien, deren Spuren sich dann verloren. Die Umsiedlung ganzer Bevölkerungsteile wäre zweifellos erfolgt, wenn die muslimischen Armeen dauernd größere Gebiete in Septimanien erobert hätten, aber das war nicht der Fall. Die arabische Okkupation beschränkte sich auf das südliche Languedoc und dauerte höchstens rund vierzig Jahre. Viel wahrscheinlicher ist, dass die arabischen Streifzüge nach Gallien auf die Plünderung von Städten abzielten, in denen man Reichtümer vermutete; vielleicht allerdings ging es auch um den *djihad*, den Heiligen Kampf, um den *dar al Islam*, das «Haus des Islam», auszuweiten. Der von General Anbasa angeführte Reiterzug von

725 hatte kein anderes Ziel. Nachdem er diesmal mit wesentlich zahlreicheren Truppen die Pyrenäen überschritten hatte, besetzte Anbasa Narbonne, Carcassonne und Nîmes, die sich ohne Widerstand ergaben. In die letztere Stadt legte er eine Garnison, dann zog er weiter zur Rhône, zur Saône, in die westlichen Alpen und nach Burgund. Mâcon und Chalon fielen, die muslimischen Heere verwüsteten Dijon und Langres. Die örtlichen Machtträger unterwarfen sich, Anbasa ließ befestigte Lager (*ribat*) bauen, vor allem in der Umgebung von Avignon. 725 wurde Autun eingenommen und geplündert, Sens und Luxeuil erlitten, nach einigen Historikern, das gleiche Schicksal. Danach schlugen die Araber wieder den Weg nach Spanien ein.

Wie gestaltete sich das Verhältnis zwischen den Muslimen und den örtlichen Herren jenseits der Pyrenäen, die möglicherweise empfänglich waren für das generöse Vorgehen der «Barbaren aus dem Orient», wenn es sich von Fall zu Fall als günstig erwies? Zwischen 716 und 730 wurde, so scheint es, ein Vertrag zwischen dem Berberführer Manuza und Herzog Eudo von Aquitanien geschlossen; auch heiratete Manuza die Tochter Eudos. War dies lediglich ein Versuch, den Kämpfen zwischen Muslimen und Christen ein Ende zu setzen? Oder war es ein erster Schritt zur Übertragung von Herrschaft zu Gunsten der Muslime im südlichen Gallien? Alles war möglich in jenen chaotischen Tagen zwischen 725 und 730.

Poitiers

General Ghafiki, der im Jahre 730 Nachfolger von Anbasa wurde, teilte keineswegs diese friedliche, bisweilen wagemutige Politik. Nach langen Vorbereitungen konzentrierte er sein Heer 732 in Pamplona, überschritt die Pyrenäen über den Pass von Roncesvalles und wandte sich zunächst nach Arles, dann nach Bordeaux, das ohne Widerstand genommen und geplündert wurde. Eudo stellte sich ihm an der Dordogne entgegen, sein Heer wurde aber in die

Flucht geschlagen. Er wandte sich um Hilfe an Karl Martell, den fränkischen Hausmeier. Karl zog unverzüglich den Muslimen entgegen, die auf Tours marschierten, angelockt von den märchenhaften Reichtümern, welche die Kathedrale enthalten sollte. Die beiden Heere stießen am 25. und 31. Oktober 732 aufeinander, nahe der Römerstraße von Châtellerault nach Poitiers, an einem Ort, der heute Moussai-la-Bataille heißt, etwa zwanzig Kilometer von Poitiers entfernt. Eine Woche lang lieferte man sich kleine Gefechte und Scharmützel, bis es schließlich zur Schlacht kam. Die Muslime wurden besiegt, Ghafiki verlor sein Leben. Die Überlebenden flohen nach Spanien.

Was war geschehen? Wie kam es, dass das starke und kampferprobte muslimische Heer eine solche Niederlage erleiden konnte? Am wahrscheinlichsten ist die Erklärung, dass sich die Muslime zu weit von ihren Stützpunkten entfernt hatten. Das muslimische Heer bestand mehrheitlich aus Berbern, die ihre Familien mitgebracht hatten; das behinderte die Bewegungen des Heeres und verzögerte ihren Vormarsch. Die Männer waren bestrebt, ihre Frauen und Kinder zu beschützen. Im Verlauf der entscheidenden Schlacht soll der Herzog von Aquitanien das Lager angegriffen haben; deshalb habe sich das Heer der Muslime aufgelöst.

Drei Jahre später verließ ein neues Expeditionsheer Zaragoza unter Befehl des Statthalters Okba, dem die arabischen und christlichen Chronisten militärische Fähigkeiten zuschrieben. Okba ließ im Languedoc bis hin zur Rhône zahlreiche befestigte Lager errichten, nahm Arles und seine Reichtümer in Besitz, sodann Avignon. Der größte Teil der Provence fiel in seine Hände. Unter den eingenommenen Plätzen sind vor allem Saint-Paul-Trois-Châteaux und Donzère zu nennen; anschließend folgte er dem Tal der Durance. Lyon wird besetzt, Burgund verheert, er erreicht die Alpenregionen Dauphiné und Piemont.

Die Reaktion Karl Martells ließ nicht auf sich warten. Mit seinem Bruder Childebrand eroberte er einige wichtige Orte zurück, unter anderem Avignon, und wandte sich gegen Narbonne, die wichtigste muslimische Basis in Südfrankreich. Okba, der inzwischen wieder nach Córdoba zurückgekehrt war, entsandte 737 starke Truppen zur Befreiung der in Narbonne eingeschlossenen arabischen Garnison. Trotz der Niederlage, die Karl Martell den muslimischen Truppen zufügte, bevor diese Narbonne erreicht hatten, gelang es dem fränkischen Herrscher nicht, die Stadt zurückzuerobern. Sie blieb in muslimischer Hand bis in die Zeit der spanischen Omayyaden, fünfzehn Jahre später.

Rivalitäten

Die Geschichte der Statthalterperiode bis zur Ankunft der Omayyaden ist nichts anderes als eine endlose und eintönige Geschichte der Streitigkeiten zwischen den verschiedenen Gruppen der ersten Eroberer, den Arabern, Berbern und den Syrern, die vom Kalifen von Damaskus entsandt worden waren. Rivalitäten und Kämpfe der Clans, der Kaisiten, Kalbiten und nordafrikanischen Stämme. Diese «ethnischen» Konfrontationen, die weit in die Vergangenheit zurückreichten, hatten ohne Zweifel ihren Anteil an den ständigen Unruhen unter den Eroberern Spaniens. Hinter diesen Streitereien stand der Wunsch, sich das beste Land, die größten Reichtümer anzueignen! Die Rivalitäten spiegelten sich auch in der Ernennung der Statthalter, die einmal vom Kalifen in Damaskus oder vom Oberstatthalter in Kairuan eingesetzt wurden, ein anders Mal von den Arabern in al Andalus. Um 740 nehmen die Spannungen zu. Als Folge schwerer Zusammenstöße in Nordafrika zwischen Berbern und Arabern brechen Kämpfe auch in Spanien aus; die Berber klagen, nicht ohne Grund, über schlechte Behandlung seitens der Araber. Man verweist auf die Anweisung eines arabischen Statthalters, solche Berber hart zu bestrafen, die Reichtümer bei sich horten, «sie in Ketten und gefoltert in einen Turm voller Schlangen einzusperren.» Kein Berber erhielt in den Jahrzehnten nach der Eroberung einen Statthalterposten, obwohl die von den Arabern verachteten Berber einen bedeutenden Beitrag zur Eroberung geleistet hatten. Andererseits waren die Berber bestrebt, alles von ihnen eroberte Land in ihrem Besitz zu behalten, ohne fürchten zu müssen, dass es ihnen von den Arabern genommen würde.

Es waren die Berber in Galicien und León, die als Erste rebellierten und die Araber aus diesen Gebieten vertrieben. Ihr Heer wandte sich nach Süden, wo sich die Berber von Talavera und Mérida anschlossen. Danach teilten sie sich in drei Gruppen, zwei davon zogen gegen Toledo und Córdoba. Die Aufgabe der dritten Abteilung bestand darin zu verhindern, dass Nachschub über die Meerenge von Gibraltar gelangen konnte. Diese Zersplitterung des Berberheeres ermöglichte es den Syrern und Arabern von al Andalus, die einzelnen Heeresabteilungen eine nach der anderen zu schlagen und aufzureiben. Die überlebenden Berber flohen in die Berge. Mehr denn je versank das Land in Feuer und Blut.

Es wurde offenkundig, dass der Statthalter den Frieden nicht bewahren konnte. Der Kalif in Damaskus setzte ihn ab. Abu al Khattani wird der letzte von den Omayyaden ernannte Statthalter sein. Kaum war er in Spanien angekommen, begannen die Unruhen auf der Halbinsel erneut. Die Aufständischen einigten sich nach langen Verhandlungen auf Yusuf al Fikri, der zur Gruppe der ersten nach Spanien eingedrungenen Araber gehörte. Die Wahl wurde von al Sumayl, dem Oberhaupt einer wichtigen syrischen Gruppe, gestützt, die ebenfalls als eine der ersten spanischen Boden betreten hatte. Er sollte lange Zeit der eigentliche Regent in al Andalus sein. Dies ist ein entscheidender Augenblick in der spanischen Geschichte: Zu dieser Zeit nämlich erschienen die Abgesandten Abd ar Rahmans vor Sumayl, um über die Überfahrt des Omayyadenprinzen nach Spanien zu verhandeln, der nicht mehr und nicht weniger im Sinn hatte, als im Namen seiner erlauchten, des Kalifentitels beraubten Familie die Muslime Spaniens unter seiner Herrschaft zu vereinen.

DAS OMAYYADENREICH VON CÓRDOBA

Abd ar Rahman – Odyssee eines Flüchtlings

Im Januar 750 wurde der Omayyadenkalif Marwan II., dessen Dynastie mehr als hundert Jahre in Damaskus regiert hatte, von einer Armee der rivalisierenden Familie der Abbasiden besiegt, seine Truppen vernichtet und zerstreut. Von seinen Feinden verfolgt, wurde er einige Monate später in Ägypten ermordet. Das war die «Abbasidenrevolution», eines der einschneidendsten Ereignisse der islamischen Geschichte, die die neue Kalifendynastie für die nächsten fünfhundert Jahre an die Macht brachte. Eines der wichtigsten Ergebnisse des Umsturzes war die Verlegung der Hauptstadt von Damaskus nach Bagdad.

Der neue Kalif as Saffah, «der Blutige» oder auch der «Großmütige», hatte die Hinrichtung aller Omayyaden befohlen, auf dass kein einziger von ihnen übrig bliebe und Thronansprüche erhebe. Der Kopf Marwans wurde Saffah präsentiert. Die übrigen Omayyaden wurden aufgespürt und getötet. Mehr als sechzig sollen mit Eisenstangen erschlagen worden sein. Nur zwei Brüdern, Yahya und Abd ar Rahman, Enkeln Hischams, gelang die Flucht zusammen mit ihren beiden Schwestern und dem Sohn Abd ar Rahmans, einem Kind von vier Jahren. Yahya wurde von abbasidischen Soldaten bei der Überquerung des Euphrat gefangen und mit einem Schnitt durch die Kehle getötet. Allein Abd ar Rahman konnte fliehen. Er erreichte Palästina und Ägypten, schließlich Afrika, das außerhalb des omayyadischen Herrschaftsbereichs lag. Gefährliche und zugleich bunte Abenteuer erwarteten ihn, vor allem als Habib, ein Statthalter, der sich in Ifrikiya (dem heutigen Tunesien) unabhängig gemacht hatte, den Verdacht hegte, er wolle die Macht an sich reißen. Abd ar Rahman floh weiter nach Westen und begann mit Badr, seinem getreuen *mawla* (ein zum Islam konvertierter «Gefolgsmann» oder Klient nicht-arabischer Herkunft) eine lange, fünfjährige Irrfahrt von Stamm zu Stamm, immer der nordafrikanischen Küste folgend. Zu dieser Zeit dachte er nicht an Spanien, sondern an Afrika, wo er hoffte, ein Fürstentum erringen zu können. Immer umtriebig, immer bestrebt, Parteigänger für seine Sache zu gewinnen, erreichte er in Sabra im heutigen Marokko den Berberstamm der Nafza, dem seine Mutter entstammte. Er war inzwischen überzeugt, dass es mit einer Aussicht auf ein Fürstentum in Marokko schlecht bestellt war. Schließlich stand er allein da, ohne echte «asabiya», d. h. Unterstützung durch einen der machtvollen Stämme, die durch dieses weitläufige Land zogen. Dagegen lebte auf der anderen Seite des Meeres eine starke Gruppe omayyadischer *mawlas*, fünfhundert oder sechshundert an der Zahl, in der Gegend von Elvira und Jaén. Badr übernahm die Aufgabe, bei den Chefs der omayyadischen Parteigänger die Stimmung zu sondieren. Badr hatte einen Brief Abd ar Rahmans bei sich, in dem dieser erzählt, wie er seit fünf Jahren in Afrika als Flüchtender umherirrte. «Bei Euch muss ich mich niederlassen», führte er aus, «nicht wie ein einfacher Privatmann, sondern, da ich der Familie der Kalifen entstamme, als Emir. Ich werde nur nach Spanien kommen», fügte er hinzu, «wenn ich von Euch die Zusicherung erhalte, wenn ich eine Aussicht auf Erfolg habe, wenn Ihr mich mit allen Kräften unterstützt und wenn Ihr meine Sache als die Eure betrachtet.» Im Juni 754 überquerte Badr die Meerenge und übergab den Brief den aus Damaskus emigrierten *mawlas;* sie beratschlagten untereinander und gaben einen günstigen Bescheid. Sie zeigten großes Interesse und waren überzeugt davon, dass ihnen die Herrschaft eines der Ihren Vorteile bringen würde. Gleichwohl, vor einer endgültigen Antwort wollten sie al Sumayl zu Rate ziehen, der die Macht im Namen des Titularstatthalters Yusuf al Fikri ausübte. Einige Monate verstrichen, dann gab al Sumayl, der inzwischen seine Gegner überwunden hatte, seine Antwort. Sie fiel positiv aus. Aber es war eine «Morgenantwort» nach einer Nacht der Orgien und Trinkgelage. Als sich die Nebel der Trunkenheit gelichtet hatten, erschien ihm seine Antwort als großer Irrtum: Yusuf war ein wackerer Mann und leicht zu lenken, Abd ar Rahman war aus anderem Holze und gehörte einer erlauchten Familie an. Sumayl wandte sich also vom Nachkommen Marwans ab und drohte, gegen jeden «das Schwert zu ziehen», der ihn unterstützen würde. Zunächst völlig verblüfft, begaben sich die Abgesandten Abd ar Rahmans zu den Jemeniten, den traditionellen Gegnern der Kaisiten; sie willigten mit Begeisterung ein, sich unter dem Banner eines Führers zu versammeln, der ihnen ein Massaker an ihren alten Feinden in Aussicht stellte. Der Unterstützung eines der beiden großen arabischen Stämme sicher und mit einer bedeutenden Summe Geldes versehen, eilten Badr und seine Begleiter sofort an den nächstgelegenen Küstenort, kauften ein Schiff und segelten zu dem Dorf an der afrikanischen Küste, wo sie Abd ar Rahman mit Ungeduld erwartete, hin- und hergerissen zwischen Hoffen und Bangen. Ohne zu warten, bis das Schiff angelegt hatte, sprang Badr ins Wasser und bedeutete Abd ar Rahman mit Zeichen, dass alles geregelt sei. Das Schiff mit dem omayyadischen Thronanwärter an Bord kehrte sogleich um und erreichte einige Tage später bei al Munakab in der Provinz Granada die hispanische Küste.

Der Emir von al Andalus

Der junge Prinz – er war nicht einmal sechsundzwanzig Jahre alt – ging zunächst nach Loja zu Ibn Halid, einem der Omayyadenführer in Spanien, dann zu Ubaid Allah, einem anderen omayyadischen Oberhaupt, dessen Ansehen und Autorität beträchtlich war. Dieser forderte sogleich die Stämme auf, die Herrschaft des Prätendenten anzuerkennen. Die Jemeniten waren einverstanden, die Berber weniger. Die Kaisiten waren gespalten. Jeder rüstete zum Krieg, die einen auf Seiten Yusufs, des Titularemirs von al Andalus, dessen nachsichtige Herrschaft viele Stammeshäuptlinge durchaus zufrieden stellte, andere stützten, aus verschiedenen Gründen, den Thronprätendenten, den Erben der großen

Kalifen von Damaskus. Beide Gruppierungen boten etwa gleich starke Kräfte auf. Abd ar Rahman marschierte zunächst auf Sevilla, als er aber hörte, dass sich Yusuf anschickte ihn anzugreifen, wandte er sich nach der Hauptstadt Córdoba, von der er glaubte, sie sei von den Truppen aufgegeben worden. Die beiden Armeen lieferten sich einige taktische Manöver, um sich schließlich am 13. Mai 751, vom Guadalquivir getrennt, gegenüberzustehen. Yusuf tappte in die von Abd ar Rahmann gestellte Falle: Dieser hatte um Fleisch für seine hungrigen Truppen gebeten und sie aufgefordert, über den Fluss herüberzukommen, «um besser miteinander sprechen zu können.» Zu spät erkannte Yusuf, dass man ihn betrogen hatte. Seine Truppen waren weniger zahlreich als die seines Gegners, der Verstärkung seitens der Jemeniten von Elvira und Jaén erhalten hatte. Das Schlachtenglück wandte sich rasch gegen Yusuf. Die Reiterei Abd ar Rahmans überrannte seinen rechten Flügel sowie das Zentrum seiner Truppen. Bevor noch die Sonne ihren Zenit erreicht hatte, lag der Sieg in Händen Abd ar Rahmans. Die Jemeniten machten sich wie üblich ans Plündern. Der Prinz begab sich in die große Moschee und sprach, in seiner Eigenschaft als Imam, die gebräuchlichen Gebete. Jetzt war er Emir von al Andalus.

Man hätte Abd ar Rahman selbst und seine Rivalen gänzlich falsch eingeschätzt, wenn man nun glauben wollte, der Friede sei gesichert. Alle Beispiele in der Geschichte der islamischen Länder zeigen, dass sich die Widersacher eines Herrschers niemals als geschlagen betrachteten, solange dieser noch am Leben war. In seiner ganzen Regierungszeit wird er gegen die Seinen kämpfen müssen. Sein Vorteil war, dass sie sich niemals würden einigen können; er selbst verfügte über unzähmbaren Mut, und überdies waren kurz zuvor zahlreiche Parteigänger der Omayyaden aus der Levante angekommen; es handelte sich um Syrer, Mitglieder der *djund* («bewaffnete Scharen», die gegen die brutalen Methoden der Abbasiden in Bagdad revoltiert hatten). So formierte sich um den neuen Emir eine Art Garde getreuer Untertanen, die um so loyaler war, als sie – ohne Aussicht auf Rückkehr – alle Verbindungen zu den neuen Dynastien in Bagdad und Damaskus abgebrochen hatten und vom Omayyadenherrscher in al Andalus mit weit reichenden Privilegien ausgestattet wurden.

Widerstrebend schloss sich der besiegte Yusuf dem neuen Emir Abd ar Rahman an. Er konnte nicht vergessen, dass er einmal Oberhaupt in al Andalus gewesen war. Sumayl erinnerte sich seinerseits mit Bitterkeit, dass er jahrelang eine sehr hohe Position innegehabt hatte. Beide schienen zufrieden zu sein mit den herausragenden Funktionen, mit denen man sie bei Hofe betraut hatte: In Wirklichkeit aber dachte jeder von ihnen an nichts anderes, als die Stellung wiederzuerlangen, die sie vor dem militärischen Eingreifen Abd ar Rahmans innegehabt hatten. Yusuf stahl sich eines Nachts heimlich aus dem Palast. Da der Emir nicht ohne Grund in Sumayl einen Komplizen Yusufs sah, ließ er ihn festnehmen und einsperren. Yusuf sammelte eine starke Truppe um sich und zog nach Sevilla, wo ihn der Gouverneur der Stadt bereits erwartete. Abd ar Rahman reagierte mit äußerster Härte. In wenigen Stunden war die Angelegenheit bereinigt, Yusuf bei seiner Flucht vom Schlachtfeld getötet und Sumayl in seinem Kerker erdolcht.

So kam die Omayyadendynastie unter Abd ar Rahman, nach Ausschaltung ihrer gefährlichsten Gegner, am anderen Ende des Mittelmeers wieder zur Macht, sechs Jahre nachdem sie in Damaskus beinahe gänzlich vernichtet worden war. Sie sollte al Andalus noch dreihundert Jahre lang regieren.

Konkurrenten und Widersacher

Die erstaunliche und rasante Wiedereinsetzung einer Dynastie in einem Gebiet, das so weit von dem Lande entfernt war, aus dem man sie verjagt hatte, wird von den arabischen Geschichtsschreibern mit der Bewahrung legitimistischer Traditionen unter den syrischen Kontingenten erklärt, die einige Jahre zuvor nach al

Andalus gekommen waren und die ganz natürlicherweise einen Spross der Kalifen von Damaskus als ihr Oberhaupt akzeptierten – eine Persönlichkeit zumal, die mit den Gaben eines großen Staatsmannes und Kriegsherren ausgestattet war. Abd ar Rahman bedurfte aller dieser Eigenschaften, um sich zu behaupten. Seine Widersacher waren zahlreich, und immer wieder erschienen neue Gegner auf der Bildfläche, wagemutige Leute, die – angelockt von einer verwundbaren Herrschaft – bereit waren, ihre Herrschaftsbereiche auf Kosten der ohnehin noch ungefestigten Territorien des Emirs zu verschieben.

Einer der gefährlichsten Feinde Abd ar Rahmans war General Mugharit, den al Mansur, der Kalif von Bagdad und Gründer dieser Stadt, im Jahre 763 entsandt hatte mit dem Auftrag, den omayyadischen Usurpator aus dem Wege zu räumen und die Eroberungen auf der Iberischen Halbinsel dem Abbasidenreich wieder zuzuführen. Unter dem schwarzen Banner der Abbasiden landete Mugharit, aus Afrika kommend, mit einem bedeutenden Heer. Abd ar Rahman verschanzte sich in Carmona. Es war ein entscheidender Moment für den Emir, der hier seinen Mut und seine militärischen Fähigkeiten unter Beweis stellte. Er machte einen blitzartigen Ausfall und vernichtete seinen Gegner in einer einzigen Schlacht. Zahlreiche Truppenführer Mugharits wurden getötet; ihre Köpfe schickte man nach Kairuan, damals noch in der Hand der Abbasiden. Als Kalif Mansur von der Niederlage seines Generals erfuhr, soll er ausgerufen haben: «Gelobt sei Gott, dass er das Meer zwischen mich und einem solchen Dämon gelegt hat!» Ein weiteres Mal versuchten die Abbasiden, ihre Herrschaft über al Andalus zu etablieren: 777 schickte Kalif Mahdi einen seiner Heerführer aus, um den «Omayyaden-Usurpator» vom Thron zu stoßen.

Die vom Abbasidenkalifen zur Bekämpfung Abd ar Rahmans nach Spanien entsandten Soldaten waren indessen weniger gefährlich als seine inneren Gegner. Als er sich im Jahre 751 zum Emir von al Andalus ausrief, war die Eroberung der Halbinsel noch lange nicht abgeschlossen. Die Ausweitung der omayyadischen Herrschaft über immer größere Gebiete jenseits des Guadalquivir sollte sich als ein langwieriges und schwieriges Unternehmen herausstellen, aber der Emir wird es mit Mut, Intelligenz und Unerbittlichkeit durchführen.

Gefahr und Bedrohungen kamen von allen Seiten – so verlockend war die reiche Beute al Andalus'. Zahlreich waren auch die lokalen Machthaber, die keine andere Herrschaft anerkennen wollten als die ihre. So verkündete etwa ein Berberführer namens Shaya im Jahre 769, er sei ein Nachkomme Fatimas, Tochter Mohammeds und Gattin Alis, und deshalb Imam des Schiitentums, «des einzigen religiösen Weges für einen Rechtgläubigen», wie er betonte. Sein Herrschaftsgebiet weitete sich rasch in der Region um Cuenca aus, wo sich seine Anhänger offen gegen die Autorität des Emirs wandten. Dieser entsandte Truppen und brach den Widerstand; Shaya wurde später ermordet. Andere arabische oder berberische Revolten gegen den Emir waren allein vom jeweiligen Unabhängigkeitswillen getragen. Abd ar Rahman sollte sie alle mit Gewalt ersticken.

Karl der Große

Die Unbotmäßigkeit der lokalen Machthaber ging 777 so weit, dass einige von ihnen nicht zögerten, sich an einen fremden Herrscher – und was für einen Herrscher! – zu wenden: an Karl den Großen, König der Franken, um ihm ein Bündnis gegen den Emir von al Andalus vorzuschlagen. Es war Ibn Arabi, ein Abenteurer und Statthalter von Zaragoza, der diese außergewöhnliche Initiative ergriff, «die erste dieser Art, bei der Muslime bei Nicht-Muslimen um Unterstützung gegen ihre Religionsbrüder ansuchten.» Ibn Arabi sicherte sich zunächst die Unterstützung anderer, Abd ar Rahman feindlich gesonnener Abenteurer, dann rief er zum Aufstand auf. Er setzte den von Córdoba entsandten General Ubaid al Djudhami gefangen und brach im Winter 777–78 nach

Paderborn in Sachsen auf, wo der Frankenkönig gerade residierte. Mehrere andere arabische Anführer begleiteten ihn, darunter auch Ubaid al Djudhami.

In Paderborn übergab er seinen Gefangenen als Geisel. Karl akzeptierte die Vorschläge der Araber. Er hatte damals freie Hand: Die Sachsen schienen unterworfen und hatten sich in Massen zum Christentum bekannt. Widukind, der mächtigste ihrer Anführer, hatte sich bei einem dänischen Fürsten ins Exil begeben. Ibn Arabi sicherte Karl zu, er könne in kurzer Zeit Herr über ganz Katalonien werden.

Im Frühjahr setzte sich das große Heer mit Karl an der Spitze in Bewegung. Er kommandierte selbst eine Heeresabteilung, die über Pamplona und das Ebrotal auf Zaragoza marschierte. Eine andere überstieg die Pyrenäen und zog gegen Barcelona. Dieses Bündnis drohte sehr gefährlich für Abd ar Rahman zu werden. Es erwies sich als machtvoll und konnte andere lokale, auf Unabhängigkeit bedachte Machthaber mit sich reißen. Dennoch zerbrach es. Hatten die Bevölkerung sowie arabische und berberische Anführer realisiert, als sie zur Revolte aufgerufen wurden, dass es eine Ungeheuerlichkeit wäre, Muslime im Bündnis mit Christen zu bekämpfen? Als die Armee Karls unter den Mauern von Zaragoza und Barcelona erschien, traten ihr Soldaten und die bewaffnete Bevölkerung entgegen, weil sie sich an einem solchen Verbrechen gegen den Islam nicht beteiligen wollten. Die Garnison von Zaragoza schloss sich in der Stadt ein, und die Belagerung begann. Sie dauerte indessen nicht lange. Karl erreichten beunruhigende Nachrichten: Die Sachsen hatten wieder zu den Waffen gegriffen und waren brennend und sengend bis zum Rhein und nach Köln vorgestoßen. Der König hob sofort die Belagerung auf und begab sich auf den Rückmarsch ins Frankenreich. Gezwungen, die Pyrenäen auf steilen Gebirgspfaden zu überqueren, wurden die Franken bei Roncesvalles/Roncevaux Opfer der Basken, die sich von den Bergen auf sie stürzten, mit Felsbrocken die Männer erschlugen, sie ausplünderten und alles in die Schluchten warfen, was sie nicht wegschleppen konnten. Dann verschwanden sie im Schutze der Dunkelheit. «Es gab kein Mittel, diese Niederlage zu rächen, denn nach diesem Überfall verstreute sich der Feind so gut über die Gegend, dass man keine Kunde darüber erhalten konnte, wo er zu suchen sei.» Drei hohe fränkische Würdenträger wurden getötet, der Seneschall Eginhard, Pfalzgraf Anselm und Hruodland/Roland, Präfekt (Herzog) der bretonischen Mark und (nach späterer Sagentradition) Neffe Karls des Großen, der zum Helden des «Rolandsliedes», einer der ältesten Chansons de geste, werden sollte.

Karls Niederlage war vollständig. Jede Allianz mit den Muslimen Spaniens war schon vor der Niederlage bei Roncesvalles aussichtslos, denn sie beruhte auf keiner gemeinsamen Basis, allenfalls auf den Streitigkeiten und Ambitionen der lokalen Machthaber, die genauso schnell dabei waren, sich wieder miteinander zu verbünden und wenn nötig auch mit einem ausländischen Herrscher, wie sie bereit waren, ihr Wort zu brechen. Vom spanischen Desaster eines Besseren belehrt, erkannte Karl, dass es die Vorsicht gebot, am Südfuß der Pyrenäen eine Verteidigungszone zu errichten, in jenem umkämpften Gebiet, wo sich die Einflüsse des Nordens und des Südens, die christlichen und muslimischen, geltend machten. 785 nahm eine Armee Gerona, ohne dass die Bewohner Widerstand leisteten, 795 brandschatzten die Araber Narbonne, konnten aber kurze Zeit später vernichtet werden. Die Franken ihrerseits erlitten vor Huesca eine Niederlage, es gelang ihnen aber, 801 Barcelona einzunehmen und zehn Jahre später Tortosa. Auf der anderen Seite der Pyrenäen festigte Karl auf fränkischem Territorium das Herzogtum (Regnum) Aquitanien, von wo aus man die Aktivitäten der muslimischen Herren beobachten und eingreifen konnte, wenn es nötig war.

Abd ar Rahman I., ein Mann von großer Statur und mit blondem Haar, starb am 3. September 788 in Córdoba. Für die Nachwelt ist der Gründer der Omayyadendynastie einer der größten Herrscher, die die arabischen Reiche im Osten und im Westen regiert haben. Sein Mut, seine Härte, seine Leidenschaft waren immens, ebenso seine Fähigkeiten, seine Intelligenz und seine Menschenkenntnis. Darüber hinaus war er ein begabter Dichter. Im Alter von fünfundzwanzig Jahren in einem großen Land eine Provinz nach der anderen zu erobern, umgeben von Feinden, die sich zusammengeschlossen hatten, um ihn zu töten, dann, nach Erringung der Herrschaft, ohne Unterlass Revolten und Machtbestrebungen lokaler Machthaber – die ihm häufig ihre Position zu verdanken hatten – niederzuschlagen, das sind Leistungen, die nur wenige Feldherren und Politiker in der Geschichte vorzuweisen haben. Kein Jahr seiner langen Regierungszeit verging, ohne dass er nicht einen Aufstand niederschlagen, Rebellen hätte bestrafen müssen. Aber auch hinterhältig, grausam, gnadenlos konnte er sich gegenüber den verschiedenen ethnischen Gruppen und Religionsgemeinschaften verhalten, die sich in untereinander verfeindeten, machthungrigen Stämmen und Clans zusammenschlossen. Mit außerordentlicher Befähigung begabt, als Diplomat wie als Feldherr, verstand es Abd ar Rahman auf bewundernswerte Weise, mit den Rivalitäten der Clans zu spielen. Die Erfahrung hatte ihn die Undankbarkeit der Menschen gelehrt, die allzu schnell alle Wohltaten vergessen konnten. Eine ganze Reihe von Vertrauten, auf die er sich in schweren Zeiten eigentlich hätte verlassen können, fielen von ihm ab oder wandten sich gegen ihn. Badr, der ihm den Weg zum Thron geebnet hatte und den er mit Wohltaten überhäufte, erwies sich als respektlos und indifferent. Er musste ihn aus Córdoba entfernen und ihn an einen Ort an der Grenze versetzen. Selbst seine Familie konspirierte gegen ihn. Die unter seinem Schutz stehenden Omayyadenprinzen versuchten ihn zu stürzen; alle wurden hingerichtet. Ein anderes Komplott wurde von seinem Neffen angezettelt; auch ihn ließ er töten. «Was sind das für Verwandte?», klagte er einmal einem Vertrauten. «Als ich unter Lebensgefahr nach dem Thron strebte, dachte ich mehr an sie als an mich. Als mein Werk erfolgreich war, bat ich sie, hierher zu mir zu kommen und mit mir meinen Reichtum zu teilen. Und jetzt wollen sie mir entreißen, was Gott mir gegeben hat!»

Man erzählt, dass der bedeutende Abbasidenkalif al Mansur – ein Zeitgenosse Abd ar Rahmans – einmal seine Höfling gefragt habe, wer es am meisten verdiene, unter den Kouraich als «Falke» bezeichnet zu werden. Im Glauben, der Kalif habe es selbst auf diesen Titel abgesehen, antworteten sie ohne zu zögern: «Das bist Du, Führer der Gläubigen, du, der du die mächtigsten Fürsten besiegtest, Aufstände bezwangst und der Unordnung unter den Menschen ein Ende setztest.» «Nein, das bin nicht ich», versetzte der Kalif. Die Höflinge nannten sodann die Namen der ersten Kalifen, Omar, Osman und noch andere aus dem Stamme der Kouraich. «Nein», erwiderte Mansur, «keiner von ihnen. Der Falke der Kouraich, das ist Abd ar Rahman, Sohn des Muawiya. Nachdem er auf sich allein gestellt die ungeheuren Weiten Asiens und Afrikas durchmessen hatte, war er es, der den Mut besaß, sich ohne Armee in ein ihm unbekanntes Land zu wagen, gelegen am anderen Ende des Meeres. Unterstützt allein von seinen Fähigkeiten und seiner Entschlossenheit, hat er es verstanden, seine neidischen Gegner zu erniedrigen, die Rebellen zu töten, seine Grenzen gegen die Angriffe der Christen zu sichern, ein großes Reich zu gründen und unter seinem Szepter ein unter vielen Häuptlingen zerstückeltes Land zu einen. Das ist etwas, was noch keinem vor ihm gelungen ist.»

Entwurf eines Staates

Mehr Mann des Krieges als der Verwaltung, aber von überragender Intelligenz, war Abd ar Rahman der Erste, der es unternahm, die Grundstruktur eines Staates zu organisieren. Die bisherigen Gouverneure hatten keine festen Strukturen geschaffen; sie waren viel zu sehr mit der Bekämpfung ihrer Rivalen und der Ausweitung ihrer Territorien beschäftigt. Die Anarchie der letzten Jahrzehnte unter den Westgoten und das Durcheinander im Zusammenhang mit Stammes- und Clanrivalitäten wichen allmählich rudimentären, vom Staatswesen der Omayyaden in Syrien inspirierten Institutionen. Von den Nachfolgern des Emirs verändert und verbessert, sollten sie bis zum Ende der Dynastie, gute zweihundertfünfzig Jahre später, Bestand haben.

An der Spitze des Staates steht der Emir (*amir*) oder der König (*malik*). Niemals werden Abd ar Rahman und seine ersten Nachfolger wagen, den Kalifentitel (*Khalifat al Rasul*) – Stellvertreter des Propheten Gottes auf Erden – anzunehmen, den die ersten vier Nachfolger des Propheten trugen, sodann die Omayyaden von Damaskus und nach deren Sturz die Abbasiden in Bagdad. Nur zwei Jahrhunderte später wird sich Abd ar Rahman III. selbst zum Kalifen ausrufen. Der Emir regiert das Land allein, ernennt die hohen Amtsträger, die Heerführer, die Richter. Er selbst trifft alle wichtigen Entscheidungen. Selten begibt er sich auf Feldzüge. Meist sind seine Söhne die Kommandanten des Heeres. In aller Regel residiert er in Córdoba; dort lässt er an der Stelle einer christlichen Kirche eine Moschee bauen, die seine Nachfolger erweitern, um daraus ein Hauptwerk islamisch-religiöser Kunst im Westen zu machen. In einiger Entfernung von der Hauptstadt lässt er eine prächtige Residenz errichten, die von seinen Nachfolgern ausgebaut und verschönert wird; er gibt ihr den Namen *Rusafa*, ohne Zweifel eine nostalgische Anspielung an das syrische Rusafa.

Dem Emir zur Seite steht ein Kammerherr (*hadjib*), der eher dem Hausmeier westlicher Höfe als dem Wesir orientalischer Höfe entspricht. Wie die Organisation der Regierungsebene selbst erinnert auch die Verwaltungsorganisation in vielen Aspekten an die des omayyadischen Syrien. Abd ar Rahman war ein

Syrer und umgeben von Syrern, die kaum ein anderes Land kannten als Syrien und kaum eine andere Regierungsform als das von Muawiya und seinen Nachfolgern unter persisch-sasanidischem Einfluss eingeführte System. Erst später, als sich die Kontakte mit den Abbasiden und Bagdad weiterentwickelten, sollte man auf allen Gebieten dem wachsenden abbasidischen Einfluss nachgeben. Das Land ist in Provinzen eingeteilt, an deren Spitze ein *wali* (ziviler Statthalter) steht; er hat seinen Sitz in der Provinzhauptstadt und ist als Verwaltungschef der Regierung in Córdoba unmittelbar rechenschaftspflichtig. Die Provinzen tragen den Namen ihres Hauptortes; die bedeutendste ist die Provinz Córdoba. Je nach Epoche unterliegen die Provinznamen Veränderungen.

Es darf nicht vergessen werden, dass die Staatsorganisation zur Zeit Abd ar Rahmans I. noch in den Kinderschuhen steckte und sich nur auf eng begrenzte Territorien beschränkte, die zudem noch zwischen Muslimen und Christen sowie zwischen den Chefs der Stämme und Clans umstritten waren. Spanien ist sozusagen noch ein Flickenteppich. Eine Einheit – im muslimischen Bereich – ist noch lange nicht realisiert. Und so sind auch die Verwaltungseinheiten in der Epoche Abd ar Rahmans eher theoretisch als real. Erst viel später, im folgenden Jahrhundert, nimmt die zivile und militärische Verwaltung eine endgültige Form an.

Araber, Berber, Christen, Juden – die Bevölkerung von al Andalus

In der zweiten Hälfte des 8. Jahrhunderts dominieren die Stammesunterschiede – und dieser Umstand wird noch lange andauern und sich noch durch den Zuzug aus Syrien und Nordafrika verstärken. Im Südosten hatten die Araber eine starke Stellung; ihr Reichtum, ihr Zusammenhalt, ihr Überlegenheitsgefühl bereiteten dem Emir häufig nicht geringe Schwierigkeiten. Von wenigen Tausend zum Zeitpunkt der Eroberung wuchs ihre Anzahl mit den Syrern Abd ar Rahmans sowie über eheliche Verbindungen mit

Frauen der einheimischen Bevölkerung. Die Berber jedoch waren viel gefährlicher, weil sie in einem unablässigen Strom einwanderten. Zahlreich unter ihnen waren die marokkanischen Berber; sie ließen sich vornehmlich, wie sie es aus ihrem Ursprungsland gewohnt waren, in den Gebirgsregionen nieder und betätigten sich in alter Weise als Ackerbauer und Viehzüchter. Mit innerem Zusammenhalt und einem starken Unabhängigkeitswillen ausgestattet, sollte es einige Zeit dauern, bis sie sich assimiliert hatten. Auch stellten sie das am schwierigsten zu beherrschende Bevölkerungselement dar.

Die Spanier – Christen, Juden, die Muwalladun und alle nichtmuslimischen, nicht-autochthonen, noch vor der arabischen Eroberung eingewanderten Bevölkerungsteile – waren zahlreich und häufig gut organisiert. Sie verursachten in der Regel nur geringe Unruhe und nahmen in der Gesellschaft einen wichtigeren Platz ein als die Muslime von Geburt. Der größte Teil wird seinen spanischen (iberischen oder gotischen) Ursprung aus den Augen verlieren; ihre Verschmelzung wird vollständig sein, weil ihre Lebensumstände denjenigen der Muslime entsprechen. Mozaraber sind alle diejenigen, die ihre christliche oder jüdische Religion nach der Eroberung behalten haben. In den Städten waren sie in Gemeinden organisiert und unterstanden der Kontrolle der muslimischen Herrschaft. Der jeweilige Gemeindevorsteher (*comes/kumis*), mit Aufgaben der Verwaltung, der obersten Gerichtsbarkeit und dem Steuereinzug betraut, war der muslimischen Obrigkeit gegenüber verantwortlich. Die je nach Region mehr oder weniger zahlreichen Juden lebten überwiegend in den Städten, wo sie meist als Kaufleute, Handwerker oder staatliche Amtsträger tätig waren und eine wichtige Rolle im Waren- und Handelsaustausch spielten.

Die Nicht-Muslime hatten als Ganzes, insbesondere am Anfang, nur wenig unter der arabischen Eroberung zu leiden, aber je mehr die christliche Rückeroberung an Boden gewann, stützte man sich auf mozarabische Revolten, die dann von arabischer

Seite mit häufig harten Verfolgungen beantwortet wurden. In den Tagen Abd ar Rahmans I., einige Jahrzehnte nach der Eroberung, war man an diesem Punkt jedoch noch nicht angelangt.

Die ersten Jahrzehnte nach der Eroberung waren eine Periode der Anarchie, während derer die Muslime plünderten, Städte anzündeten und der Bevölkerung vielerlei Misshandlungen angedeihen ließen, vor allem den Wohlhabenden unter ihnen und denjenigen, die den Raubzügen Widerstand entgegensetzten. Danach jedoch geriet alles, oder fast alles, wieder in eine gewisse Ordnung. Zumindest am Anfang ließen die Muslime der Bevölkerung ihre Gesetze und ihre Amtsträger. Die örtlichen Statthalter beschränkten sich auf die Einziehung der Abgaben und, so weit es ihnen möglich war, auf die Bewahrung des öffentlichen Friedens. Die den Christen auferlegte Herrschaft wer verhältnismäßig locker. Wie auch schon vorher mussten die Bauern vier Fünftel ihrer Ernten den Besitzern des Landes abführen. In westgotischer Zeit erhielt der Staat die Ernteerträge. Unter den Muslimen erhielten die Erträge die Feudalherren, die Grund und Boden unter sich aufgeteilt hatten. In den Städten hing die Stellung der Christen an den Verträgen, die sie mit der Obrigkeit abschließen konnten. Einige behielten ihr gesamtes Vermögen, nicht aber das Eigentum über die Kirche und ihre Ausstattung, so insbesondere in der Region von Mérida. In den Provinzen Alicante und Lorca entrichteten sie lediglich einen Tribut in Geld oder Naturalien. Wie in allen vom Islam eroberten Ländern mussten die Christen auch eine Kopfsteuer (*djiziyya*) zahlen. Die Steuern richteten sich nach dem Vermögen: 48 Dirham für die Reichen, 24 für die Mittelschichten, 12 für die Handarbeiter. Frauen, Kinder, Kranke und Sklaven waren davon ausgenommen. Die Verpflichtung zur Zahlung einer Kopfsteuer entfiel, wenn man zum Islam übertrat. Der *haradj* war eine Grundsteuer, die vom Nutzer des Bodens entrichtet werden musste. Die Araber favorisierten die Bekehrungen umso weniger, als der zum Muslim gewordene Christ nicht mehr die *djiziyya* bezahlte. Die strenge Verfolgung der Christen im ersten Jahrhundert des muslimischen Spanien sei hier außer Acht gelassen…

In der Westgotenzeit genossen Klerus und Adel weit reichende Privilegien, weil ihnen der größte Teil an Grund und Boden gehörte. Die Araber, die auch die größten Landeigner waren, verteilten diesen Großgrundbesitz auf eine wesentlich größere Anzahl von Eigentümern und förderten so eher das Eigentum an kleineren Flächen. Damit wurde das Kulturland erweitert, und die Erträge konnten erhöht werden. Die Sklaverei verlor ihren brutalen Zwangscharakter. Sie war weder besonders hart, noch dauerte sie besonders lange. Der Sklave erhielt in der Regel nach einigen Jahren die Freiheit. Trat er zum Islam über, wurde er sofort freigelassen. Einen Sklaven freizulassen galt als gute Tat. «Was weist dir den Weg ins Himmelreich? Einen Sklaven zu befreien» (Koran, XC 12 und 13). Die christlichen Leibeigenen hatten eine andere Art, die Freiheit zu erlangen. Sie mussten sich nur auf das Land eines Muslimen flüchten und die rituelle Formel sprechen: «Es gibt keinen Gott außer Allah und Mohammed ist sein Prophet.»

Die Abkehr vom Christentum fiel im muslimischen Spanien umso leichter, als dieser Glaube noch keine tiefen Wurzeln geschlagen hatte. Unter den Römern heidnisch, ist Spanien erst unter den Westgoten christlich – katholisch oder arianisch – geworden. Der Einfluss der neuen Religion reichte nicht weit. Die Nachkommen der Römer waren mehrheitlich eher Skeptiker, und die Westgoten hatten, wie viele aus dem Osten kommenden Völker, keinen ausgeprägten religiösen Sinn. Die meisten westgotischen Prälaten fühlten sich eher von irdischen Gütern angezogen als von dem Bedürfnis, das Evangelium zu predigen. Die Bevölkerung war ohne Schwierigkeiten vom Arianismus zum Katholizismus übergewechselt. Außer in der äußerst dünnen Schicht der Gebildeten fand eine religiöse Erziehung praktisch nicht statt. So war das Christentum Spaniens von oft oberflächlicher Qualität und stand in vollständiger Abhängigkeit vom Staat. Die Kirche war unter den Arabern nicht freier als unter den westgotischen Königen. So wie sie ließ der Emir Konzilien zusammentreten, nominierte Bischöfe und setzte sie ab. Die Bischofswürde verkaufte er an den Meistbietenden, um wen es sich dabei auch handelte.

Hischam I. – fromm und machtbewusst

Hischam, der zweite Sohn Abd ar Rahmans, wurde der Nachfolger seines Vaters. Er war damals dreißig Jahre alt und war somit nach der Ankunft seines Vaters in Spanien geboren. Er hatte blondes Haar und blaue Augen, war ein ernsthafter, frommer und kultivierter Mann. Es wird erzählt, Abd ar Rahman habe diskrete Nachforschungen über seine beiden Söhne, Suleiman und Hischam anstellen lassen, bevor er einen von ihnen zu seinem Nachfolgern bestimmte. Die mit dem Bericht beauftragte Person sagte ihm: «Wenn dein Sohn Hischam seine Gefährten empfängt, so sind es gelehrte Männer, Dichter und Geschichtskundige; man spricht über die Taten der Helden, über militärische Fragen und so fort. Aber diejenigen, mit denen sich Suleiman umgibt, sind Schmeichler, haltlose und verwöhnte Menschen...» War Hischam als Nachfolger eines Vaters von solcher Persönlichkeit geeignet, dazu noch in den damaligen Unruhezeiten gerade einmal dreißig Jahre nach der Erringung der Macht, in einem Moment, da innere Streitigkeiten noch in vollem Gange waren? Es war ein günstiger Umstand, dass al Andalus zu dieser Zeit eine kurze Beruhigung der lokalen Auseinandersetzungen erlebte und ohne Sorgen wegen der Verhältnisse im Inneren die Feinde aus dem Norden, die christlichen und fränkischen Fürsten, bekämpfen konnte.

Das erste zu regelnde Problem war – wie so häufig – seine Thronbesteigung. Es war nicht anders zu erwarten, dass sein Bruder Suleiman, der ja von seinem Vater übergangen worden war, revoltierte und von Toledo aus seine Truppen zur Eroberung Córdobas und der Macht ausschickte. In der Gegend von Jaén traf er mit den Truppen Hischams zusammen und wurde geschlagen. Er zog sich nach Toledo zurück; Hischam jagte ihn aus der Stadt und ließ ihn nach Nordafrika entweichen. Mit Ausnahme einiger wirkungsloser Revolten in den Regionen um Tortosa und Zaragoza sowie im Süden, wo sich die Berber erhoben, verlief die kurze Regierungszeit Hischams verhältnismäßig ruhig, zumindest im Inneren. Diese Friedensperiode begünstigte in religiöser, juridischer und philosophischer Hinsicht ein Ereignis, dessen Folgen während der gesamten Regierungszeit der Omayyadendynastie und, mit geringerer Schärfe, bis zum Rückzug der Muslime aus Spanien spürbar war: die Annahme des *Malikismus'*, der sich rasch zu einer der vier großen juristischen und philosophischen Schulen des orthodoxen Islam entwickeln sollte (die drei anderen Rechtsschulen sind die *hanafitische*, die *hanbalitische* und die *schafiitische*).

Der Malikismus hat seinen Namen von Malik Ibn Anas, der damals kurz zuvor in Medina gestorben war, wo er seine Deutung der islamischen Gesetze, unter entscheidendem Einfluss seiner örtlichen Anhänger, gelebt und gepredigt hatte. Der Malikismus kann eigentlich als fundamentalistisch-rigoristisch bezeichnet werden, weil er den Koran am wörtlichsten und am strengsten interpretiert. Als Feind jeglicher Neuerungen und thematischer Auseinandersetzungen formulierte der Malikismus die strengste Doktrin des Islam. Nach Maliks Auffassung muss religiöses und moralisches Denken die Gesamtheit der Gebote Gottes durchdringen. Da die malikitischen Richter Schismatikern gegenüber – in ihren Augen Unruhestifter und Elemente der Verderbtheit – mit absoluter Unnachsichtigkeit auftraten, waren sie es, an die sich die islamischen Herrscher wandten, wenn sie Häretiker oder solche, die sie dafür hielten, mit dem Tode bestrafen lassen wollten. Nach seiner Annahme in Spanien durch Hischam, dann durch Hakam, blieb der Malikismus die offizielle juristische Doktrin, welche die Richter mit äußerster Konsequenz anwendeten. Damit entwickelte sich die Richterschaft zu einer wahrhaften klerikalen Aristokratie, deren Macht bis zum Ende der Omayyadendynastie andauerte.

Die relative Ruhe auf der Halbinsel konnte einen frommen Mann wie Hischam nur dazu beflügeln, in Aktion zu treten: einen «Heiligen Krieg» gegen die Fürstentümer im Norden, gegen jene immer noch instabilen Grenzgebiete, von wo aus die christlichen Fürsten Raubzüge unternahmen, die Muslime in Unruhe versetzten und bei jeder sich bietenden Gelegenheit von der Zerstrittenheit ihrer Nachbarn profitierten. Im Jahre 791 ergriff Hischam die Initiative. An der Spitze seiner Truppen begab er sich nach Altkastilien und ans linke Ufer des Ebro, während weiter im Westen einer seiner Generäle den König der Asturier, Vermudo, angriff und besiegte. 793 vertrieb derselbe General die Franken aus Gerona und Narbonne. Guillen, der überstürzt herbeigeeilte Herzog von Toulouse, erlitt am Zusammenfluss des Orbieu und der Aude ein wahrhaftes Desaster. Seine Armee wurde aufgerieben und viele seiner Soldaten wurden nach Córdoba in die Gefangenschaft geführt. Im folgenden Jahr gab es einen neuen Feldzug gegen Asturien, dessen König beinahe in Gefangenschaft geraten wäre. 795 nahm General Ibn Mugharit die Stadt Astorga in Asturien. Ein weiterer Feldzug folgte im nächsten Jahr. Jedes Jahr, wann immer sich die Gelegenheit bot, richteten die Generäle Hischams solche mehr oder weniger bedeutenden Kriegszüge gegen den Norden. Keine dieser Schlachten zwischen Christen und Muslimen war indessen entscheidend, es waren Kleinkriege, bei denen mal die eine, mal die andere Seite erfolgreich war. Die Muslime plündern die Städte und Dörfer der Christen, die Soldaten der christlichen Fürsten töten ihrerseits so viele Feinde wie möglich. Jeder wusste, dass dabei nichts wirklich Entscheidendes herauskommen würde. Die Angriffe der Muslime erreichten lediglich die Grenzen der Königreiche Pamplona und Asturien, niemals versuchten sie, ins Herz dieser Territorien vorzustoßen. Die muslimischen Züge waren saisonal, als fürchtete man, den Winter weit weg von zu Hause verbringen zu müssen oder gar sich dauerhaft in diesen nördlichen Gebieten festzusetzen. Ziel dieser Expeditionen ist in erster Linie das Einsammeln von Beute, aber auch, eine gut trainierte Armee beständig unter Waffen zu halten – und damit den Gouverneuren zu bedeuten, dass der Emir genügend Kräfte zur Verfügung hat, einem äußeren Feind zu begegnen, aber auch jede Rebellion ihrerseits zu unterdrücken.

Al Hakam der Schreckliche

Im Jahre 796 trat al Hakam die Nachfolge seines Vaters an, der ihn gegenüber seinem älteren Bruder Abd el Malik aus unbekannten Gründen vorgezogen hatte. Im Unterschied zur Regierung Hischams sollte seine Herrschaft von neuen aufflackernden Revolten geprägt sein, die er mit außerordentlicher Härte unterdrückte.

Fünf Jahre nach seiner Thronbesteigung muss Hakam untätig zusehen, wie ihm Barcelona entrissen wird. Wie wir bereits in vergleichbaren Situationen gesehen haben – etwa als Ibn Arabi Karl den Großen zur Hilfe rief –, waren es auch diesmal Muslime, die die christlichen Armeen anstachelten, in den *dar al Islam* einzufallen. Allerdings war ein Christ dem Muslim zuvorgekommen. Im Jahre 796 ließ König Alfons II. von Asturien Karl den Großen wissen, dass er ihn unterstützen würde, falls er militärische Operationen jenseits der Pyrenäen durchführen wolle. Fast gleichzeitig begab sich Abdallah, ein Onkel Hakams, nach Aachen, um dem Kaiser den gleichen Vorschlag zu machen. Der Statthalter von Barcelona unternahm, sicherlich im Einvernehmen mit einem der Besucher Karls oder auch mit beiden, ebenfalls eine Reise nach Aachen und sicherte Karl zu, die Stadt Barcelona würde sich ihm kampflos öffnen. Der Kaiser, noch eingedenk seiner Niederlage in Spanien, zögerte lange. Erst im Jahre 798 verkündete Ludwig der Fromme in Toulouse in Anwesenheit muslimischer Führer, dass er Krieg gegen die islamischen Länder führen werde.

Die Besetzung des Nordostens der Halbinsel erfolgte schrittweise. Im Jahre 800, dem Krönungsjahr Kaiser Karls des Großen, plündert Ludwig Lérida und Huesca und belagert Barcelona mit seiner Armee. Die Stadt leistet zwei Jahre lang Widerstand.

Hakam ist mit der Bekämpfung von Rebellen beschäftigt, und das aus Córdoba geschickte Entsatzheer wird zurückbeordert, um dem von seinen inneren Feinden eingeschlossenen Heer zur Hilfe zu eilen. Die Belagerung zieht sich in die Länge, und erst 803 ergibt sich die Stadt ... Damit ist eine fränkische Enklave südlich der Pyrenäen geschaffen. Der Graf von Barcelona nimmt den Titel *Markgraf von Gothien* an. Die Kämpfe zwischen Christen und Muslimen setzten sich noch einige Jahre fort. Ihr Streitobjekt war der Besitz von Tortosa, Tarragona und Huesca, um nur die wichtigsten Orte zu nennen, die Zug um Zug aus den Händen der einen Partei in den Besitz der anderen gelangten. Schließlich wird ein Waffenstillstand zwischen Hakam und Karl dem Großen geschlossen – ohne dass sich eine schwere Niederlage oder ein wirklicher Erfolg auf beiden Seiten eingestellt hätte.

Mögen sie mich hassen, wenn sie mich nur fürchten!

Wie alle Emire seiner Dynastie war auch al Hakam beständig damit beschäftigt, sich in al Andalus an der Macht zu halten, seine zahlreichen Widersacher in diesem weitläufigen, von einer heterogenen Bevölkerung bewohntem Land zu bekämpfen. Stets hatte diese Bevölkerung die Tendenz, sich jeweils um Führer ihres eigenen Clans und ihrer eigenen Religion zu scharen, und immer war sie bereit – je nach Umständen und Interessen –, auch einem anderen zu folgen. Ehrgeizige Gouverneure versuchten in den Provinzen ihre persönliche Macht zu festigen. Der Clan der Banu Qasi mit Machtzentrum im oberen Ebrotal, durch Heirat mit dem Königshaus von Pamplona verbunden, gehörte zu den besonders ambitionierten und unruhigen dieser regional mächtigen Familien. Solche Berberbanditen, Muwalladun und andere, waren militärisch ähnlich organisiert wie das Heer des Emirs und verwickelten die Soldaten des Herrschers in Córdoba in einen beständigen, vom gebirgigen Relief der Halbinsel noch begünstigten Guerillakrieg. Die Armee sah sich nicht in der Lage, die blitzartigen Überfälle auf Städte und Dörfer und den schnellen Rückzug in die Berge zu verhindern. Zudem waren die regulären Truppen nicht stark genug. Hakam verstärkte sie mit 5000 Mamluken (Sklavensoldaten) und einer christlichen Reiterei, die sich aus Fremden, vornehmlich aus Slawen, rekrutierte. Diese Söldnertruppen bildeten dann die Leibwache Hakams.

Seine unzureichenden militärischen Möglichkeiten kompensierte Hakam mit dem Einsatz von Terrormaßnahmen. Hervorragende Diplomatie und die Fähigkeit, zwischen den verschiedenen Gruppierungen zu lavieren, sowie seine Brutalität waren seine Mittel, die Menschen zu manipulieren. So ließ er beispielsweise in Córdoba und anderen Städten die aufgespießten Köpfe seiner Gegner umhertragen, danach nagelten die Soldaten die toten Körper an die Stadttore. Solche grausamen Repressalien – in Mérida, Toledo, Zaragoza und vielen anderen Städten – verhinderten den Ausbruch von Revolten jedoch nicht. Alles konnte als Vorwand für Rebellion dienen, und immer wurden die Aufstände brutal unterdrückt. Das Massaker an den Notabeln von Toledo, bekannt als *Tag des Grabens*, ist in die Geschichte eingegangen. Einige Jahre nach der Thronbesteigung al Hakams übernahm ein Aufwiegler namens Ubaid Allah die Macht. Hakam entsandte einen seiner Vertrauten, den General Amrus, zur Wiederherstellung der Ordnung. Dieser ließ sogleich nach seiner Ankunft den Rebellenführer hinrichten und lud die Muwalladun und die wichtigsten Notabeln der Stadt zu einem Bankett auf die Zitadelle von Toledo ein. Die Soldaten des Generals erwarteten die Geladenen am Ende eines engen Durchgangs. Nacheinander wurden die Ankommenden erschlagen; die Leichen warf man in einen großen Graben, dessen Inhalt zum Bau der Zitadelle gedient hatte. Mehrere hundert Menschen wurden bei diesem Massaker getötet, allein um gegenüber der Bevölkerung ein Exempel zu statuieren. Das hielt indessen die Toledaner nicht davon ab, sich einige Jahre später wieder zu erheben. In Mérida währte die Unterdrückung sieben Jahre lang. Auch Córdoba erlebte blutige Tage. Nach der Ankündigung einer neuen

Steuererhebung – häufig Vorwand oder auch Grund einer Revolte – zogen die Einwohner durch die Straßen und protestierten. Die Soldaten ergriffen einige und kreuzigten sie an Ort und Stelle. Die von unkontrollierbaren Elementen verstärkte Menge versuchte daraufhin, die Palasttore zu stürmen. Es entwickelte sich eine wüste Schlacht zwischen den Soldaten und der protestierenden Stadtbevölkerung. Die Soldateska massakrierte und plünderte drei Tage lang. Dreihundert Notabeln der Stadt wurden ans Kreuz geschlagen, und der Emir entschied, die Vorstadt, in der die Revolte ausgebrochen war, dem Erdboden gleichzumachen. Das Ereignis ist unter dem Namen *Aufstand der Vorstadt* in die Geschichte eingegangen. Die Mehrzahl der Einwohner Córdobas verließ die Stadt, viele gingen nach Marokko. Einige ließen sich in Ägypten, in Kreta und in anderen Gegenden des Mittelmeers nieder.

Ein wohl geordnetes Staatswesen

Bei seinem Tod im Jahre 822 hinterließ Hakam ein Königreich, das gewiss nicht gänzlich befriedet war, in dem aber doch eine verhältnismäßige Ruhe herrschte, Ergebnis sowohl des Terrors, als auch einer – wenn er es wollte – geschmeidigen und fähigen Politik. Seine christlichen Gegner hatten die Grenzen des christlichen Territoriums erweitert, aber im Verhältnis zu den eingesetzten Mitteln und zu den auf Kaiser Karl gesetzten Hoffnungen konnten sie keinen wirklichen Erfolg vorweisen. Die wenigen verlorenen Gebiete im Nordwesten hatten für die Muslime nur geringe Bedeutung angesichts der gefestigten Macht des Emirs über den größten Teil der Halbinsel. Das kaum erkennbare Staatswesen Abd ar Rahmans I. war einem Königreich gewichen, das zwar diesen Namen noch nicht trug, das aber bereits die wichtigsten Züge der großen orientalischen Staaten aufwies: eine noch schlechte, aber immerhin existierende Verwaltung, eine Armee, deren Mitglieder nicht nur vom Plündern lebten, sondern regelmäßig besoldet wurden; eine dank neuer landwirtschaftlicher Methoden aufstrebende Wirtschaft. Ohne sich als Vasallen der Abbasiden zu betrachten, machten die Muslime des Westens doch in wachsendem Umfang auf allen Gebieten Anleihen bei der Kultur der Muslime des Ostens. Die Beziehungen zu Bagdad hatten sich schon unter den großen Kalifen Harun al Raschid und Mamun verstärkt. Der Einfluss des Zweistromlandes machte sich bald in dem Maße deutlicher geltend, als der Zuzug syrischer Araber versiegte und die Sehnsucht nach dem alten, verlorenen Land der Omayyaden abnahm.

Hakam starb im Stolz über das erreichte Werk. Er äußert dies in einem Gedicht, das er kurz vor seinem Tod für seinen Sohn und Nachfolger schrieb: «So wie ein Schneider sich seiner Nadel bedient, um die Stoffstücke zusammenzufügen, so habe ich mich meines Schwertes bedient, um meine aus den Fugen geratenen Provinzen zu einen. Denn seit dem Alter, da ich zu denken begonnen, hat mich nichts mehr abgestoßen als die Auflösung meines Reiches. Frage jetzt meine Grenzen, ob dort irgendein Ort in Händen des Feindes ist. Sie werden dir mit ‹Nein!› antworten; wenn sie dir aber mit ‹Ja!› antworteten, so flöge ich dorthin, gerüstet mit meinem Harnisch und das Schwert in der Faust. Befrage auch die Schädel meiner rebellischen Untertanen, die, einem gespaltenen Koloquintapfel gleich, auf dem Felde liegen und in den Strahlen der Sonne funkeln. Sie werden dir sagen: Ich habe sie geschlagen, ohne ihnen Rast zu gewähren. Von Schrecken ergriffen, flohen die Aufständischen, um dem Tode zu entgehen. Aber ich, stets wachsam, ich verachtete den Tod. Als wir aufhörten, Schwerthiebe auszutauschen, zwang ich sie, ein tödliches Gift zu trinken. Aber habe ich etwas anderes getan, als die Schuld einzufordern, die sie mich gezwungen hatten, ihnen aufzuerlegen? Gewiss, wenn sie den Tod gefunden haben, dann geschah es, weil es ihr Schicksal so wollte. Ich hinterlasse dir also meine befriedeten Provinzen, oh mein Sohn. Sie gleichen einem Bett, auf dem du dich in Ruhe ausstrecken kannst, denn ich habe dafür gesorgt, dass kein Rebell deinen Schlummer stört.»

DIE BLÜTE VON AL ANDALUS

Abd ar Rahman II. – Mäzen der Schönen Künste

Abd ar Rahman II., den sein Vater als Nachfolger ausersehen hatte, wurde in Toledo geboren und zählte beim Tode al Hakams dreißig Jahre. Man weiß wenig über seine Persönlichkeit; in dieser Hinsicht unterscheidet er sich nicht von anderen Herrschern, die damals eine Spur in der islamischen Geschichte hinterlassen haben. Bekannt ist lediglich, dass der Prinz eine umfassende Bildung genossen hatte, dass er das Waffenhandwerk kannte und, wie üblich an den Adelshöfen, Verse schrieb.

Er trat als Mäzen auf, als Förderer der Künste, und so war seine Regierungszeit von einer literarischen und künstlerischen Blüte geprägt, die noch lange ihre Auswirkungen zeitigen sollte. Er wird als einer der gebildetsten islamischen Herrscher seiner Zeit gelten und als eine Persönlichkeit, die als Erste die Entwicklung der arabisch-andalusischen Wissenschaften nachhaltig beeinflusste. «Verliebt in die strahlende Schöpferkraft der Kalifen von Bagdad, in ihren luxuriösen und prunkvollen Lebensstil, umgab sich dieser Monarch» – so sagt Dozy – «mit einer zahlreichen Dienerschaft, verschönerte seine Hauptstadt… Er liebte die Poesie, und auch wenn die Verse, die er als sein Werk ausgab, nicht immer von ihm stammten, so belohnte er doch die Dichter aufs Freigebigste, die ihm zu Hilfe gekommen waren. Ansonsten war er liebenswürdig, unkompliziert und gut bis zur Schwäche.» Über das private, persönliche Leben Abd ar Rahmans wissen wir fast nichts, weniger jedenfalls als über andere Herrscher seiner Zeit, etwa Harun al Raschid. Er war ein großer Liebhaber der Frauen, mit denen er 45 Söhne und 42 Töchter hatte. Die «Werber» führten ihm die schönsten jungen Mädchen aus guten Familien zu, die für würdig befunden wurden, ihren Platz im Harem des Herrschers einzunehmen und ihm Kinder zu schenken. Einige von ihnen sind namentlich bekannt: Muamara, die einen Friedhof in Córdoba anle-

gen ließ; Tarub, die neben anderen großen Einfluss auf ihn ausübte; die Sängerinnen Fadl, Alam und Kalab, alle drei aus Medina
stammend, das trotz schwindender politischer Bedeutung zu
einem der wichtigsten künstlerischen Zentren des Orients geworden war. Die Nebenfrauen Abd ar Rahmans – wie so häufig in dieser und auch späteren Epochen – spielten an den orientalischen
Höfen eine bedeutende Rolle, insbesondere, wenn sie dem Herrscher einen Knaben schenken konnten.

Der Emir verlässt seinen Palast selten, außer zur Falkenjagd
und zur Hetzjagd auf den Hirsch. Eine strenge Hofetikette regelte
sein und des Hofes Leben in Nachahmung orientalischen Hof-
lebens, das in dieser Hinsicht unter sasanidischem und byzantinischem Einfluss stand. Abd ar Rahman dürfte somit kaum auf dem
Laufenden darüber gewesen sein, was in Córdoba und den Provinzen passierte, war er doch gezwungen, sich auf die Informationen seiner Statthalter und hohen Amtsträger verlassen zu müssen.
Harun al Raschid lief des Nachts mit seiner Streitaxt durch die
Straßen Bagdads, lauschte den Worten der Bewohner und ließ
solche Individuen festnehmen, die er für Aufrührer hielt und an
denen er ein Exempel statuieren konnte. Es ist wenig wahrscheinlich, dass es ihm Abd ar Rahman gleichtat. Jedenfalls sagen die
zeitgenössischen Historiker nichts darüber.

Abd ar Rahmans Thronbesteigung wurde von der Bevölkerung
umso mehr begrüßt, als der neue Emir gleich zu Beginn Proben
seiner friedfertigen Einstellung und seines Gerechtigkeitssinns
ablegte. Gleich am Anfang seiner Regierungszeit traf er Maßnahmen zur Milderung der Steuerlast, korrupte Amtsträger wurden
bestraft, und seine Statthalter ließ er wissen, dass sie schon bei der
geringsten Anwandlung von Unabhängigkeitsbestrebungen abge-
setzt und bestraft würden. Die Bevölkerung, der blutigen Unruhen überdrüssig und sehnsüchtig nach einem Leben in Frieden,
begriff sehr schnell, dass die Macht jetzt in ganz anderen Händen
lag. Auch die Rebellionen wurden seltener. Dennoch, in Toledo,
das mit Aufständen immer schnell bei der Hand war, folgten die

Die mozarabische Kirche San Miguel de Escalada, 10. Jh. (Provinz León)

unteren sozialen Schichten einer sonst weiter nicht bekannten Person, die ihnen die «Unabhängigkeit» versprach. Abd ar Rahman beschränkte sich auf einige Bestrafungen und Züchtigungen, aber als er merkte, dass diese milden Strafen nichts fruchteten, schickte er seine reguläre Armee nach Toledo; sie setzte den Statthalter wieder in sein Amt ein, aus dem man ihn verjagt hatte, und beendete den Aufruhr. Dies war die einzige nennenswerte Revolte seiner Regierungszeit.

Zur Zeit Abd ar Rahmans II. hatten sich Land und Leute gegenüber der Zeit Abd ar Rahmans I. verändert. In diesen Jahren hatten sich die Bekehrungen zum Islam vervielfältigt, die Assimilation war in raschem Fortschreiten begriffen und ging so weit, dass
sich viele Christen nur noch der Sprache der Sieger bedienten. Sie
imitierten sie auf zahlreichen Gebieten, einige hielten sich einen
Harem, schrieben arabische Verse, lebten nach arabischer Weise
und kannten sich in der arabischen Literatur besser aus als mancher gebildete Araber. Es kam vor, dass Bischöfe mit diplomati-
schen Missionen betraut wurden. Andere Christen dienten in der
Armee, bekleideten lukrative Ämter bei Hofe oder bei vornehmen
Arabern. Man sagt, Christen, Juden und Konvertiten hätten sich
viel zahlreicher in Gemeinden organisiert als anderswo in der islamischen Welt, wären auch friedfertiger gewesen, und jeder habe
sich zufrieden mit seinem Schicksal gezeigt und habe es nicht än-
dern wollen.

Eine solch rasche Assimilation, diese bruchlose Übernahme
des Geschmacks und der Gewohnheiten der Muslime, wurde von
den christlichen Autoritäten keineswegs gern gesehen. Die Unkenntnis des Lateinischen – der Sprache der Kirche – war so weit
gediehen, dass der Erzbischof von Sevilla die Bibel ins Arabische
übersetzen ließ, damit sie die Christen lesen konnten. Álvaro
(Albarus Paulus aus Córdoba), Wortführer einer Gruppe streng
gläubiger Christen, beobachtet voller Trauer: «Meine Glaubensbrüder lesen mit Vorliebe die Gedichte und Romane der Araber,
sie studieren die Schriften der muselmanischen Theologen und
Philosophen, nicht um sie zu widerlegen, sondern um sich eine
richtige und elegante arabische Sprechweise anzueignen. Wo soll
man heute noch einen Laien finden, der die lateinischen Kom-
mentare zu den heiligen Schriften liest? Wer von ihnen studiert
die Evangelien, die Propheten, die Apostel? Ach, alle die jungen
Christen, die sich durch ihre Talente auszeichnen, kennen nur

noch die arabische Sprache und Literatur; sie lesen und studieren mit der größten Hingabe die arabischen Bücher, sie legen sich unter hohen Kosten große Büchersammlungen an … Erzählt ihr ihnen dagegen von christlichen Büchern: Sie werden euch voller Verachtung antworten, derlei Bücher seien ihrer Aufmerksamkeit unwürdig. Welch Schmerz! Die Christen haben sogar ihre Sprache vergessen. Und unter tausend von ihnen werdet ihr mit Mühe nur einen einzigen finden, der seinem Freund einen Brief in anständigem Latein schreiben kann …»

Die Arabisierung der Christen musste bei überzeugten Christen Reaktionen hervorrufen. Angesichts ihrer schwindenden Herde, angesichts eines von arabischer Kultur und arabischen Sitten verdrängten christlichen und römischen Erbes, riefen die Bischöfe häufig ihre Schäfchen zur Wachsamkeit gegenüber einem Glauben und einer Moral auf, die sie als vom Satan inspiriert ansahen. Ihr Zorn war so groß wie ihre Unkenntnis des Islam. Immer wieder predigten sie die im volkstümlichen christlichen Milieu kolportierten Fabelgeschichten über Mohammed und den Islam, ohne sich die Mühe zu machen, Quellen heranzuziehen, die ja in ihrer greifbaren Nähe lagen. «Dieser Feind unseres Erlösers», sagt Álvaro über Mohammed, «hat den sechsten Tag der Woche dem Fleisch und der Ausschweifung geweiht … Christus hat die Ehe gepredigt, jener die Ehescheidung; Christus hat Enthaltsamkeit und Fasten empfohlen, jener Völlerei und Tafelfreuden …» und so weiter. Die von solcher Propaganda angestachelten Emotionen unter den Christen hatten das vornehmliche Resultat – abgesehen von gewalttätigen Streitereien zwischen Christen und Muslimen –, in fanatischen christlich-mozarabischen Kreisen den Wunsch zu wecken, ihre Leben zu opfern, um von der Größe ihrer Religion und der Schändlichkeit des Islam Zeugnis abzulegen. Unter dem Einfluss fanatischer Alt-Christen, allen voran des Predigers Eulogius und des Laien Álvaro, beschimpften die Christen bereitwillig den Propheten und den Islam, drangen lärmend in die Moscheen ein, nur um angezeigt, ergriffen und zu Tode gefoltert zu werden. «Die sich willig dem Martyrium hingeben, werden in die Herrlichkeit der Erwählten eingehen», wird Eulogius nicht müde zu wiederholen.

Freiwillige Märtyrer

Eine wahrhaftige Märtyrerepidemie verbreitete sich unter den Christen. Aufgehetzt von Männern wie Eulogius gingen viele so weit, Muslime anzugreifen, in den Straßen Schmähungen gegen den Propheten auszustoßen. Enthauptungen und Strangulierungen folgten einander, einige wurden vom Emir selbst befohlen, der den religiösen Streitereien in Córdoba und anderen Städten ein Ende setzten wollte. Es schien ihm die beste Methode zur Wiederherstellung der Ruhe zu sein, ein Konzil einzuberufen und ein Dekret auszufertigen, nach dem den Christen verboten sei, vorsätzlich das Martyrium zu suchen. Rekafred, der Bischof von Sevilla, führte den Vorsitz bei diesem Konzil. Das war vergebliche Mühe. Die Unruhen nahmen noch zu, die Provokationen der Christen ebenfalls. Die Festnahmen und Exekutionen wurden wieder aufgenommen. Die berühmteste Hinrichtung war die einer jungen Frau mit Namen Flora, einer Schülerin des Eulogius, die mit der Unerschrockenheit einer Heiligen ihr Leben aushauchte. Wie viele Christen starben damals? Ohne Zweifel mehrere Hundert, vielleicht auch mehr, denn die Proteste der christlichen Massen dauerten noch lange an, bis zum Tode Abd ar Rahmans im Jahre 852.

Diese auf einer möglicherweise mystischen Fehlinterpretation beruhenden inneren Unruhen überschatten die Regierungszeit Abd ar Rahmans und seines Nachfolgers. Als Eulogius, der inzwischen Erzbischof von Sevilla geworden war, die Bevölkerung mit der Predigt des freiwilligen Märtyrertums aufwiegelte, ließ ihn Mohammed, der Nachfolger Abd ar Rahmans und Anhänger einer harten Linie, ergreifen und töten. Die harten Unterdrückungsmaßnahmen ließen wieder Ruhe einkehren. Die Reihen der freiwilligen Märtyrer lichteten sich, und wir erfahren fortan nur noch selten von Streit zwischen Christen und Muslimen.

Das kulturelle Vorbild des Ostens

Es lässt sich beobachten, dass dieser christliche, anti-muslimische Widerstand in einer Phase virulent wurde, als sich in Spanien ein in seinem Ausmaß schwer abschätzbarer Einfluss des orientalischen Islam der Abbasiden bemerkbar machte, der in Córdoba auf äußerst fruchtbaren Boden fiel. Alles, was vom Kalifenhof in Bagdad nach Spanien gelangte, geriet zu einer solchen Mode, dass dies durchaus geeignet war, die Unruhe der Christen noch zu vermehren. Sie fürchteten, dass ihre Zivilisation und ihr Glaube von dem Strom des islamischen Enthusiasmus fortgerissen würden.

In der Phase der Geschichte, in der wir uns gerade befinden, deutet zudem alles darauf hin, dass sich die Erinnerung an die Kultur der Omayyaden Syriens und ihre Epoche zu verwischen beginnen. Damaskus ist jetzt eine Provinzstadt voller Unruhen und Anarchie; die meisten repräsentativen Bauten sind zerfallen. Nichts, höchstens noch Trümmer, sind von der einstigen Größe der Stadt geblieben. Wenn irgend möglich, emigrieren die Syrer mehr und mehr nach al Andalus und berichten von dem betrüblichen Zerfall ihrer alten Hauptstadt. Immer seltener wendet man den Blick dorthin, immer häufiger nach Bagdad. In wenigen Jahrzehnten war sie zur Stadt geworden, «die ihresgleichen sucht im Osten und im Westen des Erdkreises ...» (Yakub), «diejenige, aus der alles kommt, was sich nur denken lässt, jegliche Anmut kehrt zu ihr zurück ...» (Mukadassi). Bagdad zählte am Beginn des 9. Jahrhunderts, zur Zeit Harun al Raschids, eine Million Einwohner. Die gesamte arabische Welt blickte auf diese Stadt und ihre Wunder. Ein Mann, eine Art Beau Brummel des Orients, wird in al Andalus den Anstoß dazu geben, dass Córdoba in kurzer Zeit zu einem Rivalen Bagdads werden sollte.

Dieser Mann, ein Sänger mit goldener Stimme, wird zum Instrument einer wahrhaften Umwälzung innerhalb der muslimischen Zivilisation Spaniens. Er nannte sich Ziryab und stammte aus Mesopotamien, möglicherweise war er kurdischer Herkunft. Sein eigentlicher Name lautet Ali Ibn Nafi, sein Beiname bezeichnet einen Vogel mit schwarzem Gefieder. Als Schüler eines berühmten Sängers namens Ichak al Mawsili (Ishap al Mausili) war sein Ruf bis zu Harun al Raschid gedrungen, der ihn zu hören wünschte. Als ihn der Kalif über seine musikalischen Kenntnisse befragte, antwortete er: «Ich weiß zu singen, wie es andere können, aber ich weiß, was andere nicht können.» Und als man ihm eine Laute mit vier Saiten brachte, ließ er sich die von ihm erfundene Laute mit fünf Saiten bringen und intonierte ein Loblied auf den Kalifen, das er selbst komponiert hatte. Harun zeigte sich entzückt und warf sogleich Ichak vor, dass er ihm nicht schon früher diesen wunderbaren Sänger vorgestellt habe. Als sie wieder alleine waren, machte ihm Ichak eine heftige Szene und hielt Ziryab vor, er wisse ganz genau, dass er jetzt zum beliebtesten Sänger des Kalifen geworden sei. «Ich könnte dich töten», erklärte er ihm, «aber ich werde es nicht tun. Nun geh mir aus den Augen.» Ziryab wusste wohl, dass sein Meister – und jetzt sein Feind – alles daransetzen würde, ihn zu beseitigen, und so verließ er Bagdad auf der Stelle. Er begab sich zunächst nach Kairuan, wo er vor dem Aghlabitensultan auftrat, der einen so talentierten, bislang noch unbekannten Mann gern in seiner Umgebung behalten wollte. Für einen Mann wie Ziryab indessen war eine Zukunft in der Nähe eines zweitrangigen Herrschers wenig reizvoll. Er ließ Hakam durch Briefe wissen, er sei bereit, sich an seinem Hofe einzufinden und sich dort niederzulassen. Der Emir, der von ihm schon hatte erzählen hören, ließ ihm ausrichten, er erwarte ihn, und es stünde für ihn ein bedeutender «Unterhalt» bereit. Kaum in Algeciras angekommen, erfuhr Ziryab vom Tode Hakams und

*Vornehme Gesellschaft bei einem Festmahl mit Geschenkträgern,
Musikern und Akrobaten (marmornes Brunnenrelief aus dem östlichen
Andalusien, 11. Jh.) (Játiva, Museo del Almudin)*

von der Thronbesteigung Abd ar Rahmans II. Der neue Emir
änderte nichts an der Zusage seines Vaters und sicherte ihm sogleich bei seiner Ankunft den ihm versprochenen Unterhalt zu
und darüberhinaus noch ein üppiges Geschenk... Sein Empfang
in Córdoba übertraf alle seine Erwartungen. Man behandelte ihn
mit größter Hochachtung und übergab ihm sogleich einen reichen
Besitz in der Umgebung der Stadt, Mietshäuser und 200 Goldmünzen. Der Emir versprach ihm die periodische Zahlung gleich-
hoher Summen sowie großer Mengen an Getreide, die er auf seine
Rechnung verkaufen konnte. In Córdoba würde er wie ein Prinz
behandelt werden.

Der berühmte Sänger wurde schnell zum Vertrauten des Emirs
– etwas Seltenes für einen Mann seines Standes. Abd ar Rahman
schätzte die Konversation des Musikers, seine Kultur, seine um-
fassenden Kenntnisse. Sie waren in der Tat immens und gut geeignet, einen ebenso feinsinnigen und kultivierten Mann wie Abd ar
Rahman zu faszinieren. Ziryab gründete in Córdoba eine Schule,
ein Konservatorium, wo man nach seinen Methoden unterrichtete
– namentlich im Spiel auf der fünfsaitigen Laute. Durch seine für
das gesamte Musikwesen äußerst einflussreichen Notationen für

Laute, Gitarre und Instrumente derselben Familie gab er dem Musiker ein sicheres Mittel an die Hand, die Höhe eines Tones zu finden, ohne sich allein auf sein Gehör verlassen zu müssen. Auch führte Ziryab in Spanien die Zither (Kithara) und den *medinaischen Gesang* ein, der den *canto jondo* inspirieren sollte.

Als hervorragender Dichter hatte Ziryab auch Astronomie und Geographie studiert, Wissensgebiete, die den Emir aufs Höchste interessierten. Man sagt, er habe mehr als zehntausend Lieder auswendig gewusst.

Mehr noch als sein ungeheures Wissen beeindruckten an ihm sein Esprit, sein Geschmack, die extreme Eleganz seines Auftretens. Er hatte einen angeborenen Sinn für Schönheit, für Kunst, für schöne Kleider und schöne Gegenstände. Sein Benehmen war zugleich natürlich und distinguiert. Er bewirkte bedeutende Veränderungen in der Lebensart der vornehmen Gesellschaft Córdobas und der anderen großen Städte. Was noch von syrischen Gepflogenheiten übrig blieb, wurde rasch weggefegt. Bagdad triumphierte auf allen Gebieten. Man trug nun nicht mehr lange, geteilte Haare, sondern kronenartig kurz geschnittene. Man verwendete Duftmittel gegen den Körpergeruch. Goldene und silberne Trinkgefäße, Tischtücher aus Leinen wurden verbannt zu Gunsten von Ledertüchern und Trinkgefäßen aus Kristall. Ziryab ordnete an, man solle sich im Frühling in helle und lebhafte Farben kleiden, im Sommer in Weiß, im Winter in Pelzwerk und wattierte Mäntel.

Durch Ziryab verbreiteten sich in al Andalus andere höfische Spiele, neue, meist persische Gebräuche, die Feier des Neujahrsfestes (*Nauroz*) sowie bei den Arabern gänzlich unbekannte Bootsregatten. Das immer schon an fremde Einflüsse gewöhnte Spanien Abd ar Rahmans öffnete sich jetzt noch weiter allen verlockenden Produkten und Anregungen der orientalischen Zivilisation.

Der Sänger, dessen Bildung und Weltläufigkeit sich auf das gesamte gesellschaftliche Leben auswirkte, machte in al Andalus neue und verfeinerte Tischsitten heimisch, so wie man sie in Bagdad praktizierte. Jedes kultivierte Essen begann nun mit einer Suppe, wurde mit Fleisch, Fisch und pikanten Gerichten fortgesetzt und endete mit Süßspeisen, Kuchen und Zuckerwerk. Ziryab erfand neue Gerichte – Konfitüren, Marzipan, Nougat – und führte allgemein mehr Raffinesse in die Küche des Hofes und der Oberschicht ein. Er war es, der den Spargel nach Spanien brachte; man nahm das neue Gemüse so begeistert auf, dass es von Dichtern besungen wurde – wie einige Jahrzehnte zuvor in Bagdad auch: «Wir besitzen Lanzen, deren Spitzen sich verbiegen; sie sind gekrümmt, geflochten wie Seile, doch schön und ohne Knoten; ihr Haupt erhebt sich über den Stängel … Ein Frommer, ein würdiger Gelehrter, wenn er dieses herrliche Gericht sieht, wird sich mit glühendem Verlangen vor ihm auf den Boden werfen und sein Fasten brechen …»

Ziryab veränderte tief greifend den Lebensstil der Oberschicht von al Andalus. Das tägliche Leben erhielt eine verfeinerte Note, er lehrte beide Geschlechter die Kunst der Körperpflege, des Schminkens und der Parfümierung, der Barbier- und Frisierkunst, der Verwendung bestimmter Pflanzenextrakte für die Zahnpflege. Viele dieser Rezepte und Kunstgriffe stammten vom Abbasidenhof in Bagdad, wo Zivilisation und Wohlstand eine bis dahin ungeahnte Höhe erreicht hatten. Der Einfluss Ziryabs erstreckte sich auf alle Bereiche des gesellschaftlichen Lebens, auf Spiel und Unterhaltung genauso wie auf sportliche Betätigungen. Er führte das Schachspiel ein, das die Sasaniden bereits seit dem 4. Jahrhundert pflegten. Er war auch an der Verbreitung des bei den persischen Sasaniden, großen Pferdenarren, sehr beliebten Polospiels beteiligt.

Die Kunst der Bewässerung

Der Anbau neuer, seit der Antike teilweise in Vergessenheit geratener Nahrungs- und Nutzpflanzen nahm dank des aus Persien übernommenen künstlichen Bewässerungssystems und sonstiger neuer Anbautechniken einen bedeutenden Aufschwung. Das auf die Urartu-Kultur (9.–6. Jahrhundert vor Christus) zurückgehende Bewässerungssystem besteht darin, die Erde bis zur Grundwasser führenden Schicht aufzugraben und das Wasser unter Ausnutzung des Gefälles mittels unterirdischer Röhren, der *qanat* oder *majrat*, von höher gelegenem Gelände in Reservoires, Rückhaltebecken und in die Pumpanlagen (*norias*) zu leiten. Ein System von Schiebern verteilt dann das Wasser nach genau festgelegten Regeln auf die Felder der jeweiligen Anbauer. Dieses Verfahren erlaubte eine beträchtliche Ausweitung der kultivierten, häufig terrassierten Flächen.

Düngemittel wurden verstärkt eingesetzt. Der Anbau von neu im Lande eingeführten Gemüsesorten und Obstbäumen verbreitete sich: Baumwolle, Zuckerrohr, Reis, Artischocken, Auberginen, Spinat, Wassermelonen, Zitronen-, Orangen-, Aprikosenbäume, Bananenstauden, Dattelpalmen, Mandel-, Apfel-, Birn- und Feigenbäume, Granatapfelbäume etc. Hinzu kommen der Anbau von Safran und anderen Gewürzpflanzen. Sie werden überall auf der Halbinsel verwendet und verbreiten sich von da aus in die Länder nördlich der Pyrenäen, zuerst in das Gebiet der Franken. Alles verfügbare fruchtbare Land wird für die Ernährung der sprunghaft anwachsenden Bevölkerung kultiviert. Die von einigen Historikern genannte Zahl von dreißig Millionen allein arabischer Bevölkerung um die Mitte des 9. Jahrhunderts ist indessen kaum glaubhaft. In den besonders fruchtbaren Gebieten warf der Boden drei oder gar vier Getreideernten pro Jahr ab. In trockenen Jahren hingegen war die Produktion nicht ausreichend, und man war gezwungen, Getreide aus Nordafrika einzuführen. Dieser Umstand hatte auch politische Auswirkungen, denn die Emire und Kalifen hatten das größte Interesse daran, mit den dortigen Machthabern in gutem Einvernehmen zu stehen.

Das große Anbauprodukt Spaniens war jedoch die Olive; damals wie heute war sie überall in Andalusien verbreitet. Diese

Frucht existierte in Spanien schon vor der Ankunft der Muslime, bedeckte dann aber schnell auf Grund intensiverer Bewirtschaftung weite Flächen. Das Mühlenwesen wurde perfektioniert, es gab Mühlen mit einem oder zwei Schaufelrädern, Windmühlen und von Lasttieren angetriebene Mühlen.

Dichter, Gelehrte, Erfinder

Der Einsatz Ziryabs war bedeutend, er fand aber auch in al Andalus eine aufnahmebereite Situation vor. Abd ar Rahman hatte von sich aus eine Vorliebe für schöne Literatur, für Philosophie, für Kunst und war darüber hinaus allem Neuen aufgeschlossen, sei es aus dem Westen oder dem Osten, sofern es al Andalus materiell oder intellektuell bereichern konnte. Er war ein Mann der Kultur und hatte eine starke Neigung zur vorislamischen Poesie, zur Medizin, zum Okkultismus, zur Astrologie – zu allem, was ihn zum Denken veranlasste. Sein Vater Hakam hatte sich mit seinen Generälen umgeben, Abd ar Rahman hingegen umgab sich mit Dichtern, Gebildeten und Männern aller, auch noch so abgelegener Wissensgebiete. Er war eine neugierige Persönlichkeit. Niemanden schätzte er höher als einen Dichter. Der sozusagen offizielle Poet, al Ghazal (die Gazelle), war einer der engsten Vertrauten des Emirs und hatte immer Zugang zu ihm. Sein scharfer Geist war gefürchtet. Ein anderer Dichter, Ibn Firnas, hatte sich Zugang zum Emir wegen seines Interesses für Okkultismus verschafft, nicht zuletzt auch wegen seiner Fähigkeit, alte Texte zu entziffern, in denen der Emir geheime Botschaften vermutete. Durch seine Berechnungen hatte Firnas das Ende der Herrschaft Hischams I. voraussagen können, und dies brachte ihm bei Hofe uneingeschränkte Hochachtung ein. Er soll das Verfahren zur Herstellung von Kristall entdeckt haben, und einmal streifte er sich – wie Ikarus – eine Art Kleid über, an dem er gefiederte Flügel befestigt hatte, und stürzte sich von einem hohen Felsen in die Tiefe. Mit etwas mehr Glück ausgestattet als sein berühmter Vorgänger stürzte er auf ein Feld, ohne sonderlichen Schaden zu nehmen. Diese Anekdote indessen ist nebensächlich im Vergleich zu dem wissenschaftlichen Werk des Ibn Firnas, der in Spanien – und damit in Europa – die indische Astronomie einführte, eine Uhr konstruierte sowie ein Planetarium. Ermuntert durch den Emir nahmen die Wissenschaften einen zunehmend breiteren Raum in den Diskussionen der Intellektuellen ein.

Zu dieser Zeit begann man sich auch für exotische Tiere zu interessieren, nicht nur wegen ihres fremdartigen Aussehens, sondern auch aus Studienzwecken. Abd ar Rahman II. ließ in Córdoba eine Menagerie anlegen, mit Giraffen, Straußen, «sprechenden Vögeln», eine Mode, die von zahlreichen anderen Herrschern aufgegriffen wurde, etwa von König Heinrich II. von England oder Kaiser Friedrich II.

Die Spindelpresse wurde von den Syrern im 8. Jahrhundert eingeführt. Entgegen dem Verbot des Korans, alkoholische Getränke zu genießen, weitete sich der Weinanbau vor allem in den trockenen Regionen aus. Weinschänken gab es überall, in den kleinen wie in den großen Städten. Die Obrigkeit schloss die Augen, solange der Schankwirt kein Muslim war. Es kam durchaus vor, dass religiöse Eiferer die Schließung von Schänken erwirkten, meist allerdings öffneten sie kurz darauf wieder. Getrocknete Weintrauben aus Málaga waren damals wie heute begehrt, und man verwendete sie ausgiebig in der Küche. Seit dieser Epoche befasste man sich intensiv mit Tierzucht, vor allem mit der Pferdezucht im Gebiet des unteren Guadalquivir.

Die bis dahin in diesem Ausmaß unbekannte landwirtschaftliche Nutzung des Bodens – und auch der Bodenschätze – führte natürlicherweise zu einem hohen Lebensstandard. Dank ihres Bewässerungssystems und der hydraulischen Maschinen, nach einigen Autoren auch dank künstlicher Düngung, entwickelten sich bis dahin landwirtschaftlich kaum genutzte Gebiete zu prosperierenden Regionen. Die in Spanien bislang unbekannte Terrassenkultur weitete sich aus. In fruchtbaren Gegenden erzielte man drei, und wie man versicherte, sogar vier Ernten pro Jahr. So vollzog sich in al Andalus die gleiche landwirtschaftliche Revolution wie im Orient, die nach P. Guichart «in allen islamischen Regionen im ausgedehnten Anbau von Nutzpflanzen bestand, die meist indischen Ursprungs waren. Parallel dazu ergab sich eine Veränderung landwirtschaftlicher Techniken und Verfahren sowie eine sinnvolle Verteilung der angebauten Kulturen auf den Jahresablauf.»

Diese landwirtschaftliche Revolution mit ihren Ursprüngen im Kalifat von Bagdad, im Zweistromland und weiter östlich gelegenen Gebieten vollzog sich vor dem Hintergrund einer tief greifenden und breit angelegten kulturellen Umorientierung des muslimischen Spanien, dem es gelungen war, den alten römischen und westgotischen, selbst den syrischen Traditionen der ersten Invasoren den Rücken zu kehren.

Herrscher eines mächtigen Reichs

Im Jahrhundert nach der Eroberung ist der Emir von al Andalus als Oberhaupt eines mächtigen und reichen Landes nicht mehr der unter den Clans und Stämmen, den Syrern, den Berbern und anderen umstrittene und attackierte Herrscher. Seine Macht ist konsolidiert, seine Autorität absolut. Abd ar Rahman II. ist ein souveräner Herrscher mit nahezu unbegrenzten Machtbefugnissen – außer auf religiösem Gebiet, wo ihm der Große Kadi und der Große Mufti mit aller Vorsicht bedeuten können, dass diese oder jene Entscheidung mit den Dogmen und Traditionen nicht konform ist.

Alle Funktionsträger der Zentralverwaltung, die Statthalter der Bezirke – der *kura* –, die auf die westgotischen Diözesen zurückgehen, alle diejenigen, denen er einen Teil seiner Macht delegiert hat – Amtsträger im Bereich der Finanzen, der Verwaltung, des Fiskus –, sind ihm allein verantwortlich. Er selbst hält sich meist in seinem Palast auf, was ihn jedoch nicht hindert, den Gang der

Dinge genau zu überwachen. Zu jeder Zeit werden ihm die Rechenschaftsberichte der Provinzgouverneure vorgelegt, empfängt er Amtsträger in seinem Audienzsaal, der eigens für solche Arbeitsaudienzen vorgesehen ist. Die hohen Finanzfunktionäre sind ihm als Kollektiv und als Einzelpersonen direkt rechenschaftspflichtig. Diese später noch ausführlicher zu behandelnde Staatsorganisation lehnt sich an den Abbasidenstaat von Bagdad an, der seinerseits Verwaltungstraditionen der persischen Sasaniden angenommen hat.

Der im Grunde eher unmilitärisch eingestellte Abd ar Rahman widmete gleichwohl ein gut Teil seiner Zeit der Reorganisation seiner Armee. Seine beiden Vorgänger hatten bereits eine Reform eingeleitet, die vorsah, undisziplinierte und allein den Stämmen verhaftete Einheiten durch loyale, der Zentralregierung direkt unterstehende Soldaten zu ersetzen, die auch besser im Gebrauch der Waffen und im koordinierten Kampf ausgebildet waren. Er kaufte ausländische Sklaven, vor allem in Nordeuropa, und ließ sie von kampferfahrenen Offizieren ausbilden. Mit ihnen stellte er eine aus mehreren tausend Reitern und Fußsoldaten bestehende Leibgarde auf. Auch hierin folgte der Emir von al Andalus dem Beispiel der Kalifen von Bagdad, die sich mit einer Leibgarde aus türkischen Sklaven umgaben. Es dauerte indessen nicht lange, bis diese ergebene Truppe versuchte, in Bagdad die Macht an sich zu reißen. Die Hauptlieferanten der Sklaven in al Andalus waren die skandinavischen Wikinger. Im Laufe der Jahre wurden diese seetüchtigen Invasoren aus dem Norden zu einer Furcht erregenden Bedrohung der Länder im Westen und nicht zuletzt für das muslimische Spanien.

Die Einfälle der Wikinger

Die Wikinger erschienen im westlichen Europa zu Beginn des 9. Jahrhunderts, verbreiteten Angst und Schrecken, plünderten Städte und Dörfer. 833 hatten sie Nantes eingenommen, etwas später Bordeaux, waren dann entlang der kantabrischen Atlantikküste nach Süden vorgestoßen. Am 20. August 844 erschienen sie mit etwa hundert Schiffen aller Größen vor der Mündung des Tejo/Tajo, verwickelten die dortige Bevölkerung in drei schwere Schlachten und schifften sich einige Wochen später wieder in Richtung Süden ein. Die Nachricht von der Ankunft der *Madjus* – so ihre arabische Bezeichnung – erreichte Abd ar Rahman in Córdoba, der die Küsten der Region in Verteidigungsbereitschaft versetzte. Eine Wikingerabteilung ging bei Sidonia an Land und besetzte den Hafen von Cádiz, während die Hauptmacht der Flotte den Guadalquivir hinauffuhr und auf einer Flussinsel etwa zwanzig Kilometer vor Sevilla ihr Lager aufschlug. Die Einwohner Sevillas versuchten den Widerstand zu organisieren, aber wegen fehlender Verteidigungsmittel konnten sie gegen die Madjus nichts ausrichten. Die wenigen Schiffe der Sevillaner gingen rasch in Flammen auf, die Besatzungen wurden niedergemacht, und die Wikinger drangen in die Stadt ein. Die meisten Einwohner ergriffen die Flucht. Die Zurückgebliebenen wurden getötet, die Frauen und Kinder in die Gefangenschaft verschleppt. Nachdem sie die Häuser angezündet hatten, versuchten die Wikinger die große Moschee durch Feuer zu zerstören, es gelang ihnen aber nicht. Die Plünderungen währten sieben Tage. Dann erschien die Armee Abd ar Rahmans mit einigen Eliteeinheiten und einer schlagkräftigen Reiterabteilung. Die entscheidende Schlacht fand am 11. November 844 südlich von Sevilla statt. Die muslimische Armee war den Wikingern in jeder Hinsicht überlegen, etwa tausend der Madjus wurden getötet, vierhundert gefangen genommenen. Die übrigen ergriffen auf ihren Schiffen die Flucht. Dreißig Wikingerschiffe konnten zerstört werden. Die Madjus versuchten vergeblich, an der Algarveküste zu landen und nahmen Kurs auf Aquitanien. In der Regierungszeit Abd ar Rahmans II. kamen die Wikinger dann nicht mehr auf die Halbinsel. Angesichts der drohenden Gefahr ließ der Emir sogleich Verteidigungsanlagen entlang der Küste errichten, baute eine mächtige

Kriegsflotte und stationierte sie in Stützpunkten, unter anderem in Carmona.

Die zweite normannische Invasion, einige Jahre nach dem Sevillaunternehmen, sollte noch weiterführen. Aus Norwegen kommend, versuchten die Wikinger zunächst in Galicien zu landen, wurden aber zurückgeschlagen; wie beim ersten Mal folgten sie der Westküste bis zur Mündung des Guadalquivir, wo sie sich einer starken Flotte der Muslime gegenübersahen. Darauf wandten sie sich nach Murcia an der Mittelmeerküste. Bei einem Zusammenstoß mit der Flotte des Emirs verloren sie vierzig Schiffe. Der Rest der Flotte zog weiter, verheerte die Balearen und drang dann, das Ebrotal aufwärts, bis nach Pamplona vor. Dort nahmen die Wikinger den König gefangen, setzten ihn aber gegen ein Lösegeld von 60.000 Goldmünzen wieder auf freien Fuß. Die Wikinger zogen nun weiter ins südliche Gallien, zerstörten Arles, Nîmes und Valence, von wo aus sie die norditalienischen Städte plündern. Ein Jahrhundert später werden sie erneut in Spanien einfallen. Die klugen Vorkehrungen Abd ar Rahmans mit Festungen, Wachtürmen und einer effektiven Flotte sollten dabei ihre Wirksamkeit unter Beweis stellen. Die Wikinger versuchten nicht einmal mehr, im Mündungsgebiet des Guadalquivir an Land zu gehen. Sie beschränkten sich darauf, die große Moschee von Algeciras anzuzünden, und fielen in Marokko ein. 859 nahmen sie den christlichen König von Pamplona gefangen und ließen ihn gegen Lösegeld wieder frei.

Die Beziehungen zu den anderen muslimischen Reichen

Von einer «Außen-Politik» zu sprechen, das heißt über politische und diplomatische Beziehungen des Emirs von al Andalus zu anderen, mehr oder weniger weit von Spanien entfernten Ländern, wäre nicht recht angemessen. In dieser Epoche hat man bei den primitiven Transportmitteln und der schwierigen Nachrichtenübermittlung – im Krieg wie im Frieden – kontinuierliche Beziehungen fast ausschließlich zu seinen nächsten Nachbarn. Die anderen nimmt man notwendigerweise nicht zur Kenntnis oder man tauscht in unregelmäßigen Abständen Gesandtschaften aus, wobei es mehr darum geht, seine eigene Macht und seinen eigenen Reichtum zur Schau zu stellen, als zwischen den Ländern Beziehungen herzustellen oder aufrechtzuerhalten. Al Andalus war unter der Herrschaft eines Fürsten wie Abd ar Rahman II. zudem noch ein junges Staatswesen, das sich gerade erst von Revolten und inneren Streitigkeiten hatte befreien können. Diplomatische Beziehungen zu dem einen oder anderen mehr oder weniger weit entfernten Königreich herzustellen, wäre zumindest verfrüht gewesen.

Die Beziehungen zum verabscheuten Bagdad waren in den Jahrzehnten nach dem Massaker an der Omayyadenfamilie in Damaskus und nachdem der einzige Überlebende in Spanien hatte Fuß fassen können, gewiss nicht gut – aber die Zeit tut ihr Werk. Die mehr und mehr von Córdoba rezipierten zivilisatorischen Errungenschaften Bagdads führten um die Mitte des 9. Jahrhunderts zu einer anderen Beurteilung des Abbasidenkalifats. Zudem hatten im neuen Regierungssitz in Samarra türkische Söldner die Macht ergriffen, und insgesamt war die Stärke des Kalifats im Schwinden begriffen.

Viel näher und bisweilen gefährlicher sind die in den letzten hundert Jahren in Nordafrika entstandenen kleinen Herrschaften. Ägypten unterstellt sich der zunehmend nomineller werdenden Oberherrschaft des Kalifen Ibn Tulun, Nachkomme eines türkischen Sklaven aus der Leibgarde des Kalifen, der sich von Bagdad losgelöst und die kurzlebige Dynastie der Tuluniden gegründet hatte. Er reißt Syrien an sich, muss aber den Ikchiniden aus dem zentralasiatischen Ferghana weichen. Ibrahim ibn al Aghlab, Statthalter von Ifrikiya, etwa das heutige Tunesien, hatte von Harun al Raschid nahezu die gesamte Macht in seinem Territorium erhalten, weil er befugt war, die Herrschaft einem Bruder oder einem Sohn seiner Wahl zu übertragen; er gründete die

Aghlabitendynastie, die ein Jahrhundert lang bestehen wird. Im mittelalgerischen Tiaret gründete der Iraner Ibn Rustam die unabhängige Fürstendynastie der Rustamiden, die sich bis ins 10. Jahrhundert behaupten konnte; sie waren Anhänger der Kharadjiten, einer abweichenden religiösen Richtung mit egalitären Tendenzen. Im westlichen Maghreb schließlich errichtet ein Nachfahre Alis, des Neffen des Propheten, auf den sich die große Mehrheit der Schiiten beruft, die Dynastie der Idrisiden und gründet die Stadt Fes nicht weit von den Ruinen des antiken Volubilis.

Für diese nordafrikanischen Dynastien hegte der Emir von Córdoba wenig Sympathien. Die Beziehungen waren nicht eigentlich schlecht, sondern eher distanziert; allein die Rustamiden suchten die Freundschaft des Emirs, weil sie seine Abneigung gegenüber Bagdad teilten. Diese Fürstentümer sind für den Emir von al Andalus keine wirkliche Gefahr. Ihre Beziehungen zu seinem Regierungsapparat beschränken sich meist nur auf den Handelsverkehr, vor allem auf den Verkauf von Getreide, das Córdoba in schlechten Erntejahren dringend benötigt.

Byzanz

Abgesehen vom Karolingerreich, Verteidiger des christlichen Glaubens und natürlicher Gegner der Muslime in Spanien, existiert kein anderes Land in erreichbarer Entfernung, mit dem sich für beide Seiten vorteilhafte Beziehungen knüpfen ließen. Es bleibt noch das byzantinische Kaiserreich am anderen Ende des Mittelmeeres, aber welche Interessengemeinschaft könnte Byzanz mit den Arabern der Halbinsel verbinden, wenn nicht die gemeinsame Gegnerschaft zu den Abbasiden? Hinzu kommt, dass bei den Omayyaden der Hass des ersten Jahrhunderts nach der Eroberung der Halbinsel einer politischen Indifferenz und einer unverhohlenen Bewunderung der verfeinerten, geistigen Zivilisation der Abbasiden gewichen war. So waren Beziehungen zu Byzanz über einen längeren Zeitraum praktisch kaum existent.

Dennoch, im Jahr 839/840, wurde Abd ar Rahman II. gemeldet, dass ein Gesandter des byzantinischen Kaisers Theophilos in Spanien angekommen und auf dem Weg nach Córdoba sei. Theophilos, der aus der amorischen Dynastie stammte, war ein Bewunderer der arabischen Kultur, stand aber mit den Abbasiden und ihren nordafrikanischen Verbündeten im Krieg. Sein Gesandter namens Kratios, Dolmetscher am Hof zu Konstantinopel und begleitet von einem starken Gefolge mit Geschenken für den Emir, hatte den Auftrag, einen Brief zu übergeben, in dem Theophilos den Abschluss eines Freundschaftspaktes vorschlug. Eine sehr konkrete Forderung war beigefügt: die Rückgabe Kretas. Die Insel befand sich in der Hand von mehreren tausend Andalusiern, die nach dem «Aufstand der Vorstadt» im Jahre 818 geflohen waren und sich auf Kreta festgesetzt hatten. Ihr Anführer war ein gewisser Abu Hafs Umar al Balluti; seine Dynastie beherrschte die Insel bis 961. Die Forderung wurde in einem Moment erhoben, als die byzantinischen Besitzungen in Italien von den Muslimen Ifrikiyas und Siziliens bedroht waren: Sie hatten Tarent eingenommen und plünderten die Küsten Kalabriens und Süditaliens bis hinauf nach Salerno. Theophilos hatte denselben Hilferuf an Ludwig den Frommen und an die Republik Venedig gerichtet. Er fürchtete einen Eroberungskrieg der Aghlabiten von Ifrikiya im mittleren Mittelmeerraum, den er ohne Hilfe von außen kaum würde zurückschlagen können, dazu noch in einem Moment, da er immer wieder von den Truppen des Kalifen von Bagdad angegriffen wurde. In Verkennung der militärischen Möglichkeiten des Emirs äußerte er den Wunsch, Abd ar Rahman möge mit Waffengewalt die Aghlabiten daran hindern, die byzantinischen Territorien in Süditalien anzugreifen.

Die Antwort des Emirs war umsichtig formuliert. In Bezug auf die von Theophilos vorgeschlagene Allianz beschränkte er sich darauf zu wünschen, «dass wir uns an das von unseren Vorgängern beachtete Herkommen halten sowie an die Regeln, welche die Herrscher, die vor uns regierten, zu folgen sich befleißigten, nämlich sie dem einen wie dem anderen gegenüber zu respektieren und ihnen dazu die Hand zu reichen.» Das war eine höfliche, aber deutliche Ablehnung einer engeren Allianz. Die muslimischen Besatzer Kretas bezeichnete er als «übelster Abschaum des Volkes; sie befinden sich nicht mehr in unseren Besitzungen, sie sind nicht unseren Gesetzen unterworfen. Warum also sollten wir von ihrem Betragen berührt sein und warum sollten wir dich von einer Sorge befreien, die sie dir verursachen könnten?» Auch hier wird Ablehnung deutlich. Abd ar Rahman fühlte sich dennoch geschmeichelt, dass der große christliche Kaiser des Ostens eine Gesandtschaft zu ihm schickte. Die muslimischen Staaten des Orients maßen dem äußersten Westen des Mittelmeerraumes und den muslimischen Eroberungen auf der Iberischen Halbinsel nur geringe Bedeutung zu und behandelten al Andalus mit betonter Gleichgültigkeit oder Arroganz. Kaiser Theophilos' Entsendung einer imposanten Gesandtschaft und reicher Geschenke war demgegenüber so ehrenvoll und außergewöhnlich, dass al Andalus zwei hochrangige Gesandte damit betraute, die Höflichkeit des Kaisers in Konstantinopel mit einem Gegenbesuch zu erwidern. Der eine war ein Dichter, der andere ein Mann der Wissenschaften; letzterer hatte ein Instrument erfunden, das jener Wasseruhr ähnelte, die Harun al Raschid Karl dem Großen hatte übergeben lassen. Die beiden Gesandten wurden in Ehren empfangen; man sagt, Kaiser Theophilos und Kaiserin Theodora hätten ihre feinen Sitten und ihr geistreiches Auftreten wohl zu schätzen gewusst. Die Geschenke, die man ihnen für den Emir mitgab, waren prächtig genug, um die Eitelkeit Abd ar Rahmans zu befriedigen. Aber das war auch schon alles. Von einem politischen Bündnis war nicht mehr die Rede, auch nicht von einem Feldzug des Emirs gegen die Abenteurer auf Kreta. Die beiden blühenden und hoch kultivierten Länder an den entgegengesetzten Enden des Mittelmeeres würden in der Zukunft nicht mehr Beziehungen unterhalten als in der Vergangenheit, außer auf dem Gebiet der Kunst und, eher sporadisch, des intellektuellen Lebens.

DIE ÄRA DER REVOLTEN

Abd ar Rahman II. und sein Nachfolger

Das Ende der Regierungszeit Abd ar Rahmans II. ist bereits von Intrigen und Machtkämpfen überschattet. Angesichts seines nahenden Todes versuchten einige Leute auf diesem Wege selbst den Thron zu besteigen oder einem anderen Usurpator – gegen entsprechende Gunstbeweise – den Weg zur Herrschaft zu ebnen. Als möglicher Nachfolger war Mohammed vorgesehen, der älteste der fünfundvierzig Söhne Abd ar Rahmans. Tarub aber, seine favorisierte Sklavin, wollte ihren eigenen Sohn Abdallah zum Nachfolger des Emirs machen. Als ihre entsprechenden Bemühungen beim Emir keinen Erfolg zeigten, schmiedete sie einen Komplott mit dem Eunuchen Nasr zur Beseitigung Abd ar Rahmans und des verhassten Mohammed. Der Eunuch beauftragte einen bekannten cordobeser Arzt mit der Herstellung eines Giftes, mit dem der Emir getötet werden sollte. Der Arzt willigte ein, informierte aber Abd ar Rahman über eine Frau seines Harems von dem drohenden Anschlag. Als nun Nasr dem Emir das Gift als «Arznei» gegen alle seine Leiden reichen wollte, verlangte dieser vom Eunuchen, die «Arznei» als Erster einzunehmen. Voller Angst, sein Anschlag könnte entdeckt werden, schluckte er den Trank und hastete zu dem Arzt, der ihm Ziegenmilch als Gegengift zu trinken gab – offenkundig ohne Erfolg…

852, zwei Jahre später, starb Abd ar Rahman plötzlich. Die Eunuchen, die ihm in seiner letzten Stunde beigestanden hatten, bewahrten das Geheimnis, ließen die Palasttore schließen und proklamierten Abdallah zum Emir, aber einer von ihnen, ein frommer Mann, den die zügellosen und gottlosen Sitten Abdallahs schreckten, führte den Eunuchen vor Augen, dass sie allein vor allen gläubigen Muslimen für die Folgen der Thronerhebung eines Mannes einzustehen hätten, der bekannt sei für die Verderbtheit seiner

Sitten und für seine Gottlosigkeit. Die Eunuchen ließen sich überzeugen, und Mohammed wurde zum Emir ausgerufen. Er wird vierunddreißig Jahre lang regieren, vier Jahre länger als sein Vater.

Um die Mitte des 9. Jahrhunderts herrschen gänzlich andere Verhältnisse als im vorangegangenen Jahrhundert. Ein Großteil des Landes ist erobert und wird zentral verwaltet, seit sich Córdoba rasch zu einer der größten Städte der bekannten Welt entwickelt hatte. Al Andalus trägt jedoch immer noch die unverwischbaren Spuren eines mit dem Schwert eroberten Landes und einer in sich zerstrittenen, heterogenen Bevölkerung. Diese disparaten Elemente werden sich niemals, zumindest nicht unter muslimischer Herrschaft, miteinander verschmelzen lassen. Die dort im Entstehen begriffene Zivilisation wird zu einer der hervorragendsten und an Geistesleistungen reichsten des westlichen und östlichen Mittelalters gehören: Aber niemals werden die Menschen, die Schöpfer dieser Zivilisation, aufhören, sich gegenseitig zu bekriegen. Die Emire und dann die Kalifen werden ohne Unterlass – mit Ausnahme seltener Friedenszeiten – in Kämpfe verwickelt sein: gegen Statthalter, die den Hauptort ihrer Provinz zur Hauptstadt eines Fürstentums machen wollen, gegen Abenteurer, die die Gunst der Unruhezeiten ausnutzen oder einfach eine Chance wittern, ganz zu schweigen von dem Druck christlicher Fürsten auf die unsicheren und fließenden Grenzen.

Kaum hatte Abd ar Rahman sein Leben ausgehaucht, da sah sich der neue Emir Mohammed bereits einer neuen Revolte der Toledaner gegenüber, deren mozarabischer Teil mehr als Sympathie gegenüber den christlichen Bewegungen verspürte und der immer bereit war, sich zu erheben. Bewaffnete Scharen griffen Calatrava an und zerstörten die Befestigungswerke. Mohammed zog gegen sie, die Mozaraber wandten sich um Unterstützung an Ordoño, den König der Asturier, der sie ihnen ohne zu zögern gewährte. Die beiden Armeen trafen unweit von Toledo aufeinander. Das Desaster der Toledaner und Asturier war vollkommen: Sie verloren rund 20.000 Mann, ihre Köpfe wurden zu Türmen aufgestapelt. Niemals zuvor hatte Toledo eine solche Niederlage durch Córdoba erfahren. Niemals war die Distanz, moralisch und politisch, zwischen den beiden Städten so groß. Eine Abordnung der Toledaner machte sich auf und erbat vom Emir Pardon, der ihnen auch gewährt wurde. Zehn Jahre später sollte Toledo erneut von Mohammed besiegt werden.

Wir wenden uns nun noch rasch einem anderen Aufruhr in der Region Mérida zu, wo ein Muwallad aus Galicien, Ibn Djilliki, im Jahre 868 revoltierte; als seine Schwäche offenkundig wurde, floh er zu König Alfons III. von Asturien und ließ sich später im Südwesten der Halbinsel nieder; dort gründete er Badajoz (*Balyaws*) und machte den Ort zur Hauptstadt seines Fürstentums. Erst vierzig Jahre später wird er von Abd ar Rahman II. vertrieben werden.

Der Aufstand des Ibn Hafsun

Sehr viel schwer wiegender war der Aufstand des Omar ibn Hafsun, eines Nachkommen des westgotischen Grafen Alfons, dessen Enkel zum Islam übergetreten war. Omars Vater hatte das Vermögen der Familie beträchtlich vermehrt. Einmal hatte Omar, wild und streitsüchtig wie er war, einen Nachbarn im Streit getötet. Um ihn vor dem Galgen zu retten, ermöglichte ihm sein Vater die Flucht, und er ging in die Berge. Dort wurde er zum Banditen – wie so viele andere, die die Halbinsel mit Plündern und Töten unsicher machten. Der Statthalter der Provinz konnte ihn jedoch fassen und ließ ihn auspeitschen. Er versuchte nach Hause zurückzukehren, aber sein Vater jagte ihn davon. Omar begibt sich nun nach Nordafrika, nach Tahart zu den Rustamiden. Ein Landsmann erkennt ihn und sagt ihm voraus, er «werde die Omayyaden besiegen und ein großes Land regieren»; daraufhin geht er nach Spanien zurück. Unterstützt von einem Onkel, der in ihm einen tüchtigen Bandenchef erkennt, geht er wieder in die Berge, nach Bobastro in der Provinz Málaga. Er setzt sich in einer verfallenen

Burg auf einer uneinnehmbaren Bergspitze fest und richtet sie wieder her. Von dieser Basis aus tritt er als Straßenräuber auf, überfällt die Dörfer und erpresst Lösegelder von den Reisenden. Die beunruhigte Regierung stellt einen Kontakt zu ihm her. Omar verhandelt und geht nach Córdoba. Er wird sich dort nicht lange aufhalten. Nach einem Streit mit dem Präfekten der Stadt, dem er vorwirft, seinen Soldaten schwarzes Brot geliefert zu haben, kehrt er wieder nach Bobastro zurück. Jetzt ist er nicht mehr nur ein einfacher Bandit, sondern ein Aufrührer, ein Verfechter der Gerechtigkeit, der nun für die Milderung drückender obrigkeitlicher Steuern eintritt. Er richtet einen Aufruf an die Bevölkerung: «Zu lange schon – sagt er – habt Ihr das Joch dieses Sultans ertragen, der euren Besitz an sich reißt und euch bedrückt mit gewaltsam eingetriebenen Abgaben. Wollt ihr euch von den Arabern mit Füßen niedertreten und euch von ihnen wie Sklaven behandeln lassen? ... Glaubt nicht, dass mich der Ehrgeiz so zu euch sprechen lässt. Ich verspüre keinen andern Ehrgeiz, als euch zu rächen und euch von der Knechtschaft zu befreien...» Jedes Mal, wenn Ibn Hafsun so zu den Leuten sprach, waren die – so sagt der Historiker Ibn Idi –, die ihn hörten, bereit, ihm zu gehorchen.

Allein, mit zunehmendem Alter änderte sich der hochfahrende und streitsüchtige Omar. Er wurde liebenswürdig und höflich, selbst gegenüber seinen einfachen Kämpfern, die ihn verehrten und ihm willig gehorchten, welchen Befehl er ihnen auch erteilen mochte. Er belohnte sie großzügig, kämpfte an ihrer Spitze, teilte ihr Leben, ließ Gerechtigkeit und Sicherheit in seinem Gebiet regieren, das er so gut verwaltete, «dass eine mit Silber beladene Frau sich alleine überall bewegen konnte, ohne sich fürchten zu müssen», sagt Idi. Niemand wagte, ihn anzugreifen.

Zwei Jahre lang ließ die Zentralregierung Omar gewähren. Aber im Frühjahr des Jahres 888 griff Mundhir, der mutmaßliche Erbe des Emirs, den Herrn von Alhama an, einen Verbündeten Omars. Omar eilte ihm zur Hilfe und verschanzte sich mit ihm zusammen in seiner Festung. Unterdessen starb Mohammed, und Mundhir, «ein tatkräftiger, kluger und tapferer Prinz», folgte ihm auf dem Thron. Omar nutzte die schwierige Zeit des Machtwechsels in Córdoba, um seinen eigenen Machtbereich bis nach Jaén auszuweiten. Zahlreiche Herren der Region schlossen sich ihm an. Er wurde so zum eigentlichen Souverän Südspaniens. Diese Situation konnte Mundhir nicht auf sich beruhen lassen, und so begann er eine Offensive mit einem besonders starken Heeresaufgebot. Er belagerte zunächst Bobastro, wo sich Mundhir eingeschlossen hatte. War es Vorsicht oder Schurkerei? Omar ließ Mundhir ein Friedensangebot übermitteln. Ein Vertrag wurde unterzeichnet. «Ich werde in Córdoba mit meiner Familie wohnen», versprach Omar. «Ich werde einer der Generäle deiner Armee sein, und meine Söhne deine Gefolgsleute.» Er forderte hundert Mulis zum Transport seiner Besitztümer … und in der Nacht vor seinem angekündigten Abzug floh er mit einigen seiner Soldaten, stahl die Mulis und schloss sich wieder in Bobastro ein. Mundhir schwor, die Belagerung von Bobastro wieder aufzunehmen und Omar tot oder lebendig in seine Gewalt zu bringen. Am 29. Juni 888 starb Mundhir vor den Mauern Bobastros. Er hatte vorher seinen Bruder Abdallah aus Córdoba kommen lassen, der sogleich zum Emir von al Andalus ausgerufen wurde. Die Vertrauten des neuen Emirs hatten geraten, den Tod Mundhirs zu verheimlichen, aber er lehnte ab. Er forderte Omar auf, nicht den Trauerzug mit den sterblichen Überresten des Herrschers zu überfallen. Der Rebell, ganz Ritter, willigte ein. Wie es in solchen Fällen häufig geschieht, lösten sich die Truppen des neuen Emirs auf. Als er in Córdoba ankam, bestand seine Eskorte gerade noch aus etwa vierzig Mann. Er übernahm die Macht in einem schwierigen Augenblick.

Der neue Emir Abdallah ist vierzig Jahre alt. Er ist von mittlerer Statur, hat blaue Augen und rötliche Haare – seine Mutter ist eine fränkische Prinzessin –, neigt nicht zu ausschweifendem Luxus und trinkt keinen Wein. Er ist von verträglicher, kultivierter Natur, und es gelingt ihm, sich selbst den Regeln der Gerechtigkeit zu unterwerfen. Seine Frömmigkeit wird von seinen muslimischen Untertanen geschätzt. Andere Seiten seiner Persönlichkeit sind weniger sympathisch: Er vergießt mit Leichtigkeit das Blut anderer und gerät so in den Geruch der Grausamkeit. Aber konnte er, von allen Seiten angegriffen, überhaupt anders handeln? Der Tod seines Bruders Mundhir, den er vermutlich hat ermorden lassen, um seinen Platz einzunehmen, wirft einen mehr als zweifelhaften Schatten auf seine Persönlichkeit, doch ist er nicht der erste und letzte der orientalischen und auch westlichen Fürsten, die zwecks Erringung der Macht «der Natur ein wenig nachhelfen». Er wird auch einen seiner Söhne auf Grund des bloßen Verdachts hinrichten lassen, er habe «ihre Interessen verraten». Er lebt in beständiger Angst vor Verschwörungen, auf die er mit reichlichem Einsatz von Gift und Schwert reagiert. Seine Furcht ist bisweilen durchaus begründet: Rivalen, immer bereit ihn zu töten, um seinen Platz einzunehmen; Mörder, gedungen von den lokalen Chefs, Rebellen, die um ihrer eigenen Unabhängigkeit willen alles daransetzen, die Autorität des Emirs zu untergraben, eine Autorität, die mehr schlecht als recht die Einheit des Emirats aufrechterhielt.

Aus Gründen, welche die Historiker bislang nicht erhellen konnten, war Abdallahs Aufstieg zur Macht das Fanal für Revolten auf der ganzen Halbinsel: Eine zunehmende Anzahl von Muwalladun, die zu gefährlichen Rivalen der arabischen Stämme geworden waren; Rivalitäten zwischen Arabern und Saqaliba (Sklaven meist slavischer Herkunft), die eine immer wichtigere Stellung in der Armee einnahmen – Wiedergeburt der Rivalitäten zwischen

Arabern und Berbern? Alles davon hatte seinen Anteil an der ex-
plosiven Situation dieser Jahre des ausgehenden 9. Jahrhunderts.
Hinzu kam noch die Rivalität zwischen Córdoba – mit seinen vielen Muwalladun und Sklaven, privilegiert durch die Freigebigkeit
des Herrschers, durch Steuerbefreiungen etc. – und der Landbevölkerung sowie den Einwohnern der übrigen Städte. Alle diese
schwelenden Konflikte gewannen mit dem Erscheinen Abdallahs
eine vorher nie gekannte Schärfe, zu der die Persönlichkeit des
neuen Emirs, verstrickt in seine Intrigen und Racheakte, zweifellos recht gut passte.

Alle Kämpfe, Allianzen, Verrätereien, Morde, die etwa dreißig
Aufstände dieser Jahre ausführlich zu schildern, wäre ermüdend.
Die meisten Anführer der Revolten sind Muwalladun, jene in
den islamischen Gebieten lebenden Neumuslime nicht-arabischer Herkunft, die sich diskriminiert fühlen und das Recht auf
eine vollständige Assimilation einfordern. Die Araber betrachten
sie als «üble Schurken», verachten und hassen sie. Die Muwalladun erheben sich im Namen dieses Gleichheitsanspruchs, wie
etwa Omar ibn Hafsun, den wir bereits kennen gelernt haben. Er
war fest installiert in seinem «Lehen» zwischen Córdoba und dem
Mittelmeer. Von seinem Hauptsitz Bobastro aus verübt er Überfälle, attackiert die Truppen des Emirs, schließt mit ihm Frieden,
um ihn wieder einige Monate später zu brechen. Wollte er al Andalus von der Omayyadenherrschaft befreien? In einer Reihe von
Fällen spricht einiges dafür. So ließ er die Burg Poley (Aguilar de
la Frontera) befestigen, dann schickte er eine Gesandtschaft nach
Kairuan und forderte den Aghlabitenfürsten Ibrahim auf, sich
beim Abbasidenkalifen dafür zu verwenden, dass er den «omayyadischen Usurpator» in des Kalifen Namen aus al Andalus vertreiben dürfe. Ibrahim antwortete mit aufmunternden Worten,
lehnte aber das Ansinnen ab. Dennoch verfolgte Ibn Hafsun seinen Plan bis zu dem Tag, als Abdallah ihn entschlossen angriff, ihn
schlug und ihn zur Flucht in die Berge zwang. Der Emir nimmt
die von Ibn Hafsun besetzten Gebiete wieder in Besitz und zieht

sich nach Córdoba zurück. Wir erfahren nun, dass Ibn Hafsun zum Christentum übergetreten ist, dies entfremdet ihn von allen seinen islamischen Verbündeten; er schließt erneut Frieden mit Abdallah, schickt aber beständig seine Truppen gegen ihn. Bei diesen wirren Aktivitäten verliert er an Boden und von einer Niederlage zur anderen auch die Initiative der Operationen.

Inmitten der Streitigkeiten und Unruhen, die der Regierungszeit Abdallahs eine unablässige Serie von Kämpfen, Verrat und Mordanschlägen bescheren, gelingt es Ibn Hafsun und seinen Söhnen, die seine Nachfolge antreten werden, dennoch, ihre Macht in Südspanien in etwa zu halten, bis sie Abd ar Rahman III. im Jahre 927 endgültig brechen wird. Ibn Hafsun stirbt im Jahre 917, ohne sich der Macht des Emirs von al Andalus gebeugt zu haben. Abd ar Rahman wird seinerseits die Festung Bobastro in Besitz nehmen.

Der Tod Ibn Hafsuns bringt Spanien nicht den dringend benötigten Frieden. Andere Revolten flackern auf oder werden in den letzten Jahren des 9. Jahrhunderts bis in die ersten Jahre des 10. Jahrhunderts weitergeführt. Andere Muwalladun, andere Araber und Berber schaffen sich große und kleine Fürstentümer, die sich miteinander verbünden und sich wieder gegenseitig bekriegen. Einige verschwinden rasch von der Bildfläche, andere treten an ihre Stelle, aber keines ist von langer Dauer: Ubaid Allah in der Provinz Jaén, den Abdallah nicht besiegen konnte; die Banu Halil im Nordosten von Jaén etc. In Portugal schaffen sich die Kleinfürsten Herrschaften, die lange Widerstand leisten sollten. In den Bergregionen handeln die Berber ebenso. Geschützt von Wäldern und Schluchten ignorieren sie Córdoba und seine Repräsentanten. In der Gegend von Granada, von Elvira lassen sich die aufständischen Abenteurer, die den Truppen des Emirs blutige Scharmützel liefern, kaum zählen. Auch die Araber töten einander gegenseitig ...

In Sevilla nehmen die Dinge eine andere Wendung. Die reichste Stadt Andalusiens mit ihrer äußerst vielfältigen Bevölkerung wurde von mehreren mächtigen arabischen Familien beherrscht, darunter unter anderem von den Banu Hadjadj arabisch-jemenitischen Ursprungs, die unter ihren Vorfahren auch westgotische Fürsten aufzuweisen hatten. Sie übten lange Zeit eine unangefochtene Herrschaft aus. Ibrahim, das Oberhaupt der Banu Hadjadj, wird 899 den Titel «König von Sevilla» annehmen. Er ist zwar vom Emir eingesetzt, aber als Statthalter wird er sich wie ein wahrhafter Souverän aufführen: Sein Name ist als «Markenzeichen» in die Produkte der Tuchmanufaktur eingestickt, er unterhält Hofdichter, Sängerinnen, Tänzerinnen, tritt als Mäzen auf, kurz, er bietet alles auf, was im arabischen Mittelalter zur Hauptstadt eines Reiches gehört. Schriftsteller verlassen Córdoba und begeben sich in die «zweite Hauptstadt» Sevilla. Nach dem Tode Ibrahims erben seine Söhne die Herrschaft; einer residiert in Sevilla, der andere in Carmona; beide sind nur nominell Vasallen des Emirats von Córdoba. So sind die Verhältnisse, bis Abd ar Rahman III. Stadt und Provinz Sevilla, nach einem kurzen Feldzug, wieder seiner Botmäßigkeit unterwirft.

GLANZ DES KALIFATS

Abdar Rahman III. der Große

Nach einer Regierungszeit von vierundzwanzig Jahren starb Abdallah 912 im Alter von achtundsechzig Jahren. Der Thronerbe war Abd ar Rahman III., der Neffe des verstorbenen Emirs, der Sohn seines ältesten Sohnes. Er war schon seit längerer Zeit von Abdallah als zukünftiger Thronfolger designiert worden und hatte eine entsprechende Erziehung erhalten. Weil es kein eigentliches Thronfolgegesetz gab, war zu befürchten, dass andere Anwärter, namentlich sein Onkel, versuchen würden, ihre Ansprüche geltend zu machen. Nichts dergleichen geschah. Die Ernsthaftigkeit des neuen Emirs, der majestätische Eindruck, der von seiner Person ausging, sein Gerechtigkeitssinn, der ihn populär gemacht hatte, bewirkten, dass sich niemand gegen die seit langem feststehende Entscheidung Abdallahs erhob, Alle Mitglieder seiner Familie legten ihm ihren Treueeid ab, ebenso wie die hohen Würdenträger des Staates.

Bei seiner Thronbesteigung zählte Abd ar Rahman zweiundzwanzig Jahre. Seine Mutter war eine fränkische Gefangene, die ihm seine blonden Haare und eher nordische als mediterrane Züge vererbt hatte. Die Chronisten beschreiben ihn als intelligent und ehrgeizig, gelehrt, jedoch nicht übergelehrt, von moderater Frömmigkeit, großherzig und tolerant. Er ist großzügig und wohlwollend, aber unerbittlich gegenüber allen, denen er einmal vertraute und die ihn verrieten. Er hat einen Sinn fürs Majestätische und eine Neigung zur Prachtentfaltung. Seine Audienzen zeichnen sich durch ein glänzendes Arrangement und – in Anlehnung an den Abbasidenhof und den byzantinischen Hof – durch ihre strikte Etikette aus. Seine Hofhaltung wird eine der luxuriösesten der arabischen Welt sein, und seine Regierungszeit ist als besonders ruhmreich in die spanische Geschichte eingegangen.

Die Regierungsvorhaben des jungen Emirs sind einfach: Wiederherstellung der Autorität Córdobas überall dort, wo sie erschüttert ist, Unterwerfung aller Herren, jeden Ranges und jeder Herkunft, die sich von der Autorität des Emirs losgesagt haben. Er beginnt den Staatsapparat in großem Stil zu erneuern und umgibt sich mit treuen und verlässlichen Gefolgsleuten. Diejenigen, die ihm als Erbprinz zu Zeiten Abdallahs unfreundlich begegnet sind, werden mit aller Strenge behandelt und sogar getötet. Das oberste Ziel Abd ar Rahmans ist die Wiederherstellung des inneren Friedens sowie die Vereinigung aller Territorien unter seiner Herrschaft, die von den großen und kleinen Regionalherren herausgelöst worden waren. Er erreichte seine Ziele ohne besondere Schwierigkeiten, so hatte sich die Haltung der einen und der anderen, der Muselmanen und Christen, der kleinen Leute, der

Stadtbürger und Magnaten inzwischen geändert. Jedermann ist der endlosen Kämpfe müde, der vernichteten Ernten, der abgeschlagenen Bäume, der Hinrichtungen und Totschlägereien, der verbrannten Dörfer. Alle haben genug von diesen inneren Kriegen, die beständig Opfer fordern und zu nichts führen. Die zu gemeinen Straßenräubern herabgesunkenen Herren lauern den Reisenden von ihren Burgen aus auf, stürzen sich auf sie, um sie auszuplündern und sie zu töten. Die großen Chefs, Ibn Khaldun, Ibn Hadjadj und all die anderen sind verschwunden, niemand ist mehr da, sie zu ersetzen. Ihre Nachfolger sind alles mittelmäßige Figuren.

Gerade einmal vier Monate nach seiner Thronbesteigung begab sich Abd ar Rahman persönlich auf einen Feldzug; so etwas war lange Zeit nicht mehr gesehen worden. Er marschierte auf Jaén zu und zerstörte auf seinem Weg eine Burg nach der anderen. Er beschränkte sich nicht, wie seine Vorgänger, lediglich einen Tribut zu erheben, den Grundherren aber ihre Ländereien zu belassen. Abd ar Rahman setzte bedingungslose Unterwerfung durch, der Grundherr unterstand nun völlig seinem Herrscher, gleichfalls seine Soldaten. Archidonia, Elvira und andere Städte werden ohne Schwierigkeiten eingenommen. Innerhalb von drei Monaten sind ein Großteil der Territorien im Südwesten von Córdoba – die Provinzen Jaén und Elvira bis zum Mittelmeer – in der Hand des Emirs, ungeachtet der Intervention Ibn Hafsuns an der Seite seiner Verbündeten. Etwas später fällt auch Sevilla unter die Herrschaft des Emirs. Es bedurfte nicht weniger als einer zweijährigen Belagerung, bis die aufständische Stadt fiel. König Ramiro II, von León war selbst den Belagerten zur Hilfe geeilt, wurde aber geschlagen. Abd ar Rahman, der den Beginn der Belagerung selbst organisiert hatte, kam nach Sevilla, um bei der Übergabe anwesend zu sein, nahm seinen Einzug in die Stadt hoch zu Ross und stationierte dort eine starke Garnison. Die Rückkehr Sevillas und seines Umlandes unter die Autorität des Emirs hatte sich nach dem Verschwinden des letzten Banu Had-

jadj vereinfacht. Die Adligen der Stadt hatten versucht, mit Beistand Ibn Hafsuns Widerstand zu leisten. Alles schlug fehl. Die
Partie war definitiv verloren. Der junge Prinz Mohammed unter-
warf sich und übernahm eine Funktion bei Hofe.

Die Errichtung des Kalifats

Gegen 930 waren die Rebellionen, zumindest die gefährlichsten,
unterdrückt und al Andalus war wieder vereinigt. Die Autorität
des Emirs wurde nicht mehr ernsthaft in Frage gestellt. Dies war
der Zeitpunkt, an dem sich Abd ar Rahman III. entschloss, sich
selbst zum Kalifen auszurufen, ohne sich um das abbasidische Kalifat von Bagdad zu kümmern.

Abd ar Rahman stammte von den Omayyadenkalifen, den
«Nachfolgern Mohammeds», ab. Aber bekanntermaßen hatten
sich die Nachkommen des Abbas, des Onkels des Propheten, den
Kalifentitel nach der Ermordung aller Mitglieder der Omayyadenfamilie angeeignet. Wenn nach und nach der Name des Kalifen von Bagdad im Freitagsgebet genannt wurde, bedeutete das
noch keineswegs die Anerkennung seiner Autorität. 928/929, auf
dem Gipfel seiner Macht und seines Ruhmes, entschloss sich
Abd ar Rahman, dieser Situation ein Ende zu bereiten. Er prokla-
mierte sich zum *amin al Muminin*, das heißt «hervorgegangen aus
einer von Gott eingesetzten Familie mit dem Recht, die Gläubigen zu lenken und zu leiten». Mit dieser Geste stellte er die
Ehre des Omayyadenhauses wieder her, das so schimpflich und
grausam davongejagt worden war. Der Kalif von al Andalus sagte
sich von der Abbasidendynastie los, «schuldig des Raubs und Trä-
gerin eines angemaßten Titels». Abd ar Rahman erklärte, er habe
lediglich die Kalifenherrschaft von Damaskus nach Córdoba übertragen. Die offizielle Farbe sollte Weiß sein und nicht mehr das
Schwarz der Abbasiden. Auch ordnete er an, die Titel des Kalifen
sollten in Zukunft auf Münzen und auch auf offiziellem Tuchwerk
erscheinen.

Empfang beim Kalifen Abd ar Rahman III. (Historiengemälde von Dionisio Baixeras, 19. Jh.)

Für seine Entscheidung waren auch noch andere Gründe ausschlaggebend, die eigentlich nur als Sakrileg gedeutet werden konnten. Seit langem schon befand sich das Kalifat von Bagdad in einer Krise. Im 10. Jahrhundert ist der Kalif nicht mehr der ruhmreiche und vorbehaltlos respektierte Souverän wie zu Zeiten des Harun al Raschid und des Mamun. Er hatte nach und nach seine Autorität an den Wesir verloren, ursprünglich ein einfacher Amtsträger innerhalb der Verwaltung, in dessen Händen nun die allgemeinen politischen Geschäfte lagen. Der Kalif muss sich auf eine Gruppe von Anhängern stützen, aus deren Mitte er den Wesir wählt und ohne den er nicht regieren kann. Schon bald wird der Moment kommen, an dem der Kalif diese Prärogative nicht mehr ausüben kann und sich einer Dynastie der großen Wesire gegenübersieht. Der Sohn Harun al Raschids wird die Kalifenresidenz ins 125 Kilometer von Bagdad entfernte Samarra verlegen. Die Provinzen entgleiten der Autorität des Kalifen vollständig, namentlich Ägypten, wo Ibn Tulun und dann dessen Sohn als souveräne Herrscher auftreten. Im Khorasan, in Ägypten und anderswo werden lokale Dynastien den Platz des Kalifen einnehmen. Es bleibt allein die Investitur, um die die unabhängig gewordenen Provinzgouverneure den Kalifen noch eine Zeit lang ansuchen müssen, auch wenn er bereits so in Misskredit geraten ist, «als wäre seine Person, verborgen hinter den Mauern seiner Paläste von Samarra oder Bagdad, für die Ordnung der Welt nicht mehr notwendig.» Ibn Khaldun, der große arabische Historiker, geht so weit, den Akt Abd ar Rahmans III. damit zu erklären, «dass das Kalifat im Osten praktisch nicht mehr existierte.»

Ein anderer, aktueller, religiöser wie politischer Grund sprach auch für die Proklamation Abd ar Rahmans zum Kalifen: seine Rivalität zu den Fatimiden Nordafrikas. Ubaid Allah, syrischen Ursprungs und Gründer der Fatimiden – der Name ist von Fatima, der Tochter des Propheten abgeleitet, auf die Ubaid seinen Stammbaum zurückführt –, kam 910 nach Nordafrika, nachdem er Salamiyya, das syrische Zentrum der Ismailiten, verlassen hatte. Er wurde dort von einem Missionar namens Abou Abdallah zum *mahdi* (der vor dem Ende der Welt zurückkehrt, um einen gereinigten Islam zu etablieren) ausgerufen. Er richtete seine Hauptstadt in Rakkada in der Region Kairuan, später in Mahdia ein. Aus politischen wie zugleich religiösen Gründen zögerten die Fatimiden nicht, den Konflikt mit den Omayyaden von al Andalus, ihrerseits glühende Sunniten, zu suchen. Sie beabsichtigten, ihren Glauben im gesamten Nordafrika, dann auch in al Andalus zu predigen. Abd ar Rahman III. widersetzte sich diesen Plänen und sammelte Parteigänger in Nordafrika zur Bekämpfung der Fatimiden. 927 ließ er Melilla am Rifgebirge besetzen – der erste Versuch eines Omayyaden, sein Herrschaftsgebiet über die Meerenge von Gibraltar hinaus zu erweitern. Einige Jahre später wurde Ceuta eingenommen. Nachdem Ubaid Allah den Kalifentitel angenommen hatte, konnte Abd ar Rahman nichts weniger tun, als sich zum Oberhaupt der Sunniten, zum *amin al Muminin*, auszurufen. Etwas später gelang ihm der Anschluss eines Teils des mittleren Maghreb und Nordmarokkos. Dieses omayyadische «Protektorat» hatte bis zum Ende des 10. Jahrhunderts Bestand und verschwand dann; die Kämpfe des andalusischen Kalifen gegen die Christen Nordspaniens ließen ihm im Süden keine freie Hand. Die Fatimiden sollten bald Ägypten besetzen, aus dem sie Saladin am Ende des 12. Jahrhunderts wieder vertrieb. Das Omayyadenkalifat in Spanien wird zu dieser Zeit nicht mehr existieren.

Der Stellvertreter Gottes

Die Selbsterhebung Abd ar Rahmans zur herausragenden Kalifenwürde verleiht ihm, der bislang den einfachen Titel eines Emirs – Fürst, Statthalter – trug, eine Würde und eine Majestät, die ihn in unerhörtem Ausmaß über alle anderen Menschen stellt. Der *Stellvertreter Gottes auf Erden* wird zu einer abgehobenen Person, der nichts mehr mit den übrigen Sterblichen gemein hat. Seine Macht ist unbegrenzt, seine Autorität absolut, seine Rechtsprechung kann nicht angezweifelt werden. Er regiert in einer Art Empyreum, einem «Oberhimmel», umgeben von einigen Mitgliedern der Familie und Würdenträgern, in einer Großartigkeit, die der des Kalifen von Bagdad vergleichbar ist sowie der der alten orientalischen Sasaniden- oder Achämenidenherrscher. Die ihn umgebende Aureole macht ihn zu einer entrückten, fast mythischen Person – er lebt in unvorstellbarem Luxus, wegen seiner Entfernung von den Sterblichen umgibt ihn etwas besonders Furcht erregendes, er ist gefangen in einem Protokoll, das jede seiner Bewegungen, sein gesamtes Leben regelt. Als geheimnisumwitterte Person mischt er sich nicht unter sein Volk, vor dem er nur zu seltenen Gelegenheiten erscheint. Das Volk kommuniziert mit ihm allein über eine komplizierte Hierarchie von Amtsträgern. Als Inhaber der obersten Gewalt ist der Kalif niemandem Rechenschaft schuldig. Der omayyadische «Adel» war Aufsteigern gewichen, die aus nicht-privilegierten oder dienenden Schichten stammten – vergleichbar etwa den osmanischen Würdenträgern, die als «geraubte» Kinder christlicher Familien am Hof des Sultans erzogen wurden und dann zu Mitgliedern seines engeren

Hofstaates aufstiegen – ein besonders probates Mittel, sich mit Männern ohne Vergangenheit und Familie zu umgeben, die ihrem Herrscher alles zu verdanken hatten.

Die Familienmitglieder Abd ar Rahmans zählen kaum, die Kalifensöhne nicht mehr als die weiter entfernten Verwandten. Nach ihrer Beschneidung widmen sie sich im Palast unter Aufsicht der fähigsten Lehrer ihren Studien und wohnen meist mit ihrem Harem in einem ihnen jeweils zugewiesenen Haus der Hauptstadt und ihrer Umgebung. Im Gegensatz zu den Prinzen anderer Reiche oder der islamischen Reiche des Orients, denen man gewöhnlich ein Militärkommando oder einen Gouverneursposten überträgt, leben die Kalifensöhne in absoluter Unauffälligkeit, die im Jahresverlauf nur von den Zeremonien religiöser Feste unterbrochen wird. Sie kommen nur in den Palast, um dem Kalifen ihre Wünsche vorzutragen, um bei Zeremonien und Lustbarkeiten zugegen zu sein; dann ziehen sie sich wieder in ihre Häuser zurück. Bisweilen versucht ein Kalifensohn durch eine Intrige, einen Komplott, seine Thronfolge zu beschleunigen. Die Bestrafung ist gnadenlos. Der Schuldige wird dem Henker übergeben und manchmal vom Kalifen selbst hingerichtet.

Der Prinzenrang existiert in der Hofhierarchie praktisch nicht, die Angehörigen vornehmer Familien haben eine weitaus schlechtere Stellung bei Hofe als die Sklaven. Diese sind fast immer Eunuchen, Gefangene aus den slavischen und angelsächsischen Ländern, aus Vorderasien, von den Regionen um das Schwarze Meer, selbst aus Süditalien. Sie kommen über den chazarischen Hauptort Itil und über Verdun nach al Andalus. Der Einfluss dieser so genannten *saqaliba* ist bedeutend. Häufig erreichen sie gehobene Stellungen, einige werden Wesire. Die rechte Hand des Kalifen ist der *hadjib*, der jedoch selten ein Eunuch ist. Unter den Wesiren ausgewählt, entspricht er dem Premierminister. Er leitet die drei großen Institutionen der Zivilverwaltung: den Haushalt des Herrschers, die Kanzlei, die Finanzabteilung. Unter Hakam II. wird er später zu einer Art Majordomus des Palastes. Ausge-

Madinat az Zahra, Gesamtansicht

stattet mit einer über jeden Zweifel erhabenen Treue halten die
Saqaliba jedes mögliche Risiko von ihrem Herrscher fern. Zur Zeit
der Taifenkönige (wir kommen weiter unten auf sie zu sprechen)
werden die Saqaliba ganze Provinzen regieren.

Madinat az Zahra – Palast der Paläste

Abd ar Rahman III. und sein Hofstaat residierten, zumindest zu
Beginn seiner Regierungszeit, im alten Alcázar von Córdoba, der
von Abd ar Rahman I. erbaut und von seinen Nachfolgern erweitert worden war. Dort spielten sich für einhundertfünfzig Jahre
das politische Leben von al Andalus ab, das private Leben des
Herrschers, die Machtdemonstrationen des Emirs sowie die für
den Thron häufig gefährlichen Revolten. Dort leisteten die Würdenträger ihren Treueid – die *baya* –, und dort empfing man die
Gesandtschaften ausländischer Herrscher.
  Der Palast bestand aus drei Hauptbereichen: Die Schreibstu-
ben und Kanzleien befanden sich im ersten Trakt, der Emir und

sein Gefolge bewohnten den durch Gartenanlagen, Brunnen, Wasserbecken und Springbrunnen erweiterten zweiten Trakt. Die Werkstätten, vor allem die des Tiraz, der staatlichen Manufaktur für kostbare Textilien, waren in der Ummauerung des Palastes untergebracht. Die Gartenpavillons dienten als Aufenthaltsort für vornehme Gäste.

Abd ar Rahman verbrachte im Alcázar rund zwanzig Jahre. Als er 936 Kalif wurde, schien ihm der alte Palast seiner Würde nicht mehr angemessen; so beschloss er, eine große Residenz einige Kilometer westlich von Córdoba erbauen zu lassen. Nach halb legendarischen Berichten soll ihm Zahra, eine seiner Konkubinen, eine bedeutende Summe vermacht haben mit der Aufforderung, einen Palast zu bauen, der ihren Namen trüge und dessen Hauptportal ihre Statue schmücken solle. So geschah es auch, und es gibt Belege dafür. Abd ar Rahman ließ sofort die Arbeiten an Madinat az Zahra beginnen.

Nach den orientalischen Chronisten, denen eine starke Tendenz zur Übertreibung eigen ist, sollen 10.000 Arbeiter, jeder mit zwölf Helfern versehen, am Bau des Palastes beteiligt gewesen sein. Täglich habe man 6000 Steinblöcke gesetzt, 4313 Säulen wurden aus antiken Ruinen in Spanien und benachbarten Ländern, vor allem aus Karthago, das 1013 Säulen beisteuerte, herbeigeschafft. Während der gesamten Bauzeit verschlangen die Arbeiten ein Drittel der Staatseinnahmen.

Die Leitung dieses gigantischen Vorhabens lag in Händen des Erbprinzen Hakam. Gelegen an den Abhängen des zum Guadalquivir abfallenden Gebirges, entfaltete sich die Residenz – in Wirklichkeit eine regelrechte Stadt – auf drei übereinander liegenden Ebenen. Auf der obersten Ebene beherrschte der Kalifenpalast die gesamte Anlage, die Wohnräume und die große Moschee breiteten sich auf der unteren Ebene aus, wo sich auch die Läden der Händler befanden, die man ermuntert hatte, sich dort niederzulassen. Die große Moschee, so wird versichert, wurde in 48 Tagen von 300 Maurern, 200 Zimmerleuten und 500 anderen

Handwerkern erbaut. Gärten und Weinterrassen trennten den oberen Teil vom unteren.

Die Palaststadt lag innerhalb einer rechteckigen Umfassungsmauer, die sich ungefähr 750 Meter von Nord nach Süd und 1500 Meter von Ost nach West erstreckte. Aus zwei parallelen Mauerzügen bestehend, ist sie in regelmäßigen Abständen von Befestigungstürmen trapezförmigen Grundrisses verstärkt. Auf den benachbarten Hügeln schützten weitere Mauern die Stadt, die man durch ein großes überwölbtes Tor, Bab al Akba, betrat. Nach Überquerung eines Ehrenhofes erreichte man das eigentliche Palasttor Bab al Sudda, das sich zu einer langen, überdachten Galerie hin öffnete; sie führte zu den gewaltigen Prunksälen, die auf den dem Relief angepassten Esplanaden erbaut waren. Einer dieser Säle – *madjili* – wurde in seinem originalen Dekor wieder aufgebaut und zeigt in hohem Maße die Perfektion der Baumeister und Dekorateure. Abd ar Rahman ließ viele davon aus dem Ausland, vor allem aus orientalischen Ländern, kommen. Der Kaiser in Konstantinopel, mit dem der Kalif von al Andalus auf die Distanz doch recht gute Beziehungen hatte, entsandte mehrmals hoch qualifizierte Handwerker und seltene Materialien. Aus dem eigentlich feindlichen, fatimidischen Karthago kamen fein gearbeitete Marmorplatten und Säulen aus rotem und grünem Marmor. Seltene Materialien, wertvolle Gegenstände, Kunstwerke und alles Sonstige ließ Abd ar Rahman aus allen Weltgegenden von seinen Abgesandten herbeischaffen, ohne dabei auf die Kosten zu achten. Zu solchen Raritäten gehörten auch seltene exotische Vögel für sein prachtvolles Vogelgehege, wie es auch in Bagdad zur Zeit der großen Abbasiden Mode gewesen war.

Die verschiedensten Einflüsse haben so die Anlage und insbesondere den Schmuck von Madinat az Zahra geprägt. Die Blendnischen (mit flachem Abschluss und einem Hufeisenbogen) sind ohne Zweifel aus der syrisch-omayyadischen Kunst entlehnt, ebenso wie häufig ebenfalls aus der antiken Kunst abgeleitete Figurenreliefs sowie Schmuckpaneelen, die nach Vorbildern aus dem Palast von Mchetta (Jordanien) gearbeitet sind. Die abbasidische Kunst ist durchaus präsent mit dem Vielpassbogen und kufisch-epigraphischem Wandschmuck. In den Ruinen fand sich eine Fülle glasierter Keramik mesopotamischer Herkunft mit Tierdarstellungen und Abbildungen von Tänzerinnen mit ihren über die Wangen fallenden Haarlocken – typisch für die Keramik des Palastes von Samarra. Abbasidischen Einfluss zeigen auch die rechteckigen Becken für rituelle Waschungen mit ihren Tiermotiven. Auch die in Madinat az Zahra gefundenen Elfenbeinarbeiten erinnern an die Kunst der Kalifen von Bagdad: in Medaillons eingearbeitete, lebendig gestaltete Szenen mit Menschen und Tieren (ein sitzender Fürst mit untergeschlagenen Beinen, einen Kelch in der Hand, zwei Löwen ausgestreckt zu seinen Füßen etc.).

Byzanz ist in Madinat az Zahra durch seine Keramik- und Mosaikmeister vertreten, über die auch christliche Motive in die arabisch-andalusische Kunst eingedrungen sind. So ist der Palast durchaus eine Synthese orientalischer und mediterraner Kunstströmungen, und noch angesichts der Ruinen lässt sich die Pracht der Zeremonien und höfischen Feste in dieser erlesenen Umgebung erahnen.

Als Zentrum eines Staates, wie zuvor auch der Alcázar von Córdoba, schloss Madinat az Zahra auch mächtige Dienst- und Verwaltungsbauten ein: das Haus des Fürsten, das Haus der Armee, das Haus der zivilen Bediensteten. Noch kann man sich leicht die Festlichkeiten im gewaltigen *madjli* vorstellen; die Empfänge hoher Würdenträger; die Ankunft von Gesandtschaften aus fernen Ländern mit Dutzenden, bisweilen Hunderten von Lasttieren mit kostbaren Geschenken; die religiösen Feiern auf diesem riesigen Areal; den Einzug eines siegreichen Generals. Urteilt man allein auf der Grundlage bewahrter Bauteile, war Madinat az Zahra eine prächtige Stadt, die noch heute einen außergewöhnlichen Anblick bietet. Der mit seinem originalen Bauschmuck rekonstruierte Empfangssaal gibt eine Vorstellung vom Schönheitssinn und vom Geschmack derer, die dieses Baudenkmal – sicher eines der schönsten seiner Epoche – erdachten und erbauten.

Abd ar Rahman III. ließ sich 945 mit seinem Hof in Madinat az Zahra nieder. Noch waren nicht alle Gebäude fertig gestellt, jedoch bereits ein Großteil der Audienzsäle, ebenfalls der Harem. Hischam II, der Sohn des Kalifen, wird dieses gigantische Bauprojekt zu Ende führen.

Palast, Audienzsäle und Kanzleien werden jedoch nur während eines recht kurzen Zeitraums benutzt werden. Nach Brandschatzung und Plünderung durch die Berber zu Beginn des 11. Jahrhunderts wird Madinat az Zahra nur noch eine beeindruckende Ruinenlandschaft sein. Nur einige Wasserbassins, einige Wasserläufe, Bäume, ein Pavillon erinnern an die Zeiten des Wohllebens. Dichter erinnern sich an die schönen Tage von einst:

«Ich verweilte in az Zahra, weinend und sinnend, als beklagte ich die weit zerstreuten Glieder meiner Familie.

O Zahra, sprach ich, kehre wieder! Und sie antwortete mir: kommt der zurück, der tot ist?

Ich hielt nicht inne zu weinen, zu weinen an diesem Ort; aber ach, was nützen diese Tränen?

Man sagt, die Spuren der Dahingegangenen sind die Klageweiber, die über den Toten weinen.»

as Sumaisir

Das Los von Madinat az Zahra wird sich mit den Jahren noch verschlimmern. Geplündert zuerst von den Berbern, dann von den christlichen Fürsten, wird es zum Steinbruch für den Bau eines an diesem Ort errichteten Klosters. Die am Ende des Mittelalters in Spanien wütenden Bürgerkriege vollenden das Zerstörungswerk. Seit einigen Jahrzehnten arbeitet man an Rekonstruktion und Erhaltung von Madinat az Zahra.

Abd ar Rahman pflegte, wie auch seine Vorgänger, mit keinem der Herrscher seiner Zeit intensive Kontakte. Sein Reich war weit entfernt von der vorderasiatischen Welt und lag den Staaten des Westens viel näher, zu denen bisweilen spannungsreiche und schließlich verhältnismäßig ruhige, wenn auch nicht unbedingt freundschaftliche Beziehungen bestanden. Al Andalus ist nicht auf sich selbst zurückgezogen, sondern akzeptiert, ja sucht auf vielen Gebieten die Einflüsse von der einen oder der anderen Seite, insbesondere des Orients. Indessen lassen sich keinerlei Belege für eine aktive Zusammenarbeit zwischen Fürsten derselben Region oder derselben Religionsgemeinschaft finden.

Die Beziehungen zu den im Niedergang begriffenen Abbasiden sind von Natur aus wenig freundschaftlich. Auf vielerlei Gebieten – künstlerischen, geistigen und modischen – ist der Einfluss Bagdads jedoch immer noch präsent. Immer noch ist die Hauptstadt der Nachfolger des Propheten die Stadt, auf die man schaut, die die Mode inspiriert, deren geistige Ausstrahlung ungebrochen ist, wenn auch mit weniger Glanz versehen als in den zurückliegenden Jahrhunderten. Die politischen Beziehungen dagegen sind kaum von größerer Bedeutung als diejenigen zu den Fürsten Vorderasiens, des nahen Orients, des orientalischen Afrika oder der Herrschaften am Roten Meer. Diese weit entfernten Regionen, mit denen es, abgesehen von einigen besonderen Umständen, keine gemeinsamen Interessen gab, wurden vom Kalifen ignoriert, obwohl die Schiffe aus diesen Gebieten in die Flüsse Spaniens einfuhren, um Waren auszutauschen. Der einzige muslimische Staat, den Córdoba zur Kenntnis nahm und den er ernsthaft durch Spione überwachen ließ, war der Fatimidenstaat, waren diese verachteten Schiiten, deren Dynastiegründer Ubaid Allah gewagt hatte, sich zum *amin al Muminin* auszurufen, und der vorgab, vom Propheten über dessen Tochter Fatima abzustammen.

Nach der Vertreibung der Aghlabiten aus Ifrikiya verfügt Ubaid Allah über eine mächtige Flotte. Er weitet seine Macht bis ins westliche Marokko aus, lässt das Fürstentum Nakur im Rifgebirge angreifen, bringt es in seine Gewalt und verliert es wieder, zur großen Befriedigung Abd ar Rahmans, der stets mit höchster Aufmerksamkeit die Vorgänge jenseits der Meerenge beobachtet. Erfolg und Misserfolg der Fatimiden wechseln sich ab, aber für den Kalifen von Córdoba ist die Gefahr von dieser Seite immer gegenwärtig. Als Vorsichtsmaßnahme lässt er Melilla besetzen. Zum ersten Mal annektieren die Omayyaden Spaniens einen Teil marokkanischen Territoriums. Etwas später, im Jahre 929, bemächtigt er sich Ceutas. Abd ar Rahman schloss ein Bündnis mit dem bedeutenden Berberführer Musa Abi Afiya, der seine Herrschaft über die Moulouya und die Region Taza ausgedehnt und sich auf die Seite der Fatimiden geschlagen hatte. Er erkannte jedoch nach dem Fall Ceutas, dass der Kalif von Córdoba eine weitaus größere Gefahr für ihn darstellte. Abd ar Rahman ist jetzt an der marokkanischen Küste und auch weiter im Inneren gut etabliert. Er knüpft nun enge Beziehungen zu den Stammeshäuptlingen der Region, auf die er zurückgreifen kann, wenn eine Intervention von der anderen Seite der Meerenge notwendig werden wird. Er entsendet keine Truppen nach Marokko, sondern bekämpft die Fatimiden allein mit seinen Verbündeten auf afrikanischem Boden. So ermuntert und stützt er beispielsweise den Häuptling der Kharidjiten, Abu Yazid, dessen Ketzertum er zwar missbilligt, der aber seinen Interessen bei der Bekämpfung seiner eigentlichen Feinde, seiner gefährlichsten Feinde, dienlich ist. So empfängt er im Jahre 945 Abgesandte Abu Yazids mit großem Pomp: Der Feind meiner Feinde ist mein Freund. Im darauf folgenden Jahr schickt der Kalif seinem häretischen Freund eine bedeutende Summe Geldes, um ihn damit bei seinem Kampf gegen die Fatimiden zu unterstützen. Auch die in Fes regierenden Idrisiden erkennen die Autorität der Omayyaden an und vollführen damit einen Balanceakt zwischen dem häretischen und dem rechtgläubigen Kalifen. So sieht man in Córdoba bedeutende und weniger bedeutende Fürsten Nordafrikas mit ihrem zahlreichen Gefolge aus und ein gehen, sogar den Herrscher von Algier. Abd ar Rahman nutzt ihre häufigen Streitereien untereinander, um dann seine Hand auf Städte und Landesteile zu legen, wie etwa im Falle von Algier im Jahre 951.

Der Einfluss der Omayyaden erstreckt sich von Algier bis zum Atlantik, jedoch nicht immer unangefochten, namentlich in dem Moment, als sich die mächtige Berberkonföderation der Banu Maghrawa, bis dahin Vasallen der Omayyaden, den Fatimiden gerade in einem krisenhaften Augenblick anschloss: Nach dem Angriff eines andalusischen Schiffes auf ein fatimidisches hatten die Fatimiden Almería überfallen und alle im Hafen liegenden Schiffe angezündet. Der Kalif antwortete mit der Verwüstung fatimidischer Städte, darunter Sousse. Daraufhin entsandte der Fatimide seinen Oberbefehlshaber an der Spitze einer starken Armee mit dem Befehl, den Maghreb von allen Verbündeten oder Vasallen des andalusischen Kalifen zu befreien; dies geschah auch. Alle Städte Marokkos fielen in die Hände der Fatimiden, auch die Stadt Fes, mit Ausnahme von Ceuta und Algier, nunmehr die einzigen Zeugen omayyadischer Dominanz im marokkanischen Bereich. Der Nachfolger Abd ar Rahmans wird diese Niederlage noch vor dem Tod des Kalifen rächen.

Byzantiner und Ottonen

Mit Byzanz am anderen Ende des Mittelmeeres pflegt Abd ar Rahman, wie auch seine Vorgänger, sporadische Beziehungen. Eine gemeinsame Feindschaft gegenüber den Abbasiden vereint sie, aber wegen der weiten Entfernung der beiden Reiche, die sonst kaum gemeinsame Interessen haben, bleiben diese Beziehungen eher oberflächlich. Nach dem Bündnis, das Kaiser Theophilos mit Abd ar Rahman II. suchte und das nicht zustande kam, waren die Beziehungen für lange Zeit unterbrochen. Um die

Mitte des 10. Jahrhunderts dann ergriff Abd ar Rahman III. die Initiative und schickte eine Gesandtschaft unter Führung des mozarabischen Bischofs Rabi ibn Said mit dem Auftrag nach Konstantinopel, Kunstgegenstände für Madinat az Zahra zu erwerben. Er war es, der die berühmte skulptierte, mit Statuen geschmückte Brunnenschale nach Córdoba brachte. War das der einzige Grund für die Mission? Die Brunnenschale löste Bewunderung aus, aber es scheint, dass man in Konstantinopel auch über das eine oder andere wichtige politische Problem sprach: über die Aktivitäten der andalusischen Piraten, die damals das Mittelmeer unsicher machten.

Im Jahre 949 entsandte Kaiser Konstantin Porphyrogennetos mehrere Gesandte zu Abd ar Rahman II, die mit allen Ehren empfangen wurden. «Niemals zuvor hat ein Fürst eine solche Pracht entfaltet und so seine Macht vor Augen geführt... der Brief, den die Gesandten dem Kalifen im Namen ihres Herrn übergaben, war mit goldenen Lettern auf blau gefärbtem Pergament geschrieben. Er trug ein vier Dinar schweres goldenes Siegel...» Die Gesandten überbrachten eine prächtig illuminierte Dioskurides-Handschrift über die Heilpflanzen, die *Materia Medica*, und da der Kalif wissen ließ, dass niemand in Córdoba die Sprache des Werkes – im antiken ionischen Dialekt – verstehen konnte, schickte ihm der Kaiser kurz darauf einen Mönch, der nicht nur das Buch übersetzte, sondern auch das berühmte Gegengift (Antidot) «Theriak» verfertigte, «indem er die Pflanzen bestimmte, aus denen dieses kostbare Arzneimittel (gegen Schlangengift und Giftanschläge) zusammengesetzt war.»

Der diplomatische Austausch zwischen Córdoba und Konstantinopel in der Mitte des 10. Jahrhunderts beschränkte sich indessen nicht auf die Übersendung von Kunstgegenständen und Manuskripten. Die Gesandten des Kaisers waren in erster Linie gekommen, um erneut das Problem der andalusischen Piraten im Mittelmeer anzusprechen und deren Sklavenjagd auf Männer und Frauen.

Die Fürsten solcher Länder, die das vornehmliche Ziel dieser Razzien waren, Italien und Byzanz vor allem, zeigten sich in hohem Maße beunruhigt. Im Jahre 953 sandte Kaiser Otto der Große den Mönch Johann von Gorze (er wurde später Abt dieses führenden lothringischen Klosters) zum Kalifen, um ihn zu ersuchen, die Aktivitäten der andalusischen Piraten zu unterdrücken, die von ihren Basen an den Küsten Nordafrikas, Italiens und der Provence (Fraxinetum/La Garde-Freinet, Grimaud, Ramatuelle, Cogolin, Gassin, Fréjus etc.) die Landschaften am Mittelmeer unsicher machten. Johann betrieb seine Mission mit großer Beharrlichkeit und bemühte sich drei Jahre lang, am Hof von Córdoba vorgelassen zu werden. Dem deutschen Kaiser fehlte hier aber offensichtlich das Gefühl für Diplomatie. Der Brief war in einem allzu befehlenden, drohenden Ton gehalten. Als der Wortlaut des Schreibens schließlich dem Kalifen mitgeteilt wurde, weigerte sich dieser, es überhaupt in die Hand zu nehmen! Die einträgliche Piraterie wurde unbekümmert weiterbetrieben, schließlich wollte man auf die überall in Europa gefangenen Sklaven und Sklavinnen in al Andalus nicht verzichten.

Auf dem Zenit

Abd ar Rahman starb im Jahre 961. Er hinterließ seinem Sohn al Hakam ein wohlhabendes und befriedetes Reich. Mit der Niederlage und Demütigung Ibn Hafsuns war der letzte Widerstand im südlichen al Andalus gebrochen, und bis zu seinem Tode musste sich der Kalif mit keinen Rebellionen mehr auseinander setzen. Dagegen war er gezwungen, sich immer wieder Kämpfe mit seinen christlichen Nachbarn zu liefern, zu Beginn seiner Regierungszeit insbesondere mit dem König von Asturien und León, Ordoño II. Bei Junquera geschlagen, musste ihm Ordoño entlang des strategisch wichtigen Duero mehrere Burgen überlassen. Kastilien und León wurden 925 verwüstet. Erfolg und Prestige Abd ar Rahmans III. erlaubten es sogar, dass er als Schiedsrichter im

Streit zwischen rivalisierenden christlichen Fürsten auftrat. So sehen wir etwa, wie der vom Adel entthronte Sancho der Dicke, König von León, in Begleitung seiner Großmutter, der Königin von Navarra, in Córdoba den Kalifen um eine Arznei gegen seine Krankheit und zugleich um eine Armee gegen seine Feinde bittet. Abd ar Rahman lässt ihn vom Rabbiner Hasdai behandeln und stellt ihm militärische Hilfe zur Verfügung. Auf diese Weise kommen immer wieder christliche Gesandtschaften nach Córdoba, bitten den Kalifen um Hilfe zu Gunsten entthronter Fürsten, die dann im Gegenzug befestigte Plätze, die Anerkennung seiner Souveränität etc. anbieten.

Mit dem neuen König von León, Ramiro II., hatte der Kalif weniger Erfolg. Der König griff ihn an, und nach einigen ergebnislosen Schlachten, gelang es 939 einer Armee unter Führung des Grafen von Kastilien den Kalifen in Simancas bei Valladolid in der «Schlacht der Gräben» zu schlagen (die Reiterei des Kalifen stürzte in mit Zweigen getarnte Gräben und wurde dadurch in Unordnung gebracht)

Nach dem Tode Abd ar Rahmans III. Nasir (des Siegreichen) und mit der Thronbesteigung seines Sohnes al Hakam II. steht das muslimische Spanien in seinem Zenit. Von Abd ar Rahman II. nach abbasidischem Modell organisiert und von Abd ar Rahman III. perfektioniert, gilt das al Andalus des 10. Jahrhunderts in den Augen muslimischer, aber auch christlicher Herrscher als Vorbild für jede Verwaltung. Durch den kraftvollen Einsatz des Kalifen selbst untersteht das Räderwerk des Staates seiner absoluten Autorität. Innerhalb der Grenzen herrscht Friede; der Ruf von al Andalus dringt bis in die entferntesten Länder des Ostens und des Westens. Man vergleicht Córdoba zu seinem Vorteil mit Kairuan, Bagdad, mit europäischen Hauptstädten, die noch am Anfang ihrer Entwicklung stehen – und natürlich mit Konstantinopel, der Stadt der Städte, der Herrlichkeit des Ostens. Die sächsische Nonne Hrotsvit (Roswitha) von Gandersheim schreibt in einem Preisgedicht auf den heiligen Pelagius, der unter Abd ar Rahman

III. zum Märtyrer geworden war: «Im Westen des Erdenkreises glänzte wie ein Geschmeide eine Stadt, erhöht wegen ihrer außergewöhnlichen Macht, unbesiegt im Krieg, hoch kultiviert, welche die Spanier in ihren Besitz brachten, reich und berühmt, Córdoba mit Namen, berühmt wegen ihres Zaubers und ihrer Schätze, besonders, weil sie die Sieben Ströme des Wissens besitzt, und immer noch ist sie berühmt durch ihre beständigen Siege.»

Alle diese Lobgesänge sind berechtigt. Andere Gesänge auch. In den Augen orthodoxer Muslime war Abd ar Rahman III. in erster Linie der Herrscher, der dem Sunnismus in Spanien und Nordafrika den Rücken stärkte gegen die Ketzerei der Fatimiden und die Rebellion des Ibn Hafsun, die im Falle des Erfolgs Spanien und ganz Nordafrika schiitisch gemacht hätten; jedenfalls wäre der gesamte westliche Islam in tief greifende Unruhen gestürzt worden. Durch die zeitweilige Annäherung an Byzanz, bei aller Distanz zum Basileus, wollte der Kalif des Westens seine Ranggleichheit mit dem großen Kaiser des Ostens unterstreichen, dessen Prestige wegen seiner Erfolge gegen die Araber vor der «wohl befestigten» Stadt Konstantinopel immer noch immens war.

Aber vor allem – und worin sonst noch seine Verdienste bestanden haben mögen – war Abd ar Rahman III. diejenige Herrschergestalt, die Frieden im muslimischen Spanien aufrechterhalten konnte. Der Staat, der stets unter Spaltungen, ethnischen Auseinandersetzungen, ständigen Bürgerkriegen zu leiden hatte, erlebte zum ersten Mal seit der Landung der arabischen Invasoren eine Zeit der Ruhe. Weder die Scharmützel in den Grenzmarken, weder die mehr und mehr an Kraft verlierenden Angriffe christlicher Fürsten konnten das vom Kalifen errichtete solide Gebäude ins Wanken bringen, und es war vorstellbar, dass es noch lange Zeit nach seinem Tode so fest gefügt erhalten bleiben konnte. Dieser Staat, dessen Schätze sich in den eigens dazu angelegten Festungen, in Córdoba und Madinat az Zahra, angesammelt hatten, ist darüber hinaus noch ungeheuer reich, der reichste der damals bekannten Welt – so wird überall im Ausland bestätigt.

Selten wird ein Herrscher seinem Nachfolger ein solch wohlhabendes, so gut geschütztes, so glanzvolles Land hinterlassen wie
dem, der ihm am 15. Oktober 961 auf den Thron folgte: al Hakam
II. al Mustansir billah («Der den siegreichen Beistand Allahs
sucht»).

Hakam II. – die Kultur an der Macht

Wie die Regierungszeit seines Vaters ist die Regierung Hakams II.
als Periode des Friedens, der Stabilität und der Größe in die Geschichte des muslimischen Spanien eingegangen. Mit seiner starken Armee konnte er von den christlichen Königen und Fürsten
nicht angegriffen werden; sie suchten vielmehr seine Freundschaft, manchmal sogar seine Unterstützung, um über ihre eigenen Feinde zu triumphieren. Ordoño der Böse etwa, König von
León und Asturien, durch einen Schiedsspruch zu Gunsten seines
Vetters Sancho verdrängt, begibt sich nach Córdoba, um die Hilfe
des Kalifen bei der Rückgewinnung des Thrones zu erhalten. Sein
Einzug in die Hauptstadt gab Anlass zur Entfaltung von Pomp und
prunkvollen Zeremonien, die der Kalif seinen ausländischen Be-
suchern bot, damit sie überall die Macht und den Reichtum der
Kalifen verkündeten.

Ibn Hayyam, einer der bedeutendsten Historiker des muslimischen Spanien im 11. Jahrhundert, hat uns eine Beschreibung des
Empfangs Ordoños durch Hakam hinterlassen. In einem der luxuriösesten Paläste Córdobas untergebracht, begab sich Ordoño
zwei Tage später nach Madinat az Zahra, gekleidet in ein weißes
Gewand und einen weißen Umhang – ein Ehrenbeweis gegenüber den Omayyaden, deren Farbe das Weiß war – und eine mit
Edelsteinen verzierte Kopfbedeckung. Am Palasttor stiegen seine
Begleiter vom Pferd. Er selbst setzte kurz vor dem Audienzsaal
den Fuß auf die Erde. Als man ihn zum Thron geleitet hatte, um
den herum sich die Brüder und Neffen des Kalifen, der Wesir,
der Kadi und andere Angehörige des Hofes gruppiert hatten,

beugte er mehrfach die Knie, ging zwischen jedem Kniefall einige Schritte weiter nach vorn und stand dann unmittelbar vor dem Kalifen. Dieser reichte ihm die Hand zum Kuss, sodann bewegte sich Ordoño wieder nach rückwärts, wobei er darauf achtete, dem Kalifen nicht den Rücken zuzuwenden. Er setzte sich fünfzehn Schritte vom Thron entfernt nieder. Die anderen Herren aus León näherten sich nun dem Kalifen im gleichen Zeremoniell. Hakam verharrte einige Augenblicke in Schweigen, damit sich Ordoños Aufregung legen konnte, «die angesichts dieser erlauchten Versammlung nicht fehlgehen konnte, sein Gemüt zu erregen.» Sodann sprach der Kalif den Willkommensgruß: «Freue dich hierher gekommen zu sein und erwarte viel von Unserer Güte, denn Wir haben die Absicht, dir mehr Gunstbeweise zukommen zu lassen, als du zu erwarten wagtest.» Als man Ordoño den Sinn dieser liebenswürdigen Worte erklärt hatte, erfüllte Freude sein Gesicht. Er erhob sich, küsste den Teppich, der die Stufen zum Thron bedeckte, und sprach: «Ich bin der Sklave des Führers der Gläubigen, mein Herr und Meister. Ich vertraue ganz seiner Hochherzigkeit. Ich suche Halt in seiner hohen Tugend. Ich gebe ihm alle Macht über mich selbst und über meine Männer. Ich werde überall dorthin gehen, wohin er befiehlt. Ich werde ihm aufrichtig und treu dienen.» Dann brachte er seine Sache vor. «Mein Vetter Sancho hat die Unterstützung des vorigen Kalifen gegen mich erhalten, er hat aber seine Verpflichtungen gegenüber dem Führer der Gläubigen nicht erfüllt. Ich dagegen habe mein Königreich verlassen nach meinem eigenen Belieben, und ich bin gekommen, um Euch meine Person, meine Männer und meine Festungen zur Verfügung zu stellen.» Der Kalif versprach Ordoño, er werde genauso viele Wohltaten erhalten, wie sein Konkurrent «von meinem Vater glücklichen Angedenkens» erhalten hatte. Ordoño wurde, wie es der Brauch war, mit einem Ehrengewand bekleidet und verließ, rückwärts gehend, den Saal «und zeigte durch seine Haltung die ehrerbietige Furcht, die ihm die Großartigkeit und die Pracht dieses Palastes, Sinnbild der Macht und der Stärke des

Kalifen, einflößte. Als er einen Saal durchquerte, fielen die Augen Ordoños auf den leeren Thron des Glaubensführers. Unfähig, seine Gefühle zu beherrschen, fiel er auf die Knie und verharrte so lange in dieser Demutshaltung, «als säße der Kalif selbst auf jenem Sitz». Damit reiste er ab, «das Herz voller Hoffnung».

Auf diese Weise geruhte der Kalif des Islam, aus seiner Machtfülle heraus als Schiedsrichter zwischen seinen Feinden aufzutreten, den einen gegen den anderen zu unterstützen – in seinem wohl verstandenen Interesse, wie man sich leicht denken kann. Manch einer hatte sich zum Ziel gesetzt, ihn zu Fall zu bringen, aber seine Überlegenheit war so stark, dass es keineswegs die Position des Kalifats schwächte, wenn er den einen gegen den anderen ausspielte, ganz im Gegenteil. So geschah es auch im Falle Ordoños. Sancho änderte seine Politik und entschied sich dafür, die gegenüber Abd ar Rahman III. eingegangenen Verpflichtungen zu erfüllen. Seinerseits «vergaß» dieser die Zusagen, die er Ordoño gegenüber gemacht hatte, und ließ ihn fallen. Zum Krieg gezwungen, schickte der Kalif Truppen gegen Sancho, besiegte ihn, und schließlich wurde Friede geschlossen, nicht nur mit León, sondern auch mit Navarra und fast allen seinen christlichen Feinden. Der Friede sollte lange währen. Hakam war zu friedfertig, um ihn zu brechen, und außerdem herrschte eine solche Zwietracht unter den Christen, dass sie lange Zeit ihre Waffen nicht gegen die Muslime richten konnten.

Nichts illustriert das Ansehen Hakams und des Kalifats von Córdoba mehr als die stete Abfolge christlicher Gesandtschaften, die dem Kalifen ihre Ehre erweisen wollten. Abgesandte des Grafen von Barcelona, des Königs Sancho, des Grafen von Salamanca, der Grafen von Asturien und Galicien kamen fast jedes Jahr nach Córdoba. Die einen oder anderen lagen sicherlich lediglich auf der Lauer. Sie erwarten die erstbeste Gelegenheit, um sich gegen Hakam zu wenden, so etwa der Graf von Kastilien, García Fernández; verbündet mit anderen christlichen Herren griff er eine von einem Berberfürsten gehaltene Burg an. Da Hakam krank war, erschien die Gelegenheit günstig. Der Kalif hatte indessen genügend Kraft zu reagieren. Er schickte seinen General Ghalib, der gerade in Marokko dabei war, die Idrisiden von Fes zu bekämpfen; er eilte in großer Hast herbei und brachte García Fernández am Duero eine vollständige Niederlage bei, während der Statthalter von Zaragoza die Basken verjagte und Teruel zerstörte. Al Hakam musste sonst nicht mehr gegen die Christen intervenieren.

972 kommt ein Abgesandter des byzantinischen Kaisers Johannes Tzimiskes nach Córdoba, dann zwei Jahre später eine große Gesandtschaft Ottos II., des neuen Herrschers aus sächsischem Hause, der wie sein Vater Otto I. Träger des Kaisertitels war und als neuer Carolus Magnus auftrat. Mächtige Herrscher aus entfernten Ländern, aus Asien und Afrika, erfahren, was sie die Freundschaft des Kalifen von Córdoba kostet.

Am 1. Juli 969 zog der fatimidische General Djawar in Fustat ein, der Hauptstadt Ägyptens, nach leichtem Sieg über die Ikshididen, die dort seit 949 nach der Beseitigung der abbasidischen Herrschaft regierten. Der schiitische Kalif al Muizz ließ sogleich eine neue Hauptstadt errichten, *al Kahira* (Kairo, «die Siegreiche»), und legte ein Jahr später den Grundstein für die al Azharmoschee.

Die Fatimiden lösen sich mehr und mehr von Ifrikiya. Einige Jahre später wird der Bruch besiegelt sein, nicht ohne entsprechende Anstöße seitens al Hakams.

Die Idrisiden Nordmarokkos, moderate Schiiten und Verbündete der Fatimiden, hatten ihre Besitzungen erweitert und regierten nun über Tetuan und Tanger. Damit wurden sie für Hakam zu einer Bedrohung; er entschloss sich, eine Armee unter Führung seines obersten Generals Ghalib über die Meerenge zu schicken mit dem Auftrag, «Gold mit vollen Händen unter diejenigen zu verteilen, welche die Idrisiden unterstützten und diese selbst nach Córdoba zu bringen»; und so geschah es auch. Mit allem aufs Großzügigste versehen, ließ Hakam den Idrisiden Hasan und sein Gefolge auf ein Schiff bringen, das sie einige Wochen später in

Ägypten absetzte. Das Problem der Idrisiden, und damit die Frage der Unterstützung der Fatimiden in Marokko, wurde auf diese Weise ohne jegliches Blutvergießen geregelt.

Ausgleich zwischen den christlichen Fürsten, Entsendung einer Armee nach Marokko gegen die Idrisiden: nichts davon konnte den Frieden in al Andalus bedrohen. In der Regierungszeit al Hakams II. wird nur selten Blut vergossen. Im Jahre 966 allerdings kommen Boten nach Córdoba mit der Nachricht, die Madjus, die Wikinger, seien in Südportugal gesichtet worden. Es war das erste Mal seit einem ganzen Jahrhundert, dass die Normannen in al Andalus erschienen und wie gewöhnlich Städte und Dörfer zerstörten, Männer und Frauen gefangen nahmen, gegen Lösegeld wieder freiließen oder sie als Sklaven auf den Märkten verkauften. Sie hatten sich in der Normandie festgesetzt, hatten 911 mit Karl dem Einfältigen den Vertrag von St.Clair-sur-Epte geschlossen, mit dem ihnen das Territorium Normandie überlassen worden war. Es gab eine erste Schlacht gegen ihre achtundzwanzig Schiffe, die nach heftigem Kampf in der Mündung des Silves in die Flucht geschlagen wurden. Dieses Treffen fiel für die Madjus außerordentlich blutig aus; sie hatten, nach Angaben der Historiker, schwere Verluste zu erleiden. Sie verwüsteten dann Galicien, insbesondere Santiago de Compostela sowie Asturien. In Erwartung weiterer Landungen der Wikinger verstärkte der Kalif in der Zwischenzeit seine Flotte. Er ließ Schiffe gleichen Typs wie die Wikingerschiffe bauen, um ihnen besser entgegentreten zu können. Die ihm zugeleiteten Informationen waren exakt. Um die Mitte des Jahres 974 erschienen erneut Wikingerschiffe an der südlichen Westküste. Hakam entsandte sofort seinen Flottenadmiral, um die Küste auf ein entscheidendes Zusammentreffen mit den Wikingern vorzubereiten. Die Normannen, über den geplanten Empfang ihrer Truppen unterrichtet, unternahmen keinen Landungsversuch. Gab es eine Seeschlacht? Das ist möglich, aber die arabischen Quellen sagen nichts darüber.

Haus der Weisheit

Das Zeitalter al Hakams II., Höhepunkt einer Periode des Friedens und des Wohlstandes in der Geschichte des Kalifats von Córdoba, erlebt an der Spitze dieses westmuslimischen Staates zugleich einen der kultiviertesten Herrscher der arabischen Welt des Mittelalters. «Der gelehrteste der andalusischen Kalifen» war leidenschaftlich interessiert an den Naturwissenschaften, der Literatur und den Schönen Künsten. Seine Vorgänger Abd ar Rahman II. und Abd ar Rahman III. waren weit davon entfernt, unkultivierte Männer zu sein; beide waren nicht nur vom Regierungssystem, der Mode und den Manieren Bagdads beeinflusst, sondern beide wirkten, mehr noch als die abbasidischen Kalifen, als Schutzherren für kulturelle Betätigungen jeglicher Art.

Mamun, der eigentliche Gründer der Abbasidendynastie und zugleich der Stadt Bagdad, schickt einen Gelehrten seines Hofes nach Byzanz mit der Bitte an den Kaiser der Griechen, ihm mathematische Werke, vor allem die des Euklid, zu übergeben. Um 790 suchen Abgesandte Harun al Raschids in Konstantinopel griechische Manuskripte, um sie ins Syrische und ins Arabische zu übersetzen. Mamun, sein Sohn und Nachfolger, zweifellos der Gebildetste der Abbasiden, gründet 825 in Bagdad das *Haus der Weisheit (Bayt al Hikmat)*, eine Art Akademie, die mit wissenschaftlichen Übersetzungen und Untersuchungen betraut ist. Diese Kultur übernehmen die Omayyadenkalifen von al Andalus; sie wird ihnen von Gelehrten aller Disziplinen vermittelt, von Philosophen, Historikern, Mathematikern, Dichtern und vielen anderen, Kaufleuten, Flüchtlingen sowie einfachen Reisenden; sie alle sind begierig, jenes Kalifat des Westens kennen zu lernen, das Gelehrte, Männer der Religion und andere mit offenen Armen empfängt, einmal vorausgesetzt, sie sind rechtgläubige und loyale Muslime; sie alle «strömen in die andalusische Hauptstadt der orientalischen Gelehrten». «Córdoba ist das Zentrum der Wissenschaften.»

In der Regierungszeit Hakams II. erlebte dieser Ansturm auf das Wissen seinen Höhepunkt und wurde vom Kalifen selbst gefördert; er hatte das Glück, in verhältnismäßig fortgeschrittenem Alter an die Macht zu kommen, und profitierte davon, dass sein Vater, der seine hohe Begabung erkannt hatte, umgeben war von Gelehrten aller Wissensrichtungen. Der Vater wachte auch darüber, dass seine Umgebung bei Hofe aus den gelehrtesten Männern bestand, aus den Fähigsten, die in einem jungen Mann die Liebe zu den Wissenschaften, von der Geschichte bis zur Medizin, zum Recht und zu den Koranwissenschaften wecken konnten. Das muslimische Spanien erhielt so die unvergleichliche Chance, fünfzehn Jahre lang von einem Mann mit enzyklopädischem Wissen, einem großzügigen Mäzen, einem wahrhaften Quell der Wissenschaften regiert zu werden, der nur noch mit den Gebildeten der Renaissance verglichen werden kann. «Niemals mehr hat ein so gebildeter Fürst Spanien regiert.»

Diese Neigung zum Studium und zum Wissen – äußerst selten anzutreffen bei den Herrschern seiner Zeit und auch anderer Epochen – führte zur Sammlung einer gewaltigen Bibliothek, die im Alcázar von Córdoba untergebracht war. Sie umfasste, so wird gesagt, 400.000 Bände (eine möglicherweise mehr symbolische als reale Zahl), enthielt alle religiösen und profanen Werke, die man zu dieser Zeit nur finden konnte. Der ihm zur Verfügung stehende ungeheure Reichtum ermöglichte die Beschaffung von Büchern auch aus den entferntesten Winkeln der bekannten Welt; ganze Gesandtschaften wurden ins Ausland geschickt mit dem einzigen Zweck, Bücher zu kaufen, ganz gleich wie hoch der Preis wäre. In Córdoba wurden diese Bücher den entsprechenden Gelehrten übergeben, die sie registrierten, kopierten, inhaltliche Zusammenfassungen erstellten und sie natürlich eingehend studierten. Nach Dozy umfasste allein der Katalog der Bibliothek vierundvierzig Hefte von je zwanzig Seiten, nach Meinung anderer von fünfzig Seiten… Und alle diese Bände hatte al Hakam gelesen und, was noch mehr zählt, die meisten von ihnen mit Anmerkungen versehen. Die in Persisch und Syrisch geschriebenen Bücher kannte er oft viel früher als andere im Orient. In al Andalus konnte fast jeder schreiben und lesen, während dies selbst die hoch gestellten Persönlichkeiten des christlichen Europa selten vermochten, es sei denn, sie gehörten dem Klerus an. Obwohl die Schulen bereits gut und zahlreich waren, gründete der Kalif in der Hauptstadt siebenundzwanzig Schulen für die ärmsten Bevölkerungsschichten.

In Nachahmung des Kalifen stellten die Fürsten und Adligen, die großen Kaufleute ihrerseits bedeutende Bibliotheken zusammen. Allein in Córdoba existierten rund zwanzig Bibliotheken, in denen jedermann lesen oder Bücher einsehen konnte.

Die Leidenschaft des Kalifen von Córdoba fand Anhänger. Der König von Zaragoza, Muktadir, war ein exzellenter Mathematiker und Astronom; der von Badajoz verfasste eine Enzyklopädie von hundert Bänden und vereinigte darin das ganze Wissen seiner Zeit. Auch die Christen schrieben in Nachahmung des Kalifen. Von Hakam ermuntert, schrieb der Bischof von Gerona eine «Geschichte der Franken», und der Bischof von Córdoba widmete Hakam seine Schrift «Über die Einteilung der Zeit und die Wiederauferstehung des Körpers».

AL MANSUR – MACHTHABER UND KRIEGSHERR

Die Stunde des Aufsteigers

Am 1. Oktober 976 starb al Hakam in Córdoba. Er hatte fünfzehn Jahre lang regiert, seine beiden letzten Jahre waren durch eine halbseitige Lähmung getrübt, die ihn sehr beeinträchtigte und weshalb er gezwungen war, die Leitung der Regierungsgeschäfte einem Wesir zu überlassen. Kurz vor seinem Tod bestimmte er seinen einzigen Sohn Hischam, ein Kind von elf Jahren, zu seinem Nachfolger.

Wie immer, wenn ein Kalif als sehr junger Mann auf den Thron kam, gab es Intrigen gegen ihn. Die zwei Protagonisten des ersten Komplotts, ein weiterer sollte folgen, waren die beiden obersten Eunuchen. Der eine, Faik, war Chef der Kleiderkammer, der andere, Djawdhar, war Großfalkonier. Sie waren der Auffassung, gewiss nicht ohne Berechtigung, dass der junge Kalif die Macht nicht wirklich ausüben würde und dass sein erster Minister al Mushafi, der *hadjib*, für ihn regieren werde. Ihre unter dem kranken und geschwächten Hakam gewachsene Macht würde möglicherweise schwinden oder zumindest geringer werden. Ihr Komplott zielte auf die Ermordung des *hadjib*; der Onkel des jungen Kalifen, al Mughira, sollte stattdessen die Regierung übernehmen. Al Mushafi hatte von dem Komplott Wind bekommen und versammelte seine Anhänger. Alle waren sich einig, al Mughira müsse getötet werden. Da dieser aber bislang ein zurückgezogenes Leben geführt und sich niemals in Staatsgeschäfte eingemischt hatte, wollte niemand für die Ermordung dieses unschuldigen Mannes die Verantwortung übernehmen. Ibn Abi Amir al Mansur (in christlichen Chroniken heißt er Almansor) war jedoch bereit, den Anschlag auszuführen, und sorgte für die Tötung des missliebigen Oheims. Dieser al Mansur kam sozusagen aus dem Nichts: Er stammte aus einer arabischen Sippe der Region von Algeciras, hatte Studien in Córdoba absolviert und sich zu einer wichtigen Person des Staates emporgearbeitet, begünstigt von der Umgebung des jungen Kronprinzen Hischam und besonders von dessen Mutter, der Baskin Aurora (Subh), deren Geliebter al Mansur wurde. Am folgenden Tage sollte die Zeremonie des Treueids, die *baya*, gegenüber dem neuen Kalifen stattfinden. Mushafi wurde zum *hadjib* ernannt und Mansur zum Wesir. Um die Beseitigung al Mughiras beim Volk vergessen zu machen, kündigten sie die Aufhebung bestimmter Steuern an, vor allem der äußerst unpopulären Ölsteuer. Sie organisierten auch einen feierlichen Zug des jungen Kalifen durch die Stadt, zur Freude der Einwohner Córdobas, die auf solche Spektakel immer recht begierig waren. Unterstützt von Prinzessin Subh, der Mutter des Sultans, die al Mansur mehr als freundschaftlich verbunden war, griffen sie Faik und Djawdhar an; beide Eunuchen verfügten über genügend militärische Kräfte, um eine Gefahr für die Clique zu bilden. Ein Prozess wegen Untreue neutralisierte Faik. Djawdhar bot seinen Rücktritt an. Mansur und Mushafi waren nun Herren des Platzes. Die Eunuchen galten inzwischen als so verabscheuungswürdig, dass die bestehende Regierung wieder gestärkt wurde.

Bald bot sich eine andere Gelegenheit, der muslimischen Sache Genugtuung zu verschaffen. Unter Ausnutzung der Krankheitsjahre al Hakams II. hatten die christlichen Königreiche ihre Angriffe auf muslimische Dörfer, vor allem in der Gegend von Salamanca, wieder aufgenommen, einige Vorstöße gingen sogar bis in die Nähe von Córdoba. Die Prinzessin-Mutter sorgte sich um den Thron ihres Sohnes, die Muslime waren erschreckt. Al Mushafi war kein Mann des Krieges und zögerte, einen Feldzug vorzuschlagen. Mansur ergriff die Initiative. Die Wesire hatten inzwischen eine Militäraktion beschlossen und Mansur bot sich selbst als Kommandant an, «aber unter der Bedingung, dass mir die Freiheit gewährt wird, meine Truppen selbst zu wählen und dass man mir 100.000 Goldstücke zur Verfügung stellt.» Die Summe erschien recht hoch, und es gab Auseinandersetzungen darüber. Endlich, da sich niemand in der Lage fühlte, eine Armee zu kommandieren, bewilligte man Mansur alles, was er forderte. Er wählte die besten Truppen, gab ihnen einen großzügigen Vorschuss auf ihren Sold und belagerte Anfang 977 die Festung Los Baños in der Provinz Salamanca. Sein Sieg war vollständig; im April 977 zog er in Córdoba ein, gefolgt von einer langen Kolonne Gefangener. Wenn auch nur von relativem Erfolg, erfüllte dieser Feldzug die Bewohner von Córdoba mit großer Freude, weil sie schon seit längerem keine Gelegenheit hatten, einen Sieg über die Christen zu erleben. Mansur nutzte geschickt diese Stimmung aus, und seine Parteigänger münzten seinen Erfolg in einen großen Sieg um. Mit der Verteilung der Restsumme des ihm zugesprochenen Geldes an seine Soldaten sicherte er sich zudem seine Beliebtheit in der Armee. Gegenüber den Offizieren mehrte er noch seine Gesten der Freundschaft und Großzügigkeit, gewährte ihnen stets eine offene Speisetafel und geizte nicht mit Belohnungen und Beförderungen. General Ghalib, der oberste General al Hakams II., der sich in Nordafrika ausgezeichnet hatte und jetzt Militärkommandant der Mittleren Mark (die Region Madrid, Toledo, Talavera) war, wurde zu einem seiner glühendsten Anhänger. So konnte sich Amir (al Mansur) für höhere Ziele ganz und gar auf die Armee verlassen.

Spiel der Intrigen

Jetzt galt es seinen Partner al Mushafi zu beseitigen. Mehr durch günstige Umstände an die Macht gekommen als durch moralische und intellektuelle Qualitäten, war er zudem von zweifelhafter Redlichkeit. Alle seine Söhne hatte er auf wichtige Posten gesetzt, was ihm den Vorwurf des Nepotismus einbrachte. Als mittelmäßiger Staatslenker war er unter der Bevölkerung Córdobas so unbeliebt, wie er in Hof- und Regierungskreisen geschätzt war. Schließlich – und das war besonders gefährlich – verbarg der immer siegreiche General Ghalib nicht mehr seine Verachtung gegenüber einem Mann, der oberster Minister geworden war, ohne einmal das Schwert gezogen zu haben. Mansur unternahm offenkundig nicht das Mindeste, ihn populär zu machen, im Gegenteil. Durch geschickte Manöver erreichte er, dass al Mushafi der Prinzessin-Mutter Subh entfremdet wurde. Dann beschlossen er und Ghalib beim Sturz des *hadjib* gemeinsame Sache zu machen.

Die nun folgenden Intrigen sind zu kompliziert, als dass sie hier in voller Breite dargestellt werden können. Auf Rat Ghalibs stellte sich Mansur an die Spitze der Polizei in der Hauptstadt und verdrängte damit den Sohn al Mushafis, der ohnehin im Ruf der Korruption und der Habgier stand. Mansur begann die aus den Fugen geratene Ordnung in der Hauptstadt wiederherzustellen.

Den Sohn al Mushafis ließ er dermaßen züchtigen, dass er daran starb. Mushafi erkannte, dass er in Gefahr geraten war. Er versuchte, Ghalib für seine Sache zu gewinnen, indem er ihm die Ehe eines seiner Söhne mit Ghalibs Tochter Asma vorschlug. Ghalib zeigte sich einverstanden, aber Mansur ließ Ghalib wissen, dass ihm Mushafi eine Falle stellen wolle: Mit der ehelichen Verbindung versuche der Emporkömmling Mushafi lediglich, in ehrenhafte Kreise aufzusteigen; vielmehr müsse er, Mansur, die Hand Asmas erhalten. Danach begab er sich auf einen Feldzug, eroberte einige christliche Burgen und die Vorstädte von Salamanca. Erneut kehrte er mit Ruhm bedeckt nach Córdoba zurück. Die Hochzeit von Asma und Mansur fand in seinem solchen Prunk statt, «dass sich die Cordobesen nicht erinnern konnten, jemals so prächtige Festzüge gesehen zu haben.» Der Kalif hatte alle Kosten für diese luxuriöse Hochzeitsfeier übernommen.

Mushafi verstand, dass er verloren war. Leere breitete sich um ihn aus. Alle wichtigen Entscheidungen wurden ohne ihn getroffen. Er konnte nur mit Resignation darauf warten, was sein alter Komplize gegen ihn im Schilde führte. Am 26. März 978 wurden er, seine Söhne und Neffen eingesperrt. Ihre Güter wurden bis zum Urteil – wenn es für sie günstig ausfiel – unter Zwangsverwaltung gestellt. Sie wurden ins Staatsgefängnis nach Madinat az Zahra gebracht, und ihr Prozess begann gleich darauf; er zog sich in die Länge. Es erwies sich nicht als schwierig, Mushafi der Veruntreuung anzuklagen, so sehr hatte er sich seiner Machtstellung bedient, um Geld und Güter von seinen Untergebenen zu erpressen; seine Güter wurden konfisziert. Es war eine unendliche moralische und physische Qual für Mushafi, dass Mansur, getrieben von unmotiviertem Hass, den Prozess durch immer neue Anschuldigungen verlängerte. Die ihm einst verpflichteten Männer fielen von ihm ab. In vollständige Armut gestürzt, konnte er nur durch die Barmherzigkeit frommer Muslime überleben. Im Gefängnis schrieb er die schmerzerfüllten Verse: «Niemals verlasse dich auf das Glück, denn es ist wechselhaft! Einst fürchteten mich die

Löwen, und jetzt zittere ich vor dem Anblick des Fuchses. Ach, welch Schande für einen Mann des Herzens, die Milde eines Ruchlosen zu erflehen!» Der ehemalige *hadjib* führte so fünf Jahre lang ein grauenvolles Leben tagtäglicher Torturen und Erniedrigungen. Mit abgrundtiefem Hass schien Mansur Gefallen an den Qualen seines besiegten Konkurrenten zu finden. Allein dessen robuster körperlicher Zustand erklärt, dass der Unglückliche so viele Martern überstand. Schließlich erdrosselte man ihn; nach einer anderen Quelle wurde er vergiftet.

Der Weg zur Alleinherrschaft

Am Tag der Gefangennahme Mushafis wurde Mansur zum *hadjib*, zum obersten Minister, erhoben und hatte damit das höchste Amt im Staate inne. Er teilte seine Macht nur mit dem Kalifen, jenem unglücklichen jungen Mann, der lediglich ein Spielball in seinen Händen war.

Zu dem Zeitpunkt, an dem wir uns gegenwärtig befinden, im Jahre 978, befand sich Mansur auf dem Weg zur Alleinherrschaft, hatte sie aber noch nicht vollständig errungen. Eine Gegenpartei war entstanden, die ihm diesen Weg versperren wollte. Der Parteiführer war der Eunuch Djawdhar, der einige Jahre zuvor versucht hatte, den Onkel des jungen Kalifen auf den Thron zu setzen, damit aber gescheitert war. Mansur war zu dieser Zeit nicht sonderlich populär. Man verspottete seine Liaison mit Subh in Versen wie diesen: «Die Welt reicht an ihr Ende. Alles wird untergehen, denn es geschehen die abscheulichsten Dinge. Der Kalif ist in der Schule und seine Mutter ist dick und fett wegen ihrer beiden Liebhaber.» Das Volk von Córdoba, das ihm nach seinen Siegen zugejubelt hatte, wandte sich von ihm ab. Die Verschwörung Djawdhars zielte darauf, Abd ar Rahman Ubaid Allah, einen anderen Sohn Abd ar Rahmans III., auf den Thron zu bringen; dessen erste Amtshandlung wäre die Beseitigung Mansurs gewesen. Er erwarb sehr schnell Anhänger unter den Gebildeten und den Kadis, die dem *hadjib* Gottlosigkeit vorwarfen, weiterhin unter den Freunden Mushafis, die sein Andenken in Ehren hielten, sowie unter allen anderen, die mit Bangen den Aufstieg Mansurs beobachteten. Der Polizeipräfekt der Hauptstadt, Ziyad ibn Aflah, gehörte selbst zu den Verschwörern. Djawdhar war bereit, den Anschlag auszuführen. Ziyad stellte es so an, dass der größte Teil der Leibwache Mansurs nicht anwesend war. Djawdhar, der Zugang zum Palast hatte, stürzte sich auf Mansur und wollte ihn erdolchen, aber ein Mitglied aus Mansurs Gefolge lenkte die Dolchstöße ab, und die meisten Verschwörer wurden auf der Stelle verhaftet. Den Eunuchen kreuzigte man, und auch der Thronprätendent Abd ar Rahman Ubaid Allah wurde getötet. Den Dichter ar Ramadi, der Satiren gegen Mansur verfasst hatte, ließ man zwar am Leben, aber ihm wurde durch Urteilsspruch lebenslanges Schweigen auferlegt, und alle, die das Wort an ihn richteten, wurden mit schweren Strafen bedroht.

Weder das jämmerliche Ende der Verschwörung Djawdhars noch die Verurteilung der Verschwörer hatten indessen die Popularität al Mansurs wiederherstellen können. Besonders verhasst war er in religiösen Kreisen und bei Leuten mit bewusst islamischer Kultur. Man hielt ihn für uninteressiert an religiösen Fragen und in der Religionsausübung für wenig eifrig. Man beschuldigte ihn auch, sich heimlich mit der *falsafa,* der vornehmlich griechischantiken Philosophie, zu beschäftigen, in der die Vernunft der Religion gleichberechtigt zur Seite gestellt werde. Solche Anschuldigungen stürzten ihn in große Schwierigkeiten. Für einen schlechten Muslim zu gelten, konnte seinen Ruf zerstören und seine Macht gefährden. Er musste rasch den Beweis antreten, dass solche Beschuldigungen nichts als üble Verleumdungen darstellten.

Eine Verfolgung der Christen anzuzetteln, kam nicht in Frage, denn ohne schwer wiegenden Anlass hätte man eine solche Maßnahme nicht verstanden, und die religiösen Auswirkungen wären nur begrenzt gewesen. Er entschloss sich deshalb, mit einer öffentlichen Demonstration den *falsafa*-Vorwurf zu entkräften.

Offenkundig unter dem Einfluss von Zubaidi, dem Lehrer des Kalifen, befahl er, alle Bücher antik-wissenschaftlichen Inhalts aus den Beständen der großen Bibliothek von Córdoba zu verbrennen. Zu diesem Zwecke rief er die berühmtesten Ulemas zusammen und gebot ihnen, die von der Religion verbotenen antiken Werke über Philosophie, Astronomie und andere Wissenschaften aus der Bibliothek Hakams II. herauszusuchen. Als sie ihren Auftrag beendet hatten, ließ er einen Teil der Schriften in Brunnen werfen, einen anderen Teil in der Erde vergraben und den Rest schließlich auf Scheiterhaufen verbrennen – die er eigenhändig anzündete. Das war ein unverzeihlicher Akt des Wandalismus. Unter den vernichteten Büchern befanden sich solche, die Hakam II. unter großen Mühen und Kosten beschafft hatte, häufig wahre Raritäten. «Wer vermag zu beurteilen», fragt Levy-Provençal, «wie sehr dieser beklagenswerte, opportunistische Akt Mansurs den Elan des westlichen Arabien gebremst hat, die vom islamischen Osten übergebene Fackel wieder zum Leuchten zu bringen?»

Wie zu erwarten, verursachte dieser widerwärtige Akt eine ausgezeichnete Wirkung bei den Ulemas und dem Volk, umso mehr, als Mansur von diesem Zeitpunkt an eine prahlerische Frömmigkeit zur Schau stellte. Er erklärte sich zur Stütze der Religion und zum eingeschworenen Feind der Philosophie. Er benötigte die islamische Geistlichkeit, um seine noch unklaren, aber weit reichenden Pläne bei der nächsten sich bietenden Gelegenheit zu verwirklichen. Überall ließ er verbreiten, er sei damit beschäftigt, den Koran eigenhändig zu kopieren; immer wenn er sich auf Reisen begab, führte er diese Kopie mit sich. Er umgab sich mit Ulemas, denen er das Gefühl vermittelte, sie bei allen wichtigen Fragen zu konsultieren und sie ernsthaft zu respektieren. Er überhäufte sie mit Gunstbeweisen und ließ sie den Eindruck gewinnen, als seien sie es, die die Geschicke des Reiches lenkten. Mit einer ausgesprochenen Wendigkeit ausgestattet – sein schneller Aufstieg legt davon Zeugnis ab –, war er Meister in der Kunst der Intrige, der Kunst, Leute gegeneinander auszuspielen, und der Kunst des Ausspionierens. Er wusste über alles Bescheid, war über alles, was sich im Palast und in der Armee zutrug, auf dem Laufenden. Er sah sich im Zentrum eines gewaltigen Spinnennetzes, in das er alle abstürzen ließ, die er fürchtete oder die er verdächtigte, gegen ihn zu arbeiten.

Er war Herr über alles und jeden – außer einer einzigen Person, den Kalifen selbst. Aus dem jungen Mann, der als intelligent und den Studien zugeneigt galt, hatte Mansur einen weichlichen, nur mit religiösen Dingen befassten Frömmler gemacht. In seinem Harem eingeschlossen, führte Hischam II. ein isoliertes, willenloses, passives Leben; seine Tage gingen hin mit religiösen Exerzitien und den Freuden des Harems, die er in so frühem Alter kennen gelernt hatte, dass er seine sexuellen Fähigkeiten, so wurde ihm nachgesagt, vorzeitig verbraucht hatte. Trotz alledem aber bestand die Gefahr, dass irgendwann einmal die Augen des jungen Fürsten geöffnet würden und er den Willen verspürte, die Staatsgeschäfte in seine eigene Hand zu nehmen. Dieser Gedanke verfolgte den *hadjib* Tag und Nacht. Lange dachte er über dieses nunmehr akute Problem nach, zumal Hischam inzwischen in die Lage gekommen war, seine Autorität demonstrieren zu können. Schließlich kam er zu dem Schluss, den Regierungssitz vom Kalifenpalast zu trennen. So ließ er östlich der Hauptstadt am Guadalquivir einen eigenen Palast für sich selbst sowie andere Paläste für die hohen Würdenträger bauen. Damit wäre der Kalif von allen Mitgliedern des Regierungsapparates getrennt. Alle Gefahren der Intrigen, der Komplotte waren damit beseitigt. Zwei Jahre später war alles vollendet; die neue Stadt erhielt den Namen az Zahira, «die glänzende Stadt», eine Anspielung auf das nahe gelegene Madinat az Zahra. Die hohen Amtsträger nahmen ihren Aufenthalt in der neuen Palaststadt, Händler ließen sich dort nieder. Die Residenz erlebte einen raschen Aufschwung. Der Kalif verblieb in seinem von Mauern und Gräben umschlossenen Palast; es war ihm verboten, sich den Umfassungsmauern nur zu nähern. In vollkommener Unkenntnis der Regierungsangelegenheiten, vollständig isoliert, in seinem Harem abgestumpft, wurde sein Name bald nicht mehr genannt. Mansur allerdings hat niemals versucht, den Kalifen zu verjagen. Er hatte mit einer Urkunde das Gesetz der Muslime anerkennen müssen, nach dem allein ein nach dem Recht inthronisiertes Mitglied des Stammes der Kuraich das Kalifat erwerben könne. In seinem Testament rät er seinem Sohn, sich ebenso zu verhalten.

Die Armee – Instrument der Macht

Eine der ersten Maßnahmen Mansurs, nachdem er sich freie Hand verschafft hatte, war die Reorganisation der Armee, die durch den Tod Abd ar Rahmans III. ins Stocken geraten war. Diese Reform bestand im Wesentlichen darin, in die großen Einheiten die aus den *djund* bestehenden Truppen einzugliedern, um damit eine homogene, allein dem Herrscher – das heißt Mansur – ergebene Armee zu formieren. Auf der anderen Seite der Meerenge, im andalusisch beherrschten Ceuta, hatten sich Berber festgesetzt, die sich dorthin während der Kämpfe zwischen dem Vizekönig von Ifrikiya und den nordafrikanischen Vasallenfürsten des Kalifats geflüchtet hatten. Sie fristeten dort ein schwieriges Leben, ohne Beschäftigung und ausreichende Versorgung. Mansur ergriff die Gelegenheit, unter ihnen gute Soldaten zu rekrutieren, und bot ihnen einen verlockenden Sold an. Viele akzeptierten, zumal der Ruf des freigebigen Amir bereits zu ihnen gedrungen war. Sie wurden die bevorzugten Soldaten des *hadjib*, der mit ihnen nicht nur seine Armee verstärkte, sondern auch dadurch den Einfluss der Saqaliba ausbalancieren konnte, jener meist slavischen Sklaven, auf denen zum Teil die Macht Mansurs beruhte. Sie bildeten mittlerweile eine Art Kaste und konnten gefährlich werden. Die arabische Aristokratie berief sich ihrerseits auf ihre Herkunft und legte eine Überheblichkeit an den Tag, welche der Macht Amir Mansurs ebenfalls gefährlich werden konnte. Nach Córdoba kamen auch andere maghrebinische Stämme, Tunesier und Marokkaner. Amir rekrutierte auch Soldaten unter den Christen, den Leuten aus Kastilien, Navarra, León und anderen, meist Angehörige ärmerer Schichten, Bauern ohne Land, Söhne kinderreicher Familien etc. Von den attraktiven Soldzahlungen angelockt, strömten sie in Massen nach Córdoba, wo man sie nach einer militärischen Ausbildung in die jeweiligen Einheiten eingliederte. Sie bildeten rasch eine Art Fremdenlegion und waren dem Kalifen treu ergeben, der sie mit besonderem Wohlwollen behandelte – ganz wie etwa die Abbasiden ihre türkischen Söldner oder die osmanischen Sultane ihre Janitscharentruppe… Solche Einheiten konnten sich indessen zu gefährlichen Elementen entwickeln. Die grundlegende Änderung des Rekrutierungssystems wurde von der muslimischen Bevölkerung ohne weitere Reaktionen angenommen. Es war lange her, dass diese im Zuge der Eroberung eingewanderten Menschen sich mit ihrem jeweiligen Stamm identifizierten. Der größte Teil hatte selbst den Stammesnamen vergessen und die Stammeszugehörigkeit längst aus dem Auge verloren – so weit war im Laufe der Jahre die Assimilation fortgeschritten, zumindest äußerlich.

In einer ersten Phase war es wenig zweifelhaft, dass die Armee des Kalifats nach der Verschmelzung der verschiedenen *djunds* und nach der Ankunft der Berbersoldaten eine bedeutende Verstärkung erfahren hatte – und damit auch die Macht Mansurs. Dennoch ergaben sich Fragen, die sicherlich al Mansur damals nicht in den Sinn kamen.

Konnte der kräftige Zuzug der Berber, die keinerlei Verbindung zu Spanien hatten, den latenten Gegensatz zwischen Arabern und Berbern erneut zum Ausbruch bringen, sobald sie sich mit den bereits in Spanien ansässigen Berbern verbanden? Riskierte die Schwächung der militärischen *djund*-Einheiten und der arabischen Aristokratie nicht, dass die Provinzen von al Andalus einer lokalen Verteidigung beraubt würden? Sprachen nicht alle Anzeichen dafür – vor allem die Präsenz christlicher Armeen an den Grenzen –, dass eine solche Verteidigung einmal nötig werden würde? Musste die Stärkung der Macht des jetzt diktatorisch regierenden Mansur nicht gefährliche Erschütterungen in einem Land mit einer heterogenen, antagonistischen und dazu noch bedrohten Bevölkerung hervorrufen? Solche Fragen berührten al Mansur offenkundig nicht; er war zufrieden, eine ihm ergebene Armee zur Verfügung zu haben, die es ihm ermöglichte, lang gehegte militärische Pläne zu realisieren und seine persönliche Macht zu sichern.

Solche Konsequenzen hätten nur sehr hellsichtige Geister auf längere Sicht voraussehen können. Andere Folgen zeigten sich schneller. Eine bestand in den hohen Kosten, die diese aus Fremden bestehende Armee verursachte. Um all diese Leute zu bezahlen, musste die Amiridenregierung unverzüglich alle Bewohner von al Andalus – auch die arabische Aristokratie – mit schweren Steuern belasten; das verursachte natürlicherweise allgemeine Unzufriedenheit. Die neue Armee war allzu offensichtlich zugleich ein Instrument für Unterdrückungsmaßnahmen im Inneren, was sie unpopulär werden ließ. Man beschuldigte die ausländischen Soldaten, und damit die Regierung, das Land auszusaugen, und gab ihnen die Schuld an einem allgemeinen Niedergang des Lebensstandards in al Andalus.

Die Moschee von Córdoba

Mansur – immer noch getrieben von einer nach außen gerichteten Frömmigkeit – entschloss sich, die große Moschee von Córdoba, Symbol des Triumphes des Islam über den christlichen Westen, zu vollenden.

Um dem Leser einen Gesamtüberblick über diesen so komplexen wie schönen Bau zu ermöglichen, haben wir die einzelnen Bauphasen unter den früheren Emiren und Kalifen bis jetzt mit Schweigen übergangen. Begonnen im Jahre 787, zwanzig Jahre nach der Eroberung der Stadt durch die Omayyaden, sollten die Arbeiten an ihr nur zweihundert Jahre später beendet sein, einige

Jahrzehnte vor dem Fall der Dynastie und zu Beginn des Zerfalls des hispano-arabischen Islam.

Seit den ersten Jahren der Eroberung Spaniens und nach der Verlegung der Hauptstadt von Sevilla nach Córdoba verfolgen die Muslime eine vom Kalifen Omar, dem zweiten Nachfolger Mohammeds, vorgegebene Methode zur Behandlung christlicher Kirchen. Anstatt sie zu zerstören, verhandelten sie mit den Christen über die Teilung des Gebäudes. So verfuhr man im Falle der Johanneskirche in Damaskus, die so auch zum Bethaus der Omayyaden wurde. Muslime und Christen verständigten sich in gleicher Weise darauf, die St. Vinzenz-Kirche am rechten Ufer des Guadalquivir gegenüber der alten Römerbrücke zu teilen und ihre Gottesdienste in den ihnen jeweils zugewiesenen Hälften der Kirche abzuhalten. 755 jedoch kommt der junge Omayyadenfürst Abd ar Rahman I. aus Damaskus nach Córdoba und mit ihm zahlreiche Muslime. Zunehmend treten Christen zum Islam über. Die Moschee wurde zu klein trotz des Einsatzes von Geldmitteln für Emporen und dazugehörige Stützpfeiler aus Holz. Abd ar Rahman beschloss, eine neue und große Moschee zu erbauen. Er schlug den Christen den Kauf ihres Teils der Kirche vor. Die Verhandlungen darüber zogen sich lange hin, die Christen beharrten auf der Einhaltung der ursprünglichen Bedingungen. Schließlich gaben sie unter dem Eindruck einer großen Summe Geldes nach, stellten aber die Bedingung, eine neue Kirche bauen zu dürfen. Die Arbeiten an der Moschee begannen sofort, dauerten aber nur ein Jahr. Dabei konnte die Moschee weder groß noch prächtig werden, trotz der Absicht des Emirs, ein mit der Moschee in Damaskus vergleichbares Bauwerk zu schaffen. Die Baukosten konnten aus dem Verkauf der beim Feldzug gegen Narbonne gemachten Beute bestritten werden, ein Teil des Materials stammte aus den zerstörten Gebäuden von Toledo. Hischam I., Sohn und Nachfolger Abd ar Rahmans, erweiterte das Bauwerk mit einem Anbau für die Frauen, mit einem Bassin für rituelle Waschungen sowie durch ein Minarett. Der Ausbau der ersten Moschee geht

Die Große Moschee von Córdoba (11. Jh.)

Hand in Hand mit dem Anwachsen der Bevölkerung. Bauliche Erweiterungen werden durch die Anwendung des Hypostylonprinzips erleichtert: Eine von Säulen getragene Decke erlaubt es, modulartig die Größe und die Form des Bauwerkes je nach dem Platzbedarf zu erweitern, wie in Kufa, Basra, Bagdad, Kairo, erlaubt aber auch die Verkleinerung, wie in der al Aqsa-Moschee in Jerusalem, eine der wenigen Moscheen, die nach diesem Prinzip verkleinert wurden. Zwar ist die Hypostylon-Moschee durchaus praktisch, weil sie den jeweiligen Bedürfnissen angepasst werden kann, aus ästhetischen Blickwinkel erscheint sie jedoch weniger glücklich, denn sie verliert an Monumentalität, so wie es das Gebot der Strenge in den ersten Jahrhunderten des Islam verlangte. Die Architekten, welche die Moschee von Córdoba erweiterten und verschönerten, werden weniger Skrupel hinsichtlich der Einfachheit an den Tag legen.

Die erste Moschee bestand aus zwölf Säulenreihen mit elf Jochen; das zentrale Joch führte zum *mihrāb*, der nach Mekka weisenden Gebetsnische. Der Bau öffnete sich, und öffnet sich noch, zu einem mächtigen Hof. Die meisten Säulen stammen aus römischen oder westgotischen Bauwerken, ebenso die ganz unterschiedlich gestalteten korinthischen Kapitelle. Kurze Säulen mussten vergrößert werden. Die Säulen tragen zweigeschossig angeordnete Bogenstellungen, die unteren Arkaden in Hufeisenform, die oberen in Rundbogen – ein in der muslimischen Kunst einzigartiges Beispiel einer architektonischen Formenverbindung. Große Hufeisenbögen trennen die elf Joche, die im rechten Winkel auf die *qibla* (die *mihrāb*-Wand) ausgerichtet sind. Wäre der Bau hier zu einem Abschluss gekommen, hätte man es angesichts der zweistöckigen Bogenstellung mit einer der ursprünglichsten Bauprinzipien der islamischen Kunst zu tun. Lassen sich hier Einflüsse des römischen Aquäduktbaus erkennen oder der großen Moschee von Damaskus, oder leitet sich dieser Baustil «von den inneren Bedürfnissen der Moschee» ab, wie O. Grabar meint? Wo immer der Ursprung auch zu suchen ist, der von der

Anordnung der Säulen und der doppelstöckigen Bögen ausgehende Eindruck ist faszinierend.

Die Bevölkerung Córdobas nahm von Jahr zu Jahr zu und damit auch die Anzahl der Gläubigen. Abd ar Rahman I. hatte aus dem noch wankenden Emirat einen Staat gemacht, der trotz mancher Schwächen doch fähig war, siegreich und erhobenen Hauptes seinen Feinden entgegenzutreten. Er selbst und seine Nachfolger erweiterten die ursprüngliche Moschee nach den religiösen Bedürfnissen einer großen Stadt und auch nach ihren verbesserten finanziellen Möglichkeiten. Abd ar Rahman nutzte als Erster die Möglichkeiten des Moscheenbaus nach dem Hypostylonprinzip. Nach Süden ließ er Joche mit zehn Säulenreihen bauen; die *qibla* wurde mehr als zehn Meter zurückgesetzt. Diese neue Erweiterung beachtete genau die architektonischen Vorgaben und fügte sich bruchlos in den bestehenden Baukörper – ein Hinweis auf die unvergleichliche Technik und den unvergleichlichen Geschmack der Architekten dieser Periode.

Abd ar Rahman III. Nasir, der berühmte Kalif, beschränkte sich darauf, der jetzt schon ungeheuer großen Moschee noch ein Minarett an der Nordseite des großen Hofes beizufügen. Mit einer Höhe von mehr als fünfunddreißig Metern, auf einer quadratischen Basis von etwa zehn Metern Seitenlänge, diente dieses Minarett als Vorbild für eine Reihe anderer großartiger Bauwerke, unter anderem für die Minarette von Sevilla und Rabat. Der Historiker Morales hat das Minarett 1593, einige Jahre vor seiner Zerstörung, beschrieben: «Dieser Turm ist sehr breit und sehr hoch, mehr im römischen Stil gehalten als im maurischen, wie man an seiner allgemeinen Form und an seinen vierzehn Fenstern erkennen kann. Die Fenster sind von Säulen aus weißem und rotem Jaspis flankiert, alles folgt dem Stil, der Symmetrie der Römer. In der Höhe, über allen Fenstern, thront eine Bekrönung aus kleinen, von Säulchen aus demselben Jaspis getragenen Bögen, was einen vortrefflichen Anblick bietet. Die Säulen, die der Fenster wie die der Bekrönung, zählen ihrer hundert. Der Turm misst sechzig Fuß an jeder Seite, aber der Abstand verkleinert sich leicht zur Spitze hin.»

So trug jeder Herrscher seinen Teil zu einem Baudenkmal bei, das am Ende, trotz der Zerstörungen durch Christen und Erdbeben, einen geradezu gigantischen Anblick bieten wird; es ist eines der gewaltigsten und schöpferischsten Bauwerke der gesamten islamischen Welt. Hakam II., der fromme Kalif, erkennt einige Jahrzehnte nach der Erweiterung durch Abd ar Rahman, dass die Moschee schon nicht mehr groß genug ist, alle Gläubigen aufzunehmen, die sich dort jeden Freitag hereindrängen, und lässt weitere zwölf Joche hinzufügen. Das Mittelschiff erhält an jedem Ende eine Kuppel, die in der Nähe des Mihrāb wird von zwei identischen Kuppeln flankiert. Die aus ganz Spanien und Nordafrika stammenden wieder verwendeten Säulen wurden allmählich rar, und so stellte man neue her, deren Kapitelle sich von ihren antiken Vorbildern unterschieden; das nahm ihnen allerdings nichts von ihrer Eleganz. Die Joche, jedes mit einer zweiseitig abfallenden Ziegelsteinabdachung versehen, wurden fast fünfzig Meter nach Süden hin verlängert, und man errichtete einen neuen, von drei Kuppeln überwölbten, prächtigen Mihrāb. Dieser Teil der Moschee ist mit behauenem Marmor und Mosaiken ausgeschmückt, für deren Verfertigung der Kalif eigens Künstler aus Konstantinopel hatte kommen lassen. Der Mihrāb selbst ist ein Achteck, die Fassade ein mit kufischen Schriftzeichen umschriebenes Rechteck. Die Oberflächen sind mit Mosaiken auf Goldgrund bedeckt. Die Stukkaturen entfalten sich in Form von Blumen, stilisierten Weinblättern, Akanthus, Palmwedeln – ein Dekor, das dem Schmuck des Moscheeportals ähnelt.

Nachdem nun die Moschee aufs Prächtigste vergrößert worden war, reichten jetzt die Becken für die rituellen Waschungen nicht mehr für die vielen Gläubigen aus. Hakam ließ neue Wasserspeicher anlegen sowie neue Brunnenbecken für die steinernen Schalen. Bei Morales ist ein Bericht über den Transport der beiden enormen Bassins überliefert, die man noch am Steinbruch bearbeitet hatte: «Sie wurden auf einer hölzernen Plattform aufgestellt und mit einer durch Eisengestelle verstärkten runden Stützform ummantelt, dann auf einen Karren geladen, der von vierzig starken Ochsen über einen eigens für diesen Transport angelegten Weg gezogen wurde. Nach sechzig Tagen erreichte der Zug die Moschee, und die Wannen wurden in die vorbereiteten Gruben versenkt.» Der fromme Kalif befahl auch den Bau einer vierzig auf elf Meter großen Maksura aus Holz, deren Innen- und Außenwände mit Schnitzereien versehen waren, sowie einen neuen Minbar mit Intarsien aus rotem und gelbem Sandelholz, aus Ebenholz, Elfenbein und Aloe. Für seine Fertigstellung benötigte man fünf Jahre.

Bereits nach etwa zwanzig Jahren schien die Moschee schon wieder zu klein zu sein. Mansur hatte, wie wir uns erinnern, Berber in großer Zahl ins Land gerufen, von denen sich ein Teil in den östlichen Vorstädten Córdobas niedergelassen hatte. Eine neue Erweiterung wurde notwendig. Außerdem wollte Mansur das Bild eines vorbildlichen Gläubigen abgeben. Man sagt, er habe sich sogar eigenhändig am Mauerbau für die Moschee beteiligt. Auch ließ er christliche Gefangene zu den Bauarbeiten heranziehen; nach seinen Worten betrachtete er dies als ein frommes Werk. Nach Süden konnte der Bau nicht mehr ausgedehnt werden, weil dort der Guadalquivir floss, aus verschiedenen Gründen jedoch auch nicht nach Westen oder Norden. Es blieb also nur noch der von Wohnhäusern besetzte Osten. Man enteignete die Bewohner, und Mansur ließ weitere sieben Joche errichten, im selben Stil wie die bereits bestehenden und maßvoll dekoriert. Nach der Erweiterung führte das Mitteljoch jedoch nicht mehr direkt auf den Mihrab, und dies beeinträchtigte die Ästhetik dieses Hauptwerkes der arabischen Kunst. Es kreuzen sich hier die verschiedensten architektonischen und dekorativen, von den Omayyaden in Damaskus und den Abbasiden in Bagdad bis zu den Römern und den byzantinischen Christen.

Die Moschee von Córdoba, die *Mezquita,* wie man sie in Spanien nennt, erfuhr keinerlei Erweiterungen mehr. Vielmehr wurde sie tief greifend verändert, als im Jahre 1523 die Kanoniker von Córdoba beschlossen, im Zentrum des Bauwerks einen *coro* und eine *capilla major* im Stil der Renaissance zu errichten, die hoch über die Moschee hinausragten – mit einem ästhetischen Resultat, das man sich leicht ausmalen kann. Karl V., der dazu die Genehmigung erteilt hatte, ohne die Folgen abzusehen, soll angesichts des Desasters geäußert haben: «Hätte ich gewusst, was ihr plantet, dann hättet ihr das nicht tun dürfen, denn was ihr da gebaut habt, das findet man überall, aber was ihr vorher hattet, das existiert nirgendwo auf der Welt.»

Erbitterte Kriege

Die groß angelegten Arbeiten an der Moschee von Córdoba und die Umorganisation der Armee befreiten Amir Mansur nur vorübergehend von seiner quälenden Sorge: bis zur vollständigen Vernichtung seine inneren Feinde zu bekämpfen, um dann mit aller Entschiedenheit gegen die Christen vorzugehen. Als hervorragender Feldherr, von leidenschaftlichem Ehrgeiz beseelt, hatte er alle Widerstände beiseite geräumt, die ihn von der absoluten Macht fern halten wollten, alle, außer einem – seinen Schwiegervater Ghalib, diesen alten, unbeirrten Parteigänger der Omayyaden, der vor niemandem verbarg, wie sehr er das ungerechte Schicksal beklagte, das Amir dem Kalifen zugedacht hatte. Einer dieser beiden Männer musste weichen. Ein Zwischenfall, der das Drama hätte wenden können, bewirkte, dass sich beide in offener Feindschaft gegenüberstanden. In seinem Zorn soll ihm Ghalib entgegengeschleudert haben: «Elender Hund! Du maßt dir die höchste Autorität an und bereitest damit den Fall der Dynastie vor!» Und er soll sich mit gezücktem Schwert auf ihn gestürzt haben. Ghalib – so heißt es – machte einen «Fehltritt» und stürzte von der Schlossmauer herunter, blieb aber am Buschwerk hängen und überlebte. Damit war der Bruch zwischen ihnen vollzogen, und beide rüsteten zum Kampf. Ghalib hatte die Unterstützung von Ramiro III., König von León. Die Truppen Amir Mansurs waren zahlreich und kriegstüchtig, zeigten aber nach einigen Stunden des Kampfes deutliche Ermüdung. Das Schicksal der Omayyaden entschied sich, als Ghalib mitten in der Schlacht so unglücklich auf seinen Sattelknopf aufschlug, dass er zu Boden stürzte; als seine Soldaten ihren Feldherrn nicht mehr sehen konnten, flohen sie nach allen Seiten davon. Der letzte Vorkämpfer des legitimen Herrschers war umgekommen. Seine abgeschlagene Hand wurde Amir präsentiert.

Der Krieg war gleichwohl noch längst nicht zu Ende. Eigentlich begann er erst jetzt. Der *hadjib* war zu klarsichtig, um nicht zu erkennen, dass der König von León mit seiner intakten Armee die eigentliche Gefahr darstellte, und ohne zu zögern nutzte er seinen Vorteil. Er drang ins Königreich León ein, eroberte Zamora und plünderte das Land. Viertausend Christen wurden getötet und ebenso viele gefangen genommen, tausend Dörfer und Städte wurden zerstört – gewiss übertriebene Zahlen. Jedenfalls wuchs die Gefahr für die christlichen Könige. Angesichts der akuten Bedrohung schlossen Ramiro, der Graf von Kastilien, García Fernández, und der König von Navarra ein Bündnis. Bei Simancas in der Umgebung von Valladolid kam es zur Schlacht, und die Christen verloren. Amir verfolgte sie bis vor die Tore von León, aber die schlechte Jahreszeit hinderte ihn, seinen Vorteil auszunutzen. Auf jeden Fall hatte er einen großen Sieg davongetragen und nannte sich jetzt *al Mansur billah (der Siegreiche mit Gottes Hilfe)*, und forderte alle Ehren, die man üblicherweise einem Herrscher erwies, vor allem den Handkuss.

So mächtig Mansur jetzt geworden war, es blieb ihm doch noch ein Rivale, zumindest was seinen Einfluss betraf: General Djafar. Dieser hatte sich niemals gegen ihn erklärt, aber er entstammte einer großen jemenitischen Familie und war beliebt beim Volk. Mansur hatte keinen Anlass, ihn irgendeines Komplotts zu bezichtigen, aber er betrachtete ihn mit Argwohn. Es genügte, dass er mit seiner vornehmen Geburt und seinem guten Ruf einen Schatten auf Mansur den Emporkömmling warf. Eines Abends lud er Djafar zu einem Fest, bei dem man kräftig dem Alkohol zusprach. Als sich Djafar, reichlich betrunken, nach Hause begab, stürzten sich zwei Leibwächter Mansurs auf ihn und erschlugen ihn. Seinen Kopf übergab man Mansur, der tiefe Bestürzung heuchelte.

Nachdem seine Gegner, zumindest diejenigen, die er dafür hielt, beseitigt waren, und nachdem Unruhen in Galicien den Vetter Ramiros III., Vermudo II., auf den Thron gebracht hatten, nutzte Mansur die Gunst der Stunde. In kurzer Zeit wurde León von den Muslimen besetzt, und Vermudo wurde Vasall des Kalifen von al Andalus. Gut unterrichtet über die politischen Ereignisse im Ausland, entschied der Alleinherrscher von Córdoba, der Augenblick sei gekommen, das noch im Lehensbesitz des westfränkischen Königs stehende Barcelona zurückzugewinnen. Westfranken/Frankreich war am Ende der Karolingerherrschaft (Hugo Capet sollte 987 zum König gewählt und gekrönt werden) durch innere Unruhen geschwächt, und Mansur wusste, dass die Katalanen von dieser Seite nichts zu erwarten hatten. Im Mai 985 verließ er Córdoba in Richtung Norden mit großem Gefolge, unter anderem mit vierzig Hofdichtern, die seine Siege besingen sollten. Nach einem glanzvollen Aufenthalt in Murcia bei einem reichen Grundherren rückte er weiter nach Katalonien vor, besiegte den Grafen von Barcelona, Borell II., und eine Woche später, am 6. Juli 985, zog er in der Stadt ein, die von den Muslimen geplündert und eingeäschert wurde. Tausende von Männern und Frauen wurden niedergemetzelt. Mansur selbst hielt sich nur kurz in Barcelona auf, und auch die dort zurückgelassene Garnison verließ die Stadt bereits einige Monate später. Die Gründe für diesen katalanischen Feldzug sind nicht recht klar, vielleicht wollte er mit dieser Machtdemonstration mögliche innere Feinde beeindrucken, vielleicht aber auch seine Nachbarn im Norden und im Süden.

Die Jahre bis zum Tod des Alleinherrschers werden angefüllt sein mit militärischen Unternehmungen, fast alle gegen die Christen – insgesamt mindestens zweiundfünfzig – sowie gegen Verschwörer und Rebellen.

Kaum hatte er den Feldzug gegen Katalonien abgeschlossen, wandte er sich gegen Ibn Ghanum, einen von Mushafi ins tunesische Exil getriebenen Idrisidenprinzen, der sein Königreich zurückerobern wollte. Mansur schickte Truppen unter Führung seines Vetters Askalaya aus und ließ Ghanum gefangen nehmen. Er verlor seinen Kopf. Das gleiche Schicksal ereilte Askalaya, der dieses Todesurteil kritisiert hatte. Um die bis in seine eigene Familie hineinreichende Kritik an diesen Morden zu besänftigen, begann Mansur mit der Vergrößerung der Moschee von Córdoba. Dann zog er erneut gegen León. Die muslimischen Truppenkontingente, die im Königreich nach dem letzten Feldzug zurückgeblieben waren, hatten sich so übel aufgeführt, dass sie Vermudo, am Ende seiner Geduld, aus dem Lande gejagt hatte. Mansur nahm im Juni 987 zunächst Coimbra, das er bis auf die Grundmauern zerstörte, dann drang er nach León vor, tötete und zerstörte alles, was ihm auf seinem Weg begegnete. Die Hauptstadt aber, geschützt von ihren mächtigen Türmen und Mauern, leistete lange Zeit Widerstand. Schließlich gelang es den Muslimen, durch das Südtor in die Stadt einzudringen, gegen das die Truppen Mansurs ihre Angriffe konzentriert hatten. Ein allgemeines Massaker begann, es folgte die vollständige Zerstörung der Stadt und die Schleifung ihrer Wehrtürme.

So gingen die Jahre der absoluten Herrschaft Mansurs dahin, Militärcampagnen und die Verfolgung von Verschwörern wechselten sich ab. Es waren Anhänger der Omayyaden, die dem Kalifen wieder zur Macht verhelfen wollten, oder einfach solche, die nach Mansurs Platz trachteten. Eine der gefährlichsten Verschwörungen ging auf den zweiundzwanzigjährigen Sohn Mansurs, Abdallah, zurück. Die beiden Männer mochten einander nicht, der Vater, weil er Anlass hatte zu glauben, Abdallah sei nicht sein Sohn, und dieser, weil Mansur seinem jüngeren Bruder den deutlichen Vorzug gab. Als nun der Vizekönig von Zaragoza, Abd ar

Rahman Mutarrif, der seinen Sturz befürchtete, dem Prinzen vorschlug, gemeinsam den Alleinherrscher zu beseitigen, schlug Abdallah ein. Sollte der Komplott gelingen, würde Abd ar Rahman Mutarrif über den nördlichen Bereich der Halbinsel herrschen, Abdallah über den südlichen. Würdenträger und hohe Amtsträger schlossen sich ihnen an, namentlich der Statthalter von Toledo, Abdallah «Trockenfels». Die Verschwörung nahm ungeahnte Dimensionen an, sie ließ sich vor Mansur nicht lange verheimlichen. Unter fadenscheinigem Vorwand rief er seinen Sohn zu sich, dann setzte er Abdallah Trockenfels als Statthalter von Toledo ab. Der junge Prinz floh zum Grafen von Kastilien, García Fernández. Dieser aber wurde von Mansur in einer Schlacht geschlagen und musste Abdallah ausliefern. Noch vor der Ankunft in Córdoba wurde Abdallah enthauptet. Sein Kopf wurde dem Kalifen überbracht, der ihn mit Abscheu entgegennahm; der Schrecken war allgemein, denn dieses Präsent war eine deutliche Warnung an alle – an Hisham II. an erster Stelle –, die beabsichtigten, sich dem *Siegreichen mit Gottes Hilfe* in den Weg zu stellen. Die Bevölkerung äußerte ihr Entsetzen über dieses Verbrechen, aber Mansur war mächtig genug, die öffentliche Meinung zu ignorieren. Vor allem wollte er sich an den «Komplizen» seines Sohnes rächen: Der Graf von Kastilien wurde getötet, Vermudo im Kampf geschlagen und gezwungen, Abdallah Trockenfels auszuliefern; die Soldateska schleifte ihn an ein Kamel gekettet durch die Straßen Córdobas, um ihn dann in den Kerker zu werfen, wo er bis zum Tod Mansurs gefangen gehalten wurde.

Zwei Jahre später begab sich Mansur erneut auf einen Feldzug; es war dieses Unternehmen, das die tiefsten Spuren in der Geschichte hinterlassen sollte und die Christenheit in große Unruhe versetzte: die Schändung von Santiago de Compostela, dem nach Rom heiligsten Ort der Christenheit. Bevor er aber diesen Feldzug begann, musste er die gefährlichste aller gegen ihn geschmiedeten Verschwörungen unterdrücken.

Die Verschwörung der Subh

Mansur hatte alle Macht in Händen, aber er war nicht Kalif, und keiner seiner Nachkommen würde nach ihm regieren können. Um 996 dachte er ernsthaft daran, Hischam zu verjagen und sich selbst zum Kalifen auszurufen. Hatte sich das Volk, das er schon so lange regierte, nicht daran gewöhnt, dass er allein die Macht ausübt? Hatte es nicht den schon so lange Zeit in seinem Palast eingeschlossenen Herrscher vergessen? Mansur hatte nicht mit dem Legitimitätsgefühl gegenüber den Omayyaden gerechnet, das die Bevölkerung, die Christen eingeschlossen, beseelte, selbst in Zeiten, als man allen Grund hatte, den Omayyaden gram zu sein. Bereitete er sich jetzt auf die Beseitigung des letzten Hindernisses vor, das ihn noch vom Thron trennte und verhinderte, den Sturz Hischams zu verkünden? Jedenfalls war es ein merkwürdiger Zufall, dass sich genau zu dieser Zeit die aus Navarra stammende Kalifenmutter Subh, die einstige Mätresse Mansurs, daranmachte, den Alleinherrscher zu stürzen. Sie überzeugte nach und nach ihren Sohn, als Herrscher aufzutreten und das Joch abzuschütteln, das ihm Amir, dieser Emporkömmling aus niederem Landadel, schon zu lange auferlegt hatte. Hischam handelte nach dem Rat seiner Mutter. Zunächst gab er sich spröde und kritisierte die Entscheidungen des Allgewaltigen Siegreichen. Subh verbreitete ihrerseits, ihr Sohn sei in Kürze frei und bereit, endlich die Herrschaft zu übernehmen. Heimlich sandte sie Geld an Ziri, den Vizekönig des Maghreb (Gründer der Stadt Oujda), der sich nun gegen Mansur erhob, obwohl ihm Mansur den Wesirtitel verliehen hatte. Sogleich entdeckte er seine Loyalitätsgefühle gegenüber Hischam. Mansur befand sich in einer schwierigen Situation und fürchtete um sein Leben. Er wusste, dass Ziri über eine schlagkräftige Armee verfügte; zudem war die öffentliche Meinung in Córdoba gegen ihn. Geschickt und gerissen wie er war, setzte er den Souverän unter Druck. Dieser war infolge seiner Isolation und schwachen Persönlichkeit zu einem kraftvollen politischen Handeln nicht im Stande, es fiel Mansur nicht schwer, ihn von den Schwierigkeiten zu überzeugen, die ihn beim Regieren erwarten würden: ein unlenksames Land mit einer zersplitterten Bevölkerung, eine wetterwendische Hauptstadt, die Bedrohung durch Christen und andere ausländische Mächte. Der Kalif ließ sich gern einreden, dass er durch seinen Mangel an Erfahrung als aktiver Regent nur Unbequemlichkeiten zu erwarten habe. Mehr verlangte Mansur nicht. Er ließ Hischam schriftlich erklären, nicht in eigener Person regieren zu wollen, und verkündete in Córdoba, der Kalif lege unverändert sein ganzes Vertrauen in den *Siegreichen mit Gottes Hilfe*. Einige Tage später ritt der Kalif in Begleitung Mansurs durch die Stadt, versehen mit den Insignien seiner herausragenden Würde. Subh war besiegt. Sie zog sich in ein Kloster zurück, wo sie den Rest ihrer Tage in frommer Andacht verbrachte.

Ziri stand machtlos dem Scheitern der Kalifenmutter gegenüber. Zunächst musste sich General Wadih, den Mansur gegen Ziri ausgeschickt hatte, besiegt nach Tanger zurückziehen. Mansur zog persönlich nach Algeciras und sandte dem General seinen Sohn Malik zur Hilfe. Dieser landete in Ceuta, und die Berberemire, die Ziri gestützt hatten, unterwarfen sich Malik. So wie die Dinge lagen, konnte der Kampf gegen Ziri nur mit dessen Flucht enden. Nach einer Verwundung Ziris wandten sich seine Truppen nach dem Reiterangriff Abd el Maliks zur Flucht. Die Territorien Ziris fielen unter die Herrschaft von al Andalus.

Sturm auf Compostela

Der Feldzug gegen Ziri war noch lange nicht beendet (997), als sich Mansur entschloss, gegen König Vermudo von León zu ziehen, weil dieser die jährlichen Tributzahlungen verweigert hatte. Vermudo hatte das Engagement des Alleinherrschers im Maghreb zur Aufkündigung seiner Vasallitätsbindungen nutzen wollen. Mansur wollte nun zeigen, dass er mit seiner schlagkräftigen Armee fähig war, zugleich im Maghreb zu siegen und gegen León zu Felde zu ziehen und die Christen am Heiligsten zu treffen, das sie in Spanien besaßen, dem Apostelgrab von Santiago de Compostela.

Der Ursprung der Wallfahrt nach Santiago, für die Christenheit ein Pilgerweg von einzigartiger Bedeutung, ist von Legenden umwoben. Seit dem frühen Mittelalter gilt der Apostel Jacobus der Ältere als Schutzpatron Spaniens. Ein Eremit in Galicien mit Namen Pelagius soll im Traum den auf wunderbare Weise nach Spanien gelangten Leichnam des Heiligen geschaut haben. Ein Stern führte zum Ort seines Grabes auf dem *campus stellae.* Dort fand man seinen Leichnam auf. «Über dem Grab wurde ein Heiligtum errichtet, das rasch zu dem wurde, was für uns die Kaaba ist; sie rufen ihn in ihren Gebeten an und begeben sich von weit entfernten Ländern auf Pilgerfahrt dorthin, aus Rom und aus Ländern, die noch jenseits davon liegen», sagt Ibn Idhi, und fügt hinzu, «dass noch kein muslimischer Fürst die Neigung hatte, diesen Ort anzugreifen und nach dorthin vorzustoßen wegen der Schwierigkeiten des Zugangs, wegen seiner Lage in der Wildnis und seiner großen Entfernung.»

Mansur begab sich zunächst nach Ciura, dann nach Viseu, wo verschiedene christliche Grafen, seine Vasallen, «sich mit ihrem Kriegsvolk und mit großem Pomp einfanden, um sich den Muslimen anzuschließen und auch von ihrer Seite aus mit den Feindseligkeiten zu beginnen.» In Porto wartete Mansurs Flotte, sie transportierte Fußsoldaten mit Proviant, Ausrüstung und Waffen. Die Armee rückte sodann in nördlicher Richtung vor und hatte mit den Schwierigkeiten des Geländes zu kämpfen. Arbeiter mussten, so Ibn Idhi, mit Eisenwerkzeugen Hohlwege verbreitern und Pfade planieren. Die Truppen konnten sich ihren Weg bahnen, aber Mansur sah sich einem Verrat seitens der Leute aus León gegenüber – es waren Christen, die ihre Beteiligung an einem Bündnis gegen ihren großen Heiligen bereuten; sie ließen ihre Landsleute durch einen als Greis verkleideten Boten wissen, dass das

Heerlager an einer bestimmten Stelle schlecht bewacht sei und dass sie dort ohne Schwierigkeiten angreifen könnten. Der Bote wurde jedoch abgefangen und enthauptet, ebenso wie die Verräter, die ihn ausgesandt hatten. Die Armee erreichte Vigo sengend und brennend. Nach Überschreitung des Flusses Ulla, berichtet Ibn Idhi, «erreichten sie die dem heiligen Jakob geweihten Gebetsstätten, die in den Augen der Christen im Rang der Achtung gleich nach denen kommen, die das Grab selbst umschließen. Auch hierhin begeben sich die Gläubigen aus den entferntesten Ländern. Nachdem man sie dem Erdboden gleichgemacht hatte, schlugen sie ihr Lager am Mittwoch, dem 2. *chaban* (10. August) vor der stolzen Stadt des heiligen Jakob auf. Alle Einwohner hatten sie verlassen, und die Muslime bemächtigten sich aller Beute, die sie finden konnten, und zerschlugen die Bauwerke, die Mauern und die Kirche so, dass keine Spur mehr davon übrig blieb. Dennoch ließen die von Mansur zurückgelassenen Wachen das Grab des Heiligen unangetastet und verhinderten, dass daran Zerstörungen geschahen. Aber alle Paläste wurden in Staub verwandelt, und man hätte nicht vermuten können, dass sie am Vorabend noch existierten. Die Truppen eroberten danach die ganze Umgebung und gelangten bis La Coruña, wo die Kavallerie anhielt.»

Mansur beschenkte seine christlichen Verbündeten mit Geschenken, vor allem mit wertvollen Stoffen, und zog sich dann in kleinen Etappen wieder zur Hauptstadt zurück. Er führte eine Vielzahl christlicher Gefangener mit sich, die auf ihren Schultern die Tore der Stadt Compostela trugen. Sie wurden für den Gerüstbau an der Moschee von Córdoba verwendet. Die Glocken der Jakobsbasilika hängte man in der Moschee auf, «damit sie dort als Lampen dienten».

Tod eines Kriegsherrn

Von Gichtanfällen erschöpft, fand Mansur dennoch im Jahre 999 die Kraft zu neuen Feldzügen gegen Pamplona und im nächsten

Jacobus der Ältere (Statue an der Vorhalle der Kathedrale von Jaca, Aragón).

Jahr gegen den Grafen von Kastilien, der die Zeit gekommen glaubte, dem alten muslimischen Machthaber eine Niederlage zuzufügen, um damit die den Christen zugefügte Schmach zu rächen. Mansur jedoch erhielt von seinen Kriegsvorbereitungen Kenntnis und ging in die Offensive. Die beiden Heere trafen in der Gegend von Peña Cervera am mittleren Duero zusammen. Die muslimischen Truppen wankten zunächst, aber mit einer Kriegslist nötigte Mansur die Christen, sich zurückzuziehen. Mansurs Truppen verfolgten sie, mussten aber mehrere hundert Mann auf dem Schlachtfeld zurücklassen. Alles ging noch einmal glimpflich ab. Er rächte sich mit der Verwüstung der angrenzenden Regionen, Zaragoza, Navarra, Pamplona. Erschöpfter als je zuvor zog er sich nach Córdoba zurück, um die Razzien im nächsten Jahr wieder aufzunehmen. Er stieß in der Rioja bis Canales vor und zerstörte das berühmte Kloster San Millán de la Cogolla, die Stätte des heiligen Aemilianus (Millán), des Schutzpatrons Kastiliens. Mansur war jetzt am Ende seiner Kräfte und konnte sich nur noch in einer Sänfte fortbewegen. Er litt schwer unter seiner Krankheit. «Zwanzig tausend Soldaten sind in meinen Soldbüchern eingeschrieben, aber keiner von ihnen, kein einziger unter ihnen ist in einer so elenden Verfassung wie ich.» Er verweigerte ärztliche Behandlung; seine Ärzte waren sich nicht einig über seine Krankheit. Der sterbenskranke Regent war vor allem von dem Gedanken besessen, dass nach seinem Tod eine Revolte ausbrechen und seine Dynastie die Macht verlieren könnte. In Medinaceli legte er eine Rast ein. Er rief seinen ältesten Sohn Abd el Malik zu sich und erteilte ihm seine letzten Instruktionen, wies ihn an, das Armeekommando seinem Bruder Abd ar Rahman zu übergeben und nach seinem Tod sofort nach Córdoba zu gehen, dort die Macht zu übernehmen und jeden Versuch einer Revolte niederzuschlagen. Als er sich etwas besser fühlte, ließ er seine höchsten Offiziere kommen und verabschiedete sich von ihnen. Er starb am 10. August 1002. Der Alleinherrscher wurde im Alcázar von Medinaceli bestattet. Auf seinem Epitaph stand zu lesen: «Seine Spuren auf

Erden lehren dich seine Geschichte, wie du sie mit eigenen Augen gesehen. Bei Allah! Niemals mehr wird die Zeit einen Vergleichbaren hervorbringen, niemanden mehr, der wie er unsere Grenzen schützt.» Ein christlicher Mönch verfasste einen gänzlich anderen Nachruf: «Im Jahre 1002 starb Almansor. Er wurde in der Hölle begraben.»

Bilanz

Für die Nachwelt waren «die Spuren, welche die Herrschaft al Mansurs hinterließ», unterschiedlicher Art. Mit einer Aureole militärischen Ruhms versehen, die ihm niemand streitig macht, lassen sich die Folgen seiner zahlreichen, fast immer siegreichen Feldzüge durchaus erkennen. Die unmittelbaren Konsequenzen zeigten sich in einem fast vollständigen Zerfall der Strukturen des andalusischen Staates mit der Folge seines raschen Ruins. «Ohne Aristokratie, ohne gesellschaftliches Gleichgewicht hatte die arabische Gesellschaft aufgehört zu existieren. Es herrschte Unzufriedenheit mit den bestehenden Verhältnissen, und mit der weiteren Entwicklung dieser Situation wurde die Gesellschaft geradezu in die Revolution getrieben.» Fast alle waren sich in einem Punkt einig: Der Tod der Amiriden glich einem Segen des Himmels. Diese Dynastie hatte den Adel – oder was von ihm noch übrig geblieben war – gegen sich, dessen Rolle Mansur zu Gunsten der Berber und der Fremden in der muslimischen Armee beschnitten hatte; weiterhin die den Omayyaden treu ergebenen religiösen Teile der Gesellschaft; die von Mansur drangsalierten Schichten des einfachen Volkes; schließlich die gesamte Bevölkerung von al Andalus, die in den Berbern die Ursache für alles Übel erblickte.

Von allen Katastrophen, die das Land heimgesucht hatten, war dies, nach verbreiteter Auffassung, die schlimmste. Die erste Folge war das Verschwinden ethnischen Gemeinschaftslebens, eine der Stärken des muslimischen Staates in Spanien. Die Kriege zwischen Muslimen und Christen waren selten etwas anderes als Plänkeleien, als Scharmützel gewesen. Große Schlachten mit großen Verlusten waren selten. Christliche Fürsten und arabische Emire hatten immer Kontakte untereinander gepflegt. Prunkvolle Empfänge christlicher Fürsten am Hof von Córdoba sind in den Quellen überliefert. Die von Córdoba ausgehenden Kriegszüge dienten oft eher dem Training der muslimischen Truppen und dem Einsammeln von Beute. Den Provinzstatthaltern sollte die Macht der Kalifenarmee vor Augen geführt werden; sie sollten wissen, welche Torheit es wäre, gegen den Herrscher zu rebellieren. Mit Mansur änderte sich alles. Die Kämpfe zur Herstellung der Schlagkraft der Armee und zum Einsammeln von Beute verkehrten sich in blutige Schlachten mit zahlreichen Opfern, selbst unter der Stadt- und Landbevölkerung. Ganze Bevölkerungsteile, die niemals zuvor mit den Schrecken des Krieges in Berührung gekommen waren, erfuhren seine Auswirkungen jetzt am eigenen Leibe und an ihrem Besitz. Unter den Christen entstand ein Geist des Hasses und der Rache und als logische Folge der Wille, ein für alle Mal die Macht der Muslime zu brechen, die man vor der grausamen Zerstörung Santiagos eigentlich für zivilisierte Menschen gehalten hatte. Die Rivalitäten zwischen den christlichen Reichen verringerten sich, ohne gänzlich aufzuhören, und wichen einer Solidarität, die zum Fundament der Reconquista werden sollte.

FITNA – DIE GROSSE KRISE

Die Söhne al Mansurs

Mit Abd el Malik an der Macht blieben die Dinge, zumindest einige Jahre lang, wie man sie gewohnt war. Die Kundgebungen derjenigen, die von den Amiriden – der Familie Mansurs – verlangten, die Macht endlich an Hischam zu übergeben, wurden mit

Leichtigkeit unterdrückt. Der Kalif lebte weiterhin zurückgezogen in Zahira mit seinen Geistlichen und seinen Frauen. Ab und an flammten Verschwörungen auf, die man mit leichter Hand erledigte. Der mit hohen Staatsämtern betraute Tarafa versuchte eine Erhebung. Er wurde denunziert, ins Gefängnis geworfen und enthauptet. Auch der Wesir Iza schmiedete ein Komplott, wiederum mit dem Ziel, Abd el Malik zu beseitigen und einem Nachkommen Abd ar Rahmans III. auf den Thron zu helfen. Auch sie wurden verraten, den einen ermordete man, den anderen sperrte man in den Kerker, wo er infolge schlechter Behandlung starb. Abd el Malik starb 1008 eines natürlichen Todes. Von gleichem kriegerischem Temperament wie sein Vater, ebenso ehrgeizig wie er, hatte er kurz vor dessen Tod den Kampf gegen das christliche Europa wieder aufgenommen, vor allem gegen Katalonien, dem er eine Niederlage beibrachte, weiterhin gegen León und mehrmals gegen Sancho García, den Grafen von Kastilien. Zur Zeit seines Todes hatte er sicherlich noch weitere Feldzüge geplant, die ohne Zweifel die große Krise, die *Fitna*, nur um einige Jahre hinausgezögert hätten, eine Krise, die zugleich die Nachfolger des Alleinherrschers wie den Kalifen von Córdoba hinwegspülen sollte.

Abd ar Rahman trat die Nachfolge seines Bruders Abd el Malik an. Seine Mutter, eine Christin, war die Tochter des Königs von Pamplona, Sancho García. In Erinnerung an seinen Großvater hatte sie ihm den Namen Shanjul (Sanchuelo, der kleine Sancho) gegeben. Seine Herkunft sollte später noch die bereits reichlich komplizierte Situation verschärfen. Am Anfang zumindest waren seine Beziehungen zu Hischam gut, ja freundschaftlich, denn beide hatten eine Schwäche für Frauen und ausladende nächtliche Gelage mit viel Alkohol. Plötzlich verbreitete sich, nur einige Monate, nachdem Abd ar Rahman an die Macht gekommen war, in Córdoba eine Nachricht, der keiner so recht Glauben schenken wollte, so unerhört war sie: Abd ar Rahman-Sanchuelo hatte sich von Hischam zu seinem Nachfolger im Kalifat ernennen lassen.

Nach den zeitgenössischen Historikern soll der *hadjib* den Kalifen Hischam mit dem Tode bedroht haben, wenn er sich diesem Plan verweigerte; nach anderen Historikern habe sich Hischam den Argumenten der Geistlichen, an ihrer Spitze der oberste Kadi von Córdoba, gebeugt: würde Hischam kinderlos sterben und wäre damit die Linie Abd ar Rahman Nasirs ausgestorben, würde das Kalifat ebenfalls erlöschen, wenn nicht ein Nachfolger designiert wäre. Vier Tage nach der Verkündung der Übereinkunft zwischen Hischam und Sanchuelo versperrten Truppen den Eingang zum Palast, die Würdenträger erschienen, und es wurde das Nachfolgedokument verlesen. Es stützte sich offenkundig auf das Wort des Propheten, das Abd ar Rahman ausdrücklich das Recht auf das Kalifat zusprach: «Die Stunde des Gerichts wird nicht kommen», sagte Mohammed, «ohne dass ein Mann aus dem Stamme der Kahtan die Araber mit seinem Stabe anführt.» Die Familie Abd ar Rahmans gehörte dem Stamm der Kahtan an. Die hohen Amtsträger und die Ulemas sprachen Gebete, dann wurden Kopien des Dokuments in die Provinzen verschickt, und man ordnete an, dass bei allen Zeremonien der Name Sanchuelo unmittelbar nach dem des Kalifen genannt werden solle. In allen Landesteilen, wie auch in der Hauptstadt, war die Reaktion auf das Dokument verheerend. Abd ar Rahman hatte einen schweren Fehler begangen.

Jeder hatte das Gefühl, dass dieser «Staatsstreich» die Türen zu einer düsteren Zukunft des Kalifats und für al Andalus aufstieß. Ein anderer Irrtum war schließlich der Befehl, als offizielle Kopfbedeckung nicht mehr die farbige Haube, sondern den Turban der Berber zu tragen.

Revolution

Der letzte grobe Fehler zeitigte die schlimmsten Konsequenzen. Sanchuelo hatte von Kriegsvorbereitungen König Alfons' V. von León erfahren und begab sich, ohne die Lage in der Hauptstadt zu berücksichtigen, sofort auf einen Feldzug. Alfons V. hatte sich in die Berge zurückgezogen und durchschaute die Kriegslisten, mit denen Sanchuelo versuchte, ihn aus der Deckung zu locken. Er zog nach Toledo, von wo aus er Alfons angreifen wollte. Dort erfuhr er, dass in Córdoba eine Revolution ausgebrochen war: Ein Omayyadenprinz namens Mohammed Djabbar hatte eine Gruppe von Leuten aus den ärmeren Vierteln der Stadt um sich geschart und beabsichtigte, eine regelrechte Revolte vom Zaun brechen. Als die Kunde vom Einfall Sanchuelos in christliches Gebiet die Hauptstadt erreichte, schlug Djabbar zu. Seine Leute drangen am 15. Februar 1009 in den Alcázar von Córdoba ein und plünderten ihn vom Keller bis zum Dachboden. Dann besetzten sie die Gemächer des Kalifen; man forderte ihn auf, zu Gunsten Djabbars abzudanken; das tat er auch, ohne jeglichen Protest einzulegen; niemand war zu seiner Verteidigung herbeigeeilt; er enthob sich selbst aller seiner Funktionen und schickte sogar dem Usurpator die Kleidung und die Insignien seines Kalifenamtes. Djabbar verkündete, er nehme den Herrschernamen *al Mahdi billah* (der von Gott Geleitete) an. Mit dem nächsten Tag schrieben sich Hunderte von Männern, meist die am Angriff auf den Alcázar Beteiligten und fast alle übel beleumundet, in die reguläre Armee ein. Djabbar stellte seinen Vetter an ihre Spitze und führte sie zum Angriff gegen az Zahra, den prächtigen, von Abd ar Rahman III. vor den Toren erbauten Palast. In einem Tage war alles zerstört und geplündert, alle Schätze weggeschleppt oder herausgerissen, selbst die Türen. Man fand dort anderthalb Millionen Goldstücke und mehr als zwei Millionen in Silber. Als der Palast ausgeräumt war, befahl Djabbar, ihn in Brand zu setzen. Damit erfüllte sich die Prophezeiung, die Mansur einmal bei einem Spaziergang mit einem Freund geäußert hatte: «Unglückliches Zahra. Ach! Gerne würde ich den kennen lernen, der dich in Kürze zerstören wird.» Und indem er sich an seinen Begleiter wandte, sagte er: «Du selbst, du wirst Zeuge dieser Katastrophe sein. Ich sehe Zahra geplündert und zerstört, diesen schönen Palast, ich sehe Feuer und Bürgerkrieg mein Land verschlingen.»

Als er von den dramatischen Ereignissen in Córdoba erfuhr, beschloss Sanchuelo, gegen den Rat seines Gefolges, Toledo zu verlassen und auf schnellstem Wege zurückzukehren. Die Moral seiner Armee war auf einem Tiefpunkt angelangt. Seine Soldaten verließen ihn einer nach dem anderen. Einer der wenigen, die noch bei ihm ausharrten, war ein christlicher Graf, García Gómez, «der Große Graf», vielleicht einer seiner entfernten Verwandten mütterlicherseits, der ihm abgeraten hatte, sich unter den gegenwärtigen Umständen nach Córdoba zu begeben. Sanchuelo hörte auf niemanden und zog weiter bis zu einem Platz, der ihm gehörte, nicht weit von Córdoba entfernt. Am nächsten Tag nahm eine von Djabbar ausgeschickte Heeresabteilung beide fest, Sanchuelo und García Gómez. In Córdoba richtete man beide hin, ihre Leichname wurden ans Kreuz genagelt und in der Nähe des Palastes öffentlich zur Schau gestellt. Djabbar war nun der Herr von al Andalus, aber aus seiner von Abenteuern, Unruhen, Revolten und Staatsstreichen geprägte Herrschaft sollte das muselmanische Spanien ausgeblutet und innerlich zerrissen hervorgehen.

Bürgerkrieg

Von begrenzter Intelligenz, bösartig und brutal, von unfähigen Beratern umgeben, stieß Djabbar Mahdi mit unnötigen Kränkungen auch die Berber vor den Kopf – selbst diejenigen, die sich mit ihm verbunden hatten. Genauso verhielt er sich auch gegenüber den Saqaliba, den mächtigen Palasteunuchen. Er fürchtete insbesondere, Kalif Hischam könnte zu einer Integrationsfigur für alle Unzufriedenen werden, aber er schreckte davor zurück, ihn hinrichten zu lassen. Als einzige Lösung bot sich an, ihn für tot auszugeben. So ließ er den Leichnam einer Person, eines Juden, wie es heißt, die dem Kalifen entfernt ähnlich sah, in einem Grab im Alcázar bestatten (26. April 1009), während er den Kalifen in ein kleines Haus in der Nähe der Stadt (in ein Nebengebäude des Palastes nach einer anderen Version) verbannte. Als die Anhänger des Kalifen dagegen protestierten, ließ er sie einsperren. Seine Krankheit führte zur Herausbildung einer Opposition unter Führung des etwa fünfzigjährigen Suleiman, eines Urenkels Abd ar Rahmans III., den die Berber zu ihrem Imam gemacht hatten. Da der Mahdi seine begangenen Fehler einsah, gab er ihnen das Versprechen, Nachsicht walten zu lassen. Die Berber wiesen dieses Versprechen zurück, ohne weitere Worte darüber zu verlieren.

Die Berber wurden von Sancho García, dem Grafen von Kastilien, unterstützt; er hatte seinen Beistand zugesichert gegen das Versprechen, ihm bislang von den Muslimen gehaltene Burgen zu übergeben. Sancho versorgte die Berber mit Nachschub und Truppen. Mittlerweile hatte der Statthalter der Mittleren Mark, ein gewisser Wadih, mit dem Sancho in Kontakt stand, die Initiative ergriffen, weil er glaubte, die Situation zu seinen Gunsten ausnutzen zu können und sie nicht den Berbern oder den Kastiliern überlassen zu dürfen. Ohne zu zögern, griff er deshalb Berber und Kastilier an. Er drang bis Córdoba vor und traf dort auf die in aller Eile vom Mahdi gesammelten Truppen sowie auf die Truppen der Rebellen. Der Mahdi hatte die einzigartige Idee, Hischam aus seinem Versteck zu holen, den er ja zuvor mit allem Pomp hatte bestatten lassen. Die Berber zeigten sich darüber nur amüsiert. Hischam machte Wadih zu seinem *hadjib*. Suleiman und die Berber auf der einen Seite, Hischam und seine bunt zusammengewürfelte Truppe auf der anderen bereiteten sich zum Kampf. Zuvor aber hatte Hischam den Mahdi, dessen Verhalten er nicht vergessen hatte, gefangen nehmen und anklagen lassen. Von dem Gericht unter Vorsitz Hischams wurde er zum Tode verurteilt und hingerichtet. Sein Kopf wurde den Berbern zugeschickt, sein Leichnam auf die Straße geworfen.

Die Belagerung der Berber

Die Berber setzten sich in Secunda, einer südlich des Guadalquivir gelegenen Vorstadt Córdobas, fest und umzingelten die Stadt, in der sich bald Hungersnot und Elend ausbreiteten. Epidemien brachen aus. Alles verschlimmerte sich noch mit der Ankunft der Landbevölkerung, die in der Stadt Zuflucht suchte. Um das Unglück vollständig zu machen, trat der Guadalquivir über die Ufer und zerstörte zahlreiche Häuser; mehrere tausend Personen ertranken. Suleiman forderte die Bewohner Córdobas auf, sich zu ergeben. Sie wiesen seine Angebote mehrfach zurück und setzten ihren Widerstand fort. Ein Mann, der in der Moschee ausgerufen hatte: «O Herr, gib uns den Frieden!», wurde auf der Stelle getötet. Anfang Mai versuchten die Belagerten mehrere Ausfälle, die jedoch alle scheiterten. Schließlich entschlossen sie sich, erschöpft und ausgehungert, Unterhändler in Begleitung des Kadis und mehrerer Rechtsgelehrten zu den Berbern zu schicken. Es waren kurze Verhandlungen. Die Berber akzeptierten die Übergabe der Stadt gegen eine große Summe Geldes. Am 10. Mai 1013 – ein Datum, das für immer das Ende der ruhmvollen Tage des omayyadischen Córdoba markiert – zogen sie mordend und plündernd in die Stadt ein und zündeten die Häuser an. Die Gewalttätigkeiten zogen sich lange hin. Córdoba wurde in weiten Teilen zerstört und viele Einwohner, vor allem die Notablen und Intellektuellen, wurden getötet, unter ihnen der berühmte Chronist Faradi, der Kadi der großen Moschee, Yahya ibn Wafid, und sein Neffe. Suleiman besetzte den Alcázar und ließ Hischam vor sich kommen. Der Kalif, von Anklagen schwer belastet, wurde auf der Stelle hingerichtet. Nach anderen Quellen soll ihm die Flucht gelungen sein; einige Jahre später soll man ihn in Almería heimlich ermordet haben.

Suleiman beginnt nun eine zweite Herrschaft. Als «Spielball in den Händen der Berber» zwingen sie ihn, ganze Provinzen des Kalifats oder was von ihnen übrig geblieben war, als Lehen an sie zu übergeben, vor allem in der Mitte und im Süden. Die Sahanja bemächtigten sich der Region Elvira, die Banu Birzal und die Bani Ifran der Gegend um Jaén. Die große Konföderation der Maghrawa übernimmt den Norden des Landes, die Banu Dammar setzen sich in der Region von Medina Sidonia fest. Auch Araber erhalten Lehen, namentlich in der Umgebung von Zaragoza und der Oberen Mark. Suleiman wird zudem gezwungen, von Córdoba abhängige Plätze in Marokko zu übergeben, wie etwa Tanger, Algeciras und Ceuta, die beiden letzteren an die Idrisiden, die Marokko zwischen 769 und 926 regiert hatten und jetzt von den Brüdern Kasim und Ali repräsentiert werden. Dabei verbirgt die Umgebung Suleimans nicht ihr Erstaunen, denn insbesondere Ali ist wegen seiner feindlichen Haltung gegenüber Suleiman bekannt. Es wird nicht lange dauern, bis es zum offenen Bruch kommt.

Unter dem fadenscheinigen Vorwand, Hischam befreien zu wollen – von dem sie behaupten, er sei noch als Gefangener am Leben –, erklären sie sich in Ceuta als unabhängig, überqueren die Meerenge, nehmen Málaga und marschieren mit starken Kräften nach Córdoba. Unfähig einen Widerstand zu organisieren, wird Suleiman überwältigt und geschlagen. Am 17. Juni 1016 wird Suleiman gefangen gesetzt und sogleich getötet – wie sein Vater und sein Bruder. Ali wurde zum Kalifen ausgerufen, sollte aber nur kurz an der Macht bleiben. Zunächst war er wegen seines Gerechtigkeitssinnes durchaus beliebt, machte sich aber Feinde wegen der Strenge, mit der er Volk und Bürger behandelte. Ende März 1018 wurde er ermordet, vermutlich von seiner Palastwache. Sein Bruder Kasim wurde zum Kalifen ausgerufen.

Kasim war bereits fortgeschrittenen Alters und nicht bereit, sein Leben zu riskieren. Seine Regierung begann mit Zeichen des Friedens: Er ordnete eine Amnestie an und förderte seine Beliebtheit vor allem durch Milderung der drückenden Steuern; das reichte indessen nicht, seine Macht zu festigen. Einer seiner Neffen, Yahya, erkannte schnell, dass sich hier eine Gelegenheit zum Eingreifen bot. Er versammelte seine Anhänger, rückte nach Córdoba vor, wo Kasim nur kurz Widerstand leisten konnte. Kasim zog sich zurück, kehrte einige Monate später wieder zurück, um dann endgültig die Flucht vor Yahya zu ergreifen, der ihn kurz darauf ermorden ließ. Um dem tragischen Schicksal all seiner Vorgänger zu entgehen, verließ Yahya die Stadt und zog sich nach Málaga zurück.

Das Ende des Kalifats

Um ihren Herrscher zu ernennen, griffen die Cordobesen zu etwas gänzlich Neuem. Sie führten eine Wahl durch. Im Dezember 1023 stellten sich drei Kandidaten ihrem Urteil, alle Nachkommen Abd ar Rahmans III. Aber das Verfahren war zu ungewohnt, um zum Ziel zu führen. Einer der Kandidaten, Abd ar Rahman ibn Abd Djabar, wartete das Votum nicht ab. In voller Rüstung und von seinen Kriegern umgeben zog er in die Moschee ein und erhielt von den Einwohnern Córdobas ohne weitere Diskussion den Zuschlag. Unter seinem Namen sollte die Kalifenherrschaft nur siebenundvierzig Tage dauern. Da die Schatzkammer geleert war, verordnete er drückende Steuern und suchte Unterstützung bei den Berbern. Mehr bedurfte es nicht, um den Volkszorn gegen ihn zu entfesseln. Die Menge stürmte den Palast, tötete die Berbergarde und schändete die Frauen des Harems. Ein anderer Nachkomme Abd ar Rahmans III. wurde, vor Angst zitternd, unter dem Namen Mustakfi zum Kalifen ausgerufen und Abd ar Rahman (Mustanzhir) hingerichtet.

Der neue Kalif erwies sich schnell als ignorant und träge, und immer noch war die Schatzkammer leer, wie unter seinen Vorgängern. Von allen Seiten bedroht, blieb ihm nur noch die Flucht; er erreichte Medinaceli im Mai 1025 und wurde kurz darauf ermordet.

Córdoba war nun keine verlockende Beute mehr. Sein ländliches Umland war dermaßen ausgezehrt, dass es nicht gelang, weitere Geldmittel herauszupressen. Die Rolle Córdobas auf der Halbinsel war ausgespielt. Im November 1025 erschien Yahya erneut, hielt sich einige Wochen in Córdoba auf und zog sich wieder nach Málaga zurück. Zwei Sklaven skandinavischer Herkunft,

Khiran und Mudjahid, ergriffen Anfang 1026 die Macht. Angesichts der Unmöglichkeit, in dieser anarchischen Stadt zu regieren, verschwanden sie einige Wochen später wieder, der eine ging nach Almería, der andere nach Denia.

Die Cordobesen suchten sogleich nach einem anderen Mann, der die Situation in den Griff bekommen könnte. Als Anhänger einer Dynastie, die so große Kalifen hervorgebracht hatte, fiel ihre Wahl auf Hischam ibn Mohammed, auch er ein Nachkomme Abd ar Rahmans III. Hischam wurde im Juni 1028 zum Kalifen ausgerufen. Er zögerte lange, bis Ende 1029, bevor er vom Thron Besitz ergriff. Als Namen wählte er al Muttad. Die eigentliche Macht indessen ging von einem gewissen Hakam aus, einer skrupellosen, korrupten und trunksüchtigen Figur, der es jedoch gelang, auf mehr oder weniger legale Weise etwas Geld für seine Schatzkammer zusammenzuraffen. Dennoch standen die Bürger von Córdoba gegen ihn auf und enthaupteten ihn. Die Notablen der Stadt forderten den Kalifen al Muttad auf, die Stadt unverzüglich zu verlassen. Er begab sich nach Lérida, wo er einige Jahre später, nach einigen Chronisten am 18. Dezember 1036, von allen vergessen starb. Er war der letzte Nachkomme Abd ar Rahman des Einwanderers, der vor mehr als dreihundert Jahren aus Syrien gekommen war, um mit der Stärke seines Schwertes eines der ruhmreichsten Staatswesen der muslimischen Welt zu gründen.

Das Kalifat der Omayyaden war wie ein Kartenhaus in sich zusammengebrochen. Sein Fall war zu schnell, zu brutal, als dass man mit einer Wiedergeburt hätte rechnen können. Die Gründe der Krankheit, die seine allem Augenschein nach auf eine Jahrhunderte hin angelegte solide Konstruktion zerstörten, lassen sich mit einigen Worten zusammenfassen: der Zuzug fremder, immer zahlreicherer ethnischer Gruppen nach Spanien, die sich unfähig zeigten, mit der Masse der einheimischen Bevölkerung zu verschmelzen. Der ehrgeizige und skrupellose Mansur, der einseitig die Berber und Saqaliba begünstigte, trägt die Hauptverantwortung für das Auseinanderdriften der einzelnen Volksgruppen.

Der Zuzug der Fremden hatte schon früh begonnen; die ersten, die Saqaliba oder «slavischen» Sklaven, setzten eine bereits im omayyadischen Damaskus herrschende Tradition fort, nach der Slaven in die Armee aufgenommen wurden; später bauten die Abbasiden eine bedeutende türkische Palastgarde auf. Die anfänglich geringe Anzahl der Saqaliba wuchs unter dem Kalifat rasch an. Sie wurden als Hausdiener, Soldaten, in Funktionen bei Hofe und sogar in gehobenen Ämtern eingesetzt. Unter Hakam II. ist einer dieser Sklaven Leiter des Postwesens, ein anderer Großjuwelier, ein anderer Großfalkonier. Zur Zeit Hischams II. spielen die Saqaliba eine gewichtige militärische Rolle. Einem von ihnen, Wadin, sind wir als Militärbefehlshaber der Mittleren Mark begegnet. Die im Bereich des Haushalts, der Verwaltung und in Palastfunktionen eingesetzten Saqaliba waren meist Eunuchen, die entweder im Ausland, wo man sie gekauft hatte, oder in Spanien selbst kastriert worden waren. Die in der Armee dienenden Saqaliba waren dagegen nicht kastriert. Viele von ihnen wurden nicht gekauft, sondern gefangen genommen, oder kamen aus eigenem Antrieb, angelockt von den Vorteilen und rosigen Zukunftsaussichten, welche der Dienst im Heer des Kalifen boten. Diese Fremden behielten ihre Sprache und ihre Religion bei.

Vor allem in der Zeit Mansurs nimmt die Rolle der Saqaliba im Staat al Andalus zu, wie auch die der anderen ethnischen Gruppen, die teilweise aus anderen Ländern zugewandert waren. Einige nahmen einen prominenten Platz in den Ereignissen ein, die zum Zusammenbruch des zentralisierten politischen Systems der Omayyaden führten. Unter den lokalen Mächten, die sich auf den Ruinen des Kalifates ausbreiteten, lagen manche in den Händen von Saqaliba; schon vor dem Zusammenbruch standen sie an der Spitze ganzer, von Córdoba praktisch unabhängigen Regionen – beispielsweise in Almería, Denia und Tortosa.

Die Rolle der Berber

Noch dominierender war die Rolle der Berber beim Auseinander-
brechen des Kalifats. Als im 8. Jahrhundert Araber in großer
Zahl – man schätzt zwischen 20.000 und 100.000 – nach Spanien
kamen, überschritten auch Berbergruppen die Meerenge von
Gibraltar, um sich in al Andalus niederzulassen. Es scheint, dass
sie sich rasch in die fremde Umgebung integriert hatten. Nach
einer Periode geringer Bewegung nahm die Einwanderung von
Berbern in der Regierungszeit Abd ar Rahmns III. zu und stei-
gerte sich noch unter Hakam II. Dieser Kalif gliederte mehrere
hundert Berber vom Stamme der Hasani in seine Armee ein. Andere folgten, belohnt mit Geschenken und mit Land, das man seinen Feinden genommen hatte; je nach politischer Lage verstand
er es, den einen Stamm gegen den anderen auszuspielen. So
kamen mehrere Tausend nach al Andalus, ohne das Gleichgewicht
der verschiedenen ethnischen Gruppen sonderlich zu stören.

Mit Mansur änderte sich alles. Die Einwanderung der Berber
aus Nordafrika nahm gewaltige Dimensionen an. 980 erreichte
eine Gruppe von sechshundert Berbern Andalusien, «in Lumpen
gehüllt und auf Kleppern reitend, aber schon bald gewandet in bestickter Seide und edlen Stoffen. Er gab ihnen Zuchtpferde, ließ
sie in Palästen wohnen, die sie niemals zuvor gesehen hatten, nicht
einmal im Traum», berichtet Ibn Idhi. Auch Gruppen aus anderen
Stämmen strömten herbei. Mit der Einladung von Menschen aus
verschiedenen Berberstämmen des Maghreb verband Mansur das
Ziel, sie an seine Person zu binden und zu verhindern, dass Angehörige eines Stammes die Kontrolle über sie ausüben. Auch ging
es ihm, wie schon gesagt, darum, den Anteil an Berbersoldaten zu
erhöhen, um die Christen wirksam bekämpfen zu können. War es
persönlicher Ehrgeiz? Der Wille, den Heiligen Krieg siegreich
wieder aufzunehmen? Solche Motive hätten nicht die verheeren-
den Konsequenzen der Fitna nach sich gezogen, wenn Mansur
nicht das System des Soldes anstelle der Entlohnung durch Land

in sein Militärsystem eingeführt hätte. Die Soldzahlungen führten rasch zum Missbrauch (Bevorzugungen, Abzweigung der Gelder etc.) und letztendlich zur Schwächung der Armee.

Indessen, die schwerwiegendste Folge der Massenzuwanderung war die Stärkung des Zusammengehörigkeitsgefühls innerhalb dieser neuen Bevölkerungselemente. In dem Augenblick, als sie eine kompakte, wahrnehmbare Masse bildeten, akzentuierten sich auch ihre partikularistischen Züge: Stammessolidarität, Traditionen, gemeinsame Herkunft, dieselbe Sprache, die gleichen Interessen, etc. Spannungen zwischen ihnen und den anderen Bevölkerungsgruppen waren unvermeidlich. Zu anderen Zeiten hätte eine starke Zentralmacht die Situation in der Hand gehabt und ihre Autorität geltend gemacht. Die Unfähigkeit der letzten Marwaniden und ihrer «Palastmeier» konnte nur in die Anarchie führen sowie zur Entstehung zentrifugaler Berberstaaten. Als Folge entstanden Fürstentümer, die von anderen ethnischen Gruppen, Saqaliba, Araber etc. dominiert waren. Um 1040 hatten sich auf diese Weise sechsundzwanzig «Taifenstaaten» in den Händen von Abenteurern oder auch von Gouverneuren konstituiert, die den Verfall der Zentralmacht genutzt hatten, sich unabhängig zu machen.

DIE ÄRA DER TAIFEN

Taifen und Parias

Die zwischen 1010 und 1030 aufgestiegenen Usurpatorendynastien werden zusammenfassend Taifen (spanisch *reyes de taifas*) genannt; der zugrunde liegende arabische Begriff *muluk at tawaif* bedeutet soviel wie «Fürsten der Stammesgruppen» (d. h. der Araber, Berber und Saqaliba). Diese Taifen kontrollierten Territorien ganz unterschiedlicher Größe und Bedeutung. Die Herrschaft der

Reliefplatte vom Königspalast des al Mamun in Toledo mit reichem Pflanzendekor (11. Jh.), wichtiges Zeugnis der Kunst der Taifenzeit

einen reichte kaum über eine Stadt und ihre Vorstädte hinaus, andere regierten weiträumige Regionen, die schwächsten standen unter dem Joch der stärksten. Krieg war der vorherrschende Zustand. Um sich halten zu können, wandten sich die Taifen an christliche Fürsten, denen sie sozusagen als Schutzgelder hohe Jahrestribute in Silber, die *Parias*, entrichteten. Paradoxerweise ist diese unruhige Periode – wie so häufig – eine glänzende Epoche der arabisch-muslimischen Zivilisation, eine Periode voller brillanter geistiger Leistungen, die nachhaltige Spuren in Spanien und im Westen hinterlassen werden.

Die Abbadiden von Sevilla

Die bedeutendste dieser Dynastien, gemessen an der Ausdehnung ihrer Besitzungen und ihrer Rolle in Spanien, war das über Sevilla herrschende Geschlecht. Die arabischstämmigen Abbadiden hatten zwischen 1023 und 1093 Mohammed I. ibn Abbad an ihrer Spitze, ein berühmter Jurist, Kadi der Stadt, der seine Herrschaft mit Hilfe geschickter Intrigen errichtete. Seine Nachfolger waren Abbad Mutadid, sodann Mohammed ad Mutamid, beide, begabt und entschlossen, erweiterten das Gebiet des Fürstentums bis zur Atlantikküste. Ständig im Krieg mit den Teilkönigen von Badajoz, Algeciras, Granada, Huelva und anderen Städten gelang es Mutamid, ihre Territorien unter seine Herrschaft zu bringen. Er behauptete, er habe den letzten Omayyadenkalifen Hischam II. wieder gefunden (der in Wahrheit einige Jahre zuvor gestorben war) und wolle ihm sein wiederhergestelltes Reich unversehrt übergeben. Die Kleinhäuptlinge der Berber fürchteten Mutamid und taten so, als glaubten sie das Märchen; sie huldigten Mutamid und dem Kalifen, der, aus gutem Grunde, unsichtbar blieb. Eines Tages hatte Mutamid von dieser erfundenen Geschichte selbst genug. Er rief die Berberhäuptlinge zusammen und sperrte sie in Badehäuser, deren Türen er verrammeln ließ. Alle starben den Erstickungstod, und die Expansion des Fürstentums konnte weitergehen. Algeciras fällt, Córdoba wird bedroht. Mutamid stirbt im Jahre 1069, sein Sohn Mohammed II. tritt seine Nachfolge an. Der junge Fürst nimmt Córdoba ein, sodann den Nordteil des Königreichs Toledo. Es ist die Zeit, als die Reconquista weiter nach Süden vorstößt. Die Anarchie der Muslime lässt die Christen in Gegenden vorstoßen, die sie noch niemals unter Waffen betreten hatten, bis hin zum Unterlauf des Duero, dann bald auch nach Coimbra. Mutamid sieht sich von Alfons von Kastilien bedroht. Zu Verhandlungen gezwungen, erhält er den Frieden nach Zahlung einer großen Geldsumme. Mit der Hilfe des Grafen von Barcelona annektiert Mutamid Murcia. Intrigen ermöglichen Alfons VI., bis Tarifa und Sidonia in der Region Algeciras und Málaga vorzustoßen. Bald ist Toledo genommen, und der König von Kastilien verlangt die Rückgabe ganzer Provinzen in den Regionen Ciudad Real und Cuenca. Für Mutamid und die anderen muslimischen Fürsten wird die Situation schwierig. Nach langen Beratungen erkennen sie, in welch dramatische Lage sie ihre Uneinigkeit gebracht hat. Ohne äußere Hilfe wären sie rasch von den Christen überwunden. Sie entschließen sich daher, den Almoravidensultan Yusuf ibn Tashfin um Hilfe zu bitten, der sich ganz Marokkos bemächtigt hatte. Damit beginnt, wir werden darauf zurückkommen, die Besetzung des muslimischen Spanien durch die Almoraviden.

Die wichtigsten Taifenreiche

Anders als die rund siebzig Jahre regierenden Abbadiden von Sevilla liefern die übrigen kurzlebigen Dynastien des 11. Jahrhunderts fast durchweg das Schauspiel innerer Querelen und Kämpfe, die über kurz oder lang immer zum gleichen Resultat führen: sie verschwinden von der Bildfläche zu Gunsten eines anderen *rey de taifa* oder häufig auch des christlichen Gegners.

Die Hammudiden, zwei Brüder namens Ali und Kasim, verdanken ihre Macht über Ceuta und Algeciras dem Kalifen Mustain, dem sie zusammen mit anderen Berbern zum Thron verholfen hatten. Sie gehörten zur großen schiitischen Familie der Idrisiden, den Gründern der Stadt Fes. Wie so viele vor ihm und nach ihm strebte Ali die Kalifenwürde an. Er nahm Córdoba, ließ den Leichnam Hischams II. exhumieren, um seine Ermordung nachzuweisen, und ließ sich dann als Kalif huldigen. Nach einer Periode gemäßigter Herrschaft unterwirft er die Stadt einer Schreckensherrschaft und wird von drei Saqaliba ermordet. Sein Bruder wird zum Kalifen ausgerufen, flieht nach Sevilla, kehrt zurück und wird gefangen gesetzt. Man ermordet ihn einige Jahre später. Seinem Sohn gelingt es, sich einige Zeit in Málaga und Algeciras zu halten und wird dann von den Abbadiden vom Thron gestoßen.

In Zaragoza übt die arabische Dynastie der Banu Tudjib zwischen 890 und 1038 die Macht aus, danach regieren die Banu Hud bis 1110 über Stadt und Region, die wegen ihrer Nähe zu den Pyrenäen von besonderer Bedeutung ist. In dieser gesamten Periode ist Zaragoza ein mächtiges muslimisches Zentrum. Die im 11. Jahrhundert aus Córdoba übergesiedelten Dichter und Autoren haben Zaragoza zu seiner wichtigen kulturellen Rolle verholfen. Die Stadt pflegt Beziehungen zum Maghreb, die sich in der Periode der Almoraviden noch verstärken.

Der Reichtum Almerías besteht in seiner Tuchindustrie. Am Anfang unter der Herrschaft Valencias, gewinnt die Stadt unter Abu al Tudjibi ihre Unabhängigkeit und kann ihren Wohlstand erhöhen; sie verfügt über «einen Dichterhof, der zu den prominentesten von ganz al Andalus gehört». Unter den Almoraviden wird sich Almería auf allen Gebieten weiterentwickeln.

Denia, am äußersten Südosten des Golfs von Valencia gelegen, spielt in den Zeiten der Unabhängigkeit eine Rolle, die in keinem Verhältnis zu ihrer schwachen territorialen Stellung steht. Im Jahre 1013, nach dem Sturz des Kalifats, bemächtigt sich ein Freigelassener Mansurs, Abu Mudjahid, der Stadt sowie der Balearen und macht die gesamte Region in kurzer Zeit zu einem der wohlhabendsten und leistungsfähigsten Territorien in al Andalus. Man sagt, die Felder seien ohne Unterbrechung das ganze Jahr über bestellt worden. Keine Stadt übertreffe Denia an Reichtum und kulturellem Niveau seiner führenden Schichten. In dem bedeutenden Seehafen baute man auf den Werften vor allem zur Piraterie geeignete Schiffe; dies trug wiederum zum Reichtum der Bewohner bei.

Mudjahid – der größte Pirat seiner Zeit – bemächtigte sich der Balearen, die jedoch bald von den Christen zurückerobert wurden. Sein unfähiger Sohn Ali musste die Provinz schon bald seinem Schwager al Muktadir überlassen; Ali wurde nach Zaragoza gebracht, wo er starb. Die Stadt fiel sodann unter die Herrschaft der Almoraviden.

Mudjahid und sein Mitregent Muayti übertrafen, so sagte man, alle anderen reyes de taifas an kriegerischen Fähigkeiten, an Reichtum und vor allem an intellektuellem Niveau. Sie und ihre Umgebung machten Denia auf kulturellem Gebiet zu einem der hervorragendsten Orte im ganzen muslimischen Westen. Nach Denia flüchtete sich beispielsweise der berühmte Astronom Ahmad ibn al Saffa, der Autor der bekannten *Astronomischen Tafeln*.

Auch Valencia erlangte die Unabhängigkeit unter zwei freigelassenen Saqaliba Amirs, Mubarak und Muzaffar, die sich als hohe Amtsträger in den Jahren 1010 und 1011 die Macht teilten. Nach ihrem Tod führte ein anderer Saqaliba namens Labib die Stadt, danach ging das Fürstentum an einen Enkel Mansurs, Abd el Aziz, über, unter dem es Valencia zu großem Wohlstand brachte. In der Folgezeit wechselten sich die *reyes* in der Herrschaft ab. Zeitweise unterstand die Stadt dem Fürstentum Toledo, erreichte aber ihre Unabhängigkeit bis in die Ära des Cid, an deren Ende die Almoraviden Stadt und Umland übernahmen. Wie die anderen Taifas auch hatte Valencia unter der Herrschaft der *reyes* kaum zu leiden; jeder von ihnen war bemüht, Frieden und Wohlstand in seinem Fürstentum aufrechtzuerhalten, um an der Macht bleiben zu können. Valencia war eine der wenigen Taifas, die sich nicht sonderlich durch Förderung von Gelehrten auszeichnete. Erst viel später, in der Zeit der Verwüstungen durch den Cid, konnte Valencia stolz auf die große Zahl seiner Dichter sein, welche die fast vollständig zerstörte Stadt beweinten.

Auch andere Städte machten sich in dieser Epoche unabhängig: Huelva, Cuenca, das im Rahmen der Taifa von Toledo unabhängig wurde, Carmona unter der Berbersippe der Banu Birzal, weiterhin Granada unter dem Berber Zawi und seinem Neffen Habus, Badajoz unter den berberischen Aftasiden. In Lérida regierten die Banu Hud aus Zaragoza. Die weite Teile Spaniens beherrschenden Fürstentümer bekriegten einander heftig, zeigten aber meist auch weit reichende geistige Aktivitäten, die noch heute unsere Bewunderung hervorrufen. Ihre Konfrontationen nahmen einen solchen Grad an Intensität an und trugen so sehr zu ihrer Schwächung bei, dass sich die einflussreicheren *reyes* an die Almoraviden von Nordafrika wandten und sie um Unterstützung baten. Die Almoraviden indessen waren schon seit längerem bereit, das muslimische Spanien zu unterjochen.

DIE ALMORAVIDEN

Eine afrikanische Berberdynastie

Die ursprünglich im Bereich der Senegal-Mündung beheimatete Berberdynastie der Almoraviden (Murabitum) hatte den Maghreb im Laufe der ersten Hälfte des 11. Jahrhunderts unter ihrem Oberhaupt Yusuf Tachrin erobert. Unter anderem gründeten sie dort Marrakesch. Als Anhänger einer der streng-orthodoxen, malikitischen Rechtsschulen beobachteten sie eine rigorose Auslegung und Anwendung des muslimischen Rechts, was ihre missionarische Sendung in Nordafrika nicht gerade erleichterte.

Mehrmals war Yusuf nach Spanien gerufen worden, um gegen die immer häufigeren und immer heftigeren Angriffe der Christen auf muslimisches Territorium zu intervenieren und in einem religiös und fiskalisch völlig anarchischen Land die Ordnung wiederherzustellen. Der Verlust Toledos (1085), die Eroberungen des Cid, der Niedergang ehemals bedeutender Städte wie Huesca, Lérida und andere, der religiöse Druck seitens der Christen, alles das – und natürlich die öffentliche Meinung der Muslime – schrie geradezu danach, die Christen aus den muslimischen Gebieten zu verjagen und ihren Einfluss in al Andalus auszumerzen. Allein die Almoraviden mit ihrer Militärmacht und ihrem religiösen Rigorismus schienen in der Lage, die Invasoren zurückzudrängen und zugleich die politischen und wirtschaftlichen Probleme zu lösen. Yusuf akzeptierte schließlich die Aufforderung, die Ordnung im Lande wiederherzustellen, natürlich mit der erwiesenen Absicht, al Andalus zu annektieren. Um seinem Unternehmen eine legale Basis zu verleihen, erwirkte er eine Rechtsweisung (*fatwa*), in der die Emire als Gottlose bezeichnet und angeklagt wurden, unrechtmäßige Steuern zu erheben, mit Christen Bündnisse einzugehen, insbesondere mit dem König von Kastilien, dem unversöhnlichsten Feind der wahren Religion. Seine Rechtsgelehrten kamen zu dem Schluss, sie seien daher unwürdig, über Muslime zu herrschen; Yusuf sei frei, alle Maßnahmen gegen sie zu unternehmen, die ihm beliebten; es sei seine Pflicht, die Emire unverzüglich von ihren Thronen zu stoßen … Diese *fatwa* ließ er an die berühmtesten islamischen Gelehrten in Ägypten und Asien senden, damit sie die Rechtsauffassung seiner Rechtsgelehrten bestätigten.

Yusuf überquerte die Meerenge im Jahre 1086. Er zwang Alfons VI., die Belagerung von Zaragoza aufzuheben, und besiegte ihn im selben Jahr bei Badajoz. Aber der Cid fügte dem Almoraviden eine Niederlage nach der anderen bei, namentlich bei Coarte und Baiten. Yusuf seinerseits eroberte zwar Valencia zurück – nicht aber Toledo –, besiegte die Christen bei Ucclés und besetzte mehrere wichtige Städte, darunter Talavera, Granada, Cuenca, verlor aber Lérida, Tortosa und Fraga. Während Yusuf und seine Söhne vorübergehend die christliche Gefahr zurückdrängten, festigten sie ihre Macht, während die der *reyes de taifas* für immer verschwand. Der größte Teil Spaniens geriet unter die Botmäßigkeit der Almoraviden, unter dem Beifall aller Muslime in Spanien, «die begierig waren, am Heiligen Krieg teilzunehmen, ohne ihre Kräfte zu schonen».

Muster strenger Frömmigkeit

Yusuf ist ein Vorbild an Frömmigkeit. Er verbringt seine Zeit mit Beten und Fasten. Auf seine Anordnungen hin betreiben die *fakihs* die Reislamisierung des Landes, machen Jagd auf Weintrinker, Tänzerinnen etc. In allen Angelegenheiten des Staates konsultiert er die Geistlichen; das ging so weit, dass man sagte, sie seien die eigentlichen Herren des Staates. Folglich ist er bei der Geistlichkeit beliebt. Auch seine Nachfolger Ali und Tasfin zeichnen sich durch extreme Frömmigkeit aus, an erster Stelle Ali. «Sein gesamtes Leben verbrachte er mit Gebet und Fasten.» Die *fakih* hatten wenig Verständnis für Dichter, schon gar nicht für Philosophen, denen streng verboten war, sich mit der eher rationalistisch ausgerichteten islamischen Philosophie, der *falsafa*, zu beschäftigen. Der Malikismus (der strengste der vier islamischen Rechtsschulen) triumphierte, jede andere Form des Denkens war untersagt. Die berühmte moraltheologische Schrift *Wiederbelebung der religiösen Wissenschaften* des al Ghazali («Algazel»), die er in Damaskus und Tus (Nordiran) verfasst hatte, wurde strikt verboten und in Córdoba und anderen großen Städten verbrannt. Jeder, der das Werk besaß, musste mit der Todesstrafe rechnen.

Die Andersgläubigen erfuhren mit voller Wucht die Konsequenzen dieses religiösen Fanatismus. Die Juden entzogen sich dem Druck durch Zahlung großer Geldsummen. Die Mozaraber – die Christen – hatten mehr zu leiden. Muslimische Fanatiker begannen, im Einverständnis mit der Obrigkeit, die christlichen Kirchen zu zerstören. Die *fakih* erließen in Übereinstimmung mit den Anordnungen des Kalifen Omar eine Fatwa, nach der keine Kirche, ob alt oder neu, bestehen bleiben solle. Yusuf gab sein Einverständnis. Die Übergriffe gingen so weit, dass die Mozaraber eine Abordnung zum König von Aragón, Alfons dem Kämpfer, schickten und ihn um Hilfe baten. Dieser ging auf ihre Bitten ein und rüstete zu einem Feldzug mit 4000 Berittenen. Der König war zunächst erfolgreich und erschien vor den Toren Córdobas und Granadas; es gelang ihm jedoch nicht, die Städte einzunehmen.

Insbesondere am Anfang hatte Yusuf die muslimische Bevölkerung hinter sich. Seine Frömmigkeit rief Bewunderung hervor, desgleichen sein strenges Vorgehen gegen Christen und Juden. Er reduzierte die Steuern auf das in den heiligen Schriften vorgeschriebene Maß und fand damit die Zustimmung der Bevölkerung. Aber die Notwendigkeit, auf die christlichen Staaten Druck auszuüben, Befestigungen zu bauen, alte Burgen wieder herzurichten, Söldner zu rekrutieren und zu bezahlen, um Lücken in der Armee zu schließen, all diese ständig steigenden Abgaben zwangen die Almoraviden, die fiskalischen Belastungen zu erhöhen. Die kanonischen Steuern erwiesen sich rasch als unzureichend und man forderte mehr und mehr neue Steuern, die umso schwerer einzutreiben waren, als sich die Bevölkerung im Zustand wirtschaftlicher Not befand.

Fremde Unterdrücker

Bald betrachtete das enttäuschte Volk die Almoraviden als Unterdrücker und Tyrannen. Zu den Bedrückungen durch die Armee und die Organisation der Verteidigung traten noch Korruption und Machtmissbrauch der militärischen und staatlichen Hierarchien. Die arroganten und raffgierigen Generäle führten sich auf wie in Feindesland. Sie griffen nach allem, worauf sie Lust hatten,

Geld, Frauen, Juwelen etc. Für ihre Bereicherung war ihnen jedes Mittel recht, vom puren Raub bis zur passiven Bestechung. Mittelmäßig und niederträchtig, wie sie waren, konnten sie keinen Sieg ausnutzen oder ihre Soldaten befehligen, die ja ebensolche Diebe waren wie sie selbst. Der Staat befindet sich in rascher Auflösung; die Straßen werden immer unsicherer; die Prinzen und Prinzessinnen profitieren selbst von den Übergriffen und Gewalttätigkeiten, «... während der amir al Muslimin, auf Akte der Frömmigkeit und des Asketismus konzentriert, vollständig die Handlungen seiner Untergebenen aus dem Auge verlor.»

Nach Ansicht seiner Würdenträger ist Ali, der im Jahre 1106 die Nachfolge Yusufs antritt, gänzlich von seinen Frauen beherrscht. Sie verteilen Ämter und Pfründe. Die Prinzen und ihr Gefolge bereichern sich, ohne auf die Unzufriedenheit des Volkes zu achten. Die vom Volk so häufig gewünschte Revolution mündete in Anarchie, in Plünderungen seitens der Reichen und führte in den Städten zur Herrschaft einer Soldateska, die vor Dieben und Feinden regelmäßig die Flucht ergriff. Der Lebensunterhalt verteuerte sich, und in vielen Landesteilen herrschte Hungersnot. Allein in der Religion zeigte die Obrigkeit eine gewisse Festigkeit. Erlass auf Erlass bedrohte alle, die der Anhängerschaft des *kalam*, der dogmatischen Theologie, verdächtigt wurden. Niemand mehr schützte die Dichter, die nach wie vor Lobgesänge auf die *fakihs* dichten, aber von ihnen schlecht bezahlt werden. Einer von ihnen, Ibn Baki, äußerte: «Ich lebe in Armut und Unglück – Euer Garten trägt keine Früchte, euer Himmel gibt keinen Tropfen Regen.»

Nach einigen Jahren almoravidischer Herrschaft erkannte die Bevölkerung von al Andalus, die all ihre Hoffnungen auf Yusuf und seine Familie gesetzt hatte, dass sie einem Irrtum aufgesessen war. Sie wurde nicht nur unterdrückt, misshandelt und ausgeplündert, sondern die Almoraviden hatten auch keinen einzigen wirklichen Sieg gegen die Christen errungen. Toledo war nicht zurückerobert, Zaragoza befand sich in der Hand Alfons' von Aragón, und die kleinen Siege derer, die jetzt die Eindringlinge waren, wogen nicht ihr Scheitern in ganz al Andalus auf.

Im Jahre 1121 erhob sich die Einwohnerschaft von Córdoba gegen die in der Stadt stationierten fremden Truppen, die in Wahrheit Besatzungstruppen waren. König Ali unterdrückte die Revolte mit großer Entschlossenheit und unter Einsatz seiner afrikanischen Einheiten. Ein Straßenkampf begann und drohte, zu einem regelrechten Massaker zu werden. Die *fakihs* legten sich ins Mittel, um ein Blutbad zu verhindern. Ali willigte ein, seine Truppen zurückzuziehen, aber der Friede war bei weitem noch nicht wieder hergestellt.

In den anderen Städten herrschte das gleiche Klima. Die Bewohner von Sevilla versprachen dem König von Kastilien Tribut, wenn er sie von der Tyrannei der Almoraviden befreite. Halbreligiöse Volksbewegungen brachen in Sevilla, Granada und Almería aus. In Silva waren es die *muridin*, die «Anwärter auf religiöses Leben»; sie waren in Milizen unter der Führung eines gewissen Ibn Kasi organisiert, einem Sufi, der die religiöse und zugleich anti-almoravidische Bewegung anführte. Um 1145 errichtete er eine Art Königreich in der Region von Évora, Beja und Huelva. Andere Rebellenchefs, vor allem die von Mertola, schlossen sich ihm an, um ein Fürstentum zu konstituieren, das mit den Almohaden von Marokko zusammenarbeiten und sie bei ihrer Landung unterstützen sollte. Diese und andere Bewegungen in Valencia, Jaén, Badajoz, Sevilla, Arcos etc. gehen in erster Linie auf religiöse und nicht-religiöse Kleinchefs zurück; sie versuchten, ähnliche Fürstentümer wie die der *reyes de taifas* zu errichten. Angesichts des zu erwartenden Widerstandes seitens der Bevölkerung und angesichts der Angriffe ihrer Rivalen in anderen Fürstentümern, wandte sich eine Anzahl von ihnen an die Almohaden (*Muwahhidun*), die 1125 in Marokko unter Führung von Ibn Tumart die Macht ergriffen hatten.

DIE ALMOHADEN

Religion und Truppenmacht

Der Marokkaner Ibn Tumart hatte in Tunis, Mekka und Bagdad religiöse Studien betrieben und eine religiöse Bewegung ins Leben gerufen, welche die Rückkehr zu den Fundamenten des Islam befürwortete. Er beanspruchte für sich die Qualität eines *Mahdi* (derjenige der vor dem Weltenende zurückkehrt, um dort einen gereinigten Islam wiederherzustellen). Er verbreitete seine Lehre unter den Berbern in deren eigener Sprache. So errang er die Herrschaft über einige Stämme und ausgedehnte Territorien. Auf gewohnte Weise verschob sich diese religiöse Bewegung zu einer politischen Bewegung. Nach dem Tode Ibn Tumarts (1130) besetzte sein Nachfolger Abd al Mumin, ein wahrhaftiger Kriegsherr, weite Teile Marokkos und unterdrückte jede oppositionelle Bewegungen gegen seine Lehre und seine Autoritäten. Sein Ziel ist es, die Almoraviden zu eliminieren, und dies wird ihn bis zu seinem Lebensende beschäftigen.

Der Augenblick war gut gewählt. Der Almoravidenemir war damals noch Ali, der gerade die Nachfolge seines Vaters Yusuf angetreten hatte. Die Lage in al Andalus war nicht günstig. Die Armeen Abd al Mumins und Alis trafen bei Tlemcen aufeinander. Ali stirbt nach einem Sturz vom Pferd, die Almoraviden werden geschlagen und von ihren Gegnern verfolgt. Fes, Oujda und Meknes werden genommen, Marrakesch nach kurzem Widerstand im April 1147, die Almoraviden werden massakriert. Abd al Mumin nimmt den ehrgeizigen Titel *amir al Muminin* an. Er nimmt seinen Sitz im Palast der Almoraviden, bleibt aber dort nur kurze Zeit und zieht an der Spitze seiner Armee nach Osten. Algier und Setif werden genommen, sodann Tunis im Jahre 1159, Mahdia, Sfax, Gabes, Tripolis werden den Normannen unter Roger II. entrissen.

Das war indessen nur ein Teil des Zieles, das sich der ehrgeizige Almohadenherrscher gesetzt hatte. Er kannte sehr gut den über

Das Sevilla der Almohaden: Die Torre del Oro am Guadalquivir, im Hintergrund die Giralda (Historische Fotografie)

die Jahre sich hinziehenden Schwächezustand des almoravidischen Spanien, und er ließ seine Armee in diese Richtung vorstoßen. Seit 1147 hatte sich die almohadische Armee weiter Teile im Süden des Landes bemächtigt, Cádiz, Jérez, Beja, Badajoz, Málaga, Sevilla; mit dem Bau der Giralda, des großen Minaretts von Sevilla, wird im Jahre 1156 begonnen. Abd al Mumin hatte im Gebiet Gibraltar, Tanger und Algeciras eine große Armee versammelt (500.000 Mann, wie man behauptete) und bereitete sich selbst auf die Überquerung der Meerenge vor, als er 1163, nach einer Regierungszeit von dreiunddreißig Jahren starb, die er mit seiner Persönlichkeit als Eroberer und Verwaltungsorganisator geprägt hatte.

Der Sohn und Nachfolger Abd al Mumins, Abu Yakub Yusuf, war ein ebenso großer Militär wie Staatsmann. Die Eroberung Spaniens sollte sich in großem Maßstab vollziehen. Von Sevilla aus richtet er seinen Angriff auf Ostspanien. Ibn Said, der König von Valencia, wird getötet. Seine Söhne sind unfähig, den gut bewaffneten und ausgebildeten Truppen Yusufs, bestehend aus Berbern, turkomanischen Söldnern und Christen, Widerstand zu leisten. Der Almohadenkalif verfügte zudem über eine starke Flotte – Saladin soll sie bei der Belagerung Akkons zur Hilfe gerufen haben. Valencia und Murcia werden genommen. Das Tal des Tajo wird bis Toledo hin geplündert. In Sevilla entfaltet der Kalif eine rege Bautätigkeit: Brücken, Paläste, Bäder und insbesondere die große Moschee, ein wundervolles Bauwerk von 150 Metern Länge und 100 Metern Breite, mit der Moschee von Córdoba eine der größten der islamischen Welt. Und er betreibt den Bau der Giralda weiter, dieses siebenstöckige, über fünfzig Meter hohe Minarett, «das Sevilla beherrscht wie ein Leuchtturm». Die von viereckigen Paneelen eingerahmten Fensteröffnungen erhellen das Innere des Turmes, von dem aus eine Rampe bis zur Plattform führt. An der Nordflanke der Moschee hat sich der Hof der Waschungen erhalten, eines der wenigen bedeutenden Überreste dieses schönen Bauwerks.

Im Jahre 1176 verließ Yakub Yusuf al Andalus und begab sich nach Nordafrika, wo sich immer stärker Unruhen bemerkbar machten. Mit der Aufrechterhaltung der Ordnung im Maghreb war er dann die acht folgenden Jahre beschäftigt – eine zu lange Abwesenheit, als dass die Provinzgouverneure in Spanien nicht versucht hätten, diesen Umstand für die Ausweitung ihrer Unabhängigkeit und ihres jeweiligen Territoriums zu nutzen. Schon sah man neue *reyes de taifas* entstehen. Die Portugiesen jedenfalls bereiteten offenkundig eine Aktion gegen die Muslime vor. Die Könige von Kastilien und León legten ihre Streitigkeiten bei und

griffen gemeinsam die Muslime an. Yusuf belagerte mit einer großen Armee die von den Portugiesen gehaltene Stadt Santarém.
Das Herannahen des Königs von León und der Schlachtentod Yusufs versetzten die Muslime in Panik und zwangen sie zur Flucht.
Dieser große Erfolg der Christen hatte gezeigt, dass die kleinen
christlichen Staaten ernsthafte Gegner der Muslime sein konnten,
wenn sie nur ihre inneren Streitigkeiten und die persönlichen
Ambitionen ihrer Führer zurückstellen würden.

Der Kalif

Abu Yusuf Yakub, der Sohn des Abu Yakub Yusuf, bestieg den Ka-
lifenthron. Mit seiner Intelligenz, seiner Frömmigkeit und seinem
maßvollen Wesen wird er einer der besten Kalifen seiner Dynastie
und des gesamten muslimischen Westens werden. Wie seine Vorgänger, wie auch schon die Almoraviden vor ihm, wird er die
schwere Aufgabe haben, den Maghreb bis hin nach Ifrikiya und
die muslimischen Länder auf der Iberischen Halbinsel gemeinsam zu regieren, die nordafrikanischen Rebellen zu bekämpfen
genauso wie die christlichen Könige Spaniens, die mit wachsendem Engagement die Reconquista betrieben.

Er wurde in Marrakesch zum Kalifen ausgerufen, nahm den
Titel *amir al Muminin* an und wurde sogleich in Nordafrika mit
einem unerwarteten Problem konfrontiert: der Landung des Almoraviden Ali ben Ghaniya in Bougie, der sich auf den Balearen festgesetzt hatte und nun den Versuch unternahm, die Almohaden zu
vertreiben, als Erstes ihre Besitzungen in Nordafrika in die Hand zu
bekommen und dann auch ihre Besitzungen in Spanien. Er nahm
Algier, Miliana, Gafsa und andere Städte des Maghreb. Abu Yusuf
Yakub schickte eine große Armee zusammen mit einem Flotten-
kontingent aus und eroberte die verloren gegangenen Städte. Der
Kampf gegen die Aufrührer sollte sich in Ifrikiya noch lange hinzie-
hen, bis schließlich der Nachfolger Yusuf Yakubs die Almoraviden
von den Balearen, ihrem Machtzentrum im Mittelmeer, verjagte.

STAAT UND VERWALTUNG IN AL ANDALUS

Eine unvollendete Eroberung

Aus dem Blickwinkel der islamischen Geschichte wird die rund achthundert Jahre während Herrschaft in Spanien – zumindest doch etwa die Hälfte davon – eher als Randerscheinung gesehen. Als vollwertiges Mitglied der großen Zivilisation, welche die raschen Eroberungen der Nachfolger Mohammeds vom Maghreb bis Zentralasien hervorgebracht hatte, blieb das muslimische Spanien stets «die Provinz an der äußersten Grenze», eben diejenige mit den engsten Kontakten zu Europa und den christlichen Ländern. Niemals hat sie ihren «natürlichen Raum» besetzen können. Niemals war es den Muslimen gelungen, die Territorien am Fuß der Pyrenäenkette dauerhaft in ihre Hand zu bekommen. Weniger als siebzig Jahre nach ihrer Landung auf der Halbinsel scheiterten sie an den christlichen Führern im Norden, die sich als Nachfahren der Westgoten betrachteten. In der Schlacht von Covadonga gelang es ihnen nicht, Pelayo – Pelagius –, den Herzog der Asturier, Sohn eines westgotischen Herzogs, zu töten oder gefangen zu nehmen. Später sollte man sagen, er sei vom heiligen Jakobus beschützt worden. Zehn Jahre nach Covadonga überschreiten die Muslime den Pass von Roncesvalles/Roncevaux, scheitern aber in Aquitanien. Ihre Niederlage bei Poitiers zwingt sie zum Rückzug. Sie besetzen Katalonien, aber mit Hilfe der Karolinger, die hier als eine Art Schutzmacht auftreten, nehmen die Westgoten, oder die sich dafür hielten, diese Region wieder in ihren Besitz; die Muslime werden danach Katalonien nie mehr dauerhaft unter ihre Herrschaft bringen. Abd ar Rahman II. wird später versuchen, die kantabrische Küste einzuverleiben, aber Revolten seiner mit christlichen Angriffen beschäftigten Berbertruppen vereiteln das Projekt. Das inzwischen konstituierte Königreich Asturien versperrt für immer den Weg nach Oviedo und an den Atlantik. Andere christliche Fürstentümer etablieren sich im Westen und im Osten, und die Muslime werden vergeblich versuchen, sie zu eliminieren.

Die Marken

Zwischen diesen langsam entstehenden Fürstentümern des Nordens und dem Emirat, später dem muslimischen Königreich, liegen die *Marken*, von denen im ersten Teil des Buches bereits die Rede war. Obwohl von beiden Seiten umkämpft, gelang es niemandem, sie unter die jeweilige Botmäßigkeit zu bringen. Diese von ihrer Größe und ihrer Landesnatur her unterschiedlichen Territorien ziehen sich vom Mittelmeer bis zum Atlantik quer durch die gesamte Halbinsel hindurch. Nach abbasidischem Vorbild – Harun al Raschid richtete ähnliche Marken, die *tughur*, entlang der Grenze zum Byzantinischen Reich ein – schufen die Muslime daraus mehr oder weniger stark befestigte strategische Zonen, je nach strategischer Bedeutung der Region. Die Verteidigungslinie besteht aus Burgen, die in Abständen auf Erhebungen errichtet und mit turmbewehrten Mauern umgeben sind. Ein System von Toren und Zugbrücken verhindert das Eindringen in die Befestigungen. Noch heute sind die Ruinen dieser Grenzburgen in vielen Gegenden Spaniens zu sehen. Bedeutendere Verteidigungsanlagen, die *kala*, entstanden in strategisch besonders wichtigen oder besonders dicht besiedelten Gebieten.

Die Marken als Kriegsgebiete sind keineswegs menschenleere Pufferregionen, wo man sich nur Schlachten lieferte. Ähnlich waren die abbasidischen *tughur* entlang der Tauruskette zwar eine befestigte Militärgrenze, sie waren aber dennoch kultivierte, fruchtbare Gebiete und keineswegs Niemandsland, wie man behauptet hat. Vielmehr sind viele der Meinung, dass diese Territorien mit durchaus regem täglichen Leben besonders gut geschützte militärische Zonen darstellten, in denen kriegerische Auseinandersetzungen übrigens keineswegs zum Alltag gehörten. Die Marken unterstehen Militärbefehlshabern, die über weiterreichende Kompetenzen verfügten als die Provinzgouverneure. Zentren der Marken waren Zaragoza für die Obere Mark und Medicaneli für die Untere Mark.

Die Kura

In den übrigen Teilen der Halbinsel sichern Garnisonen mit ausgehobenen Soldaten sowie Söldnern die Landesverteidigung; Soldaten arabischer Herkunft erfreuen sich besserer Konditionen und privilegierter Behandlung. Die Verwaltung liegt in Händen der Zivilgouverneure, der *wali*, die von der Zentralregierung ernannt werden; ihnen zur Seite stehen Sekretäre, Steuerbeamte, Beauftragte für die Rekrutierung der Armee, für die Schätzung der Ernten etc. Die *wali* werden – je nach der Entfernung zur Hauptstadt – mehr oder weniger von der Zentralregierung überwacht. Ausschlaggebend für den Grad der Überwachung ist die Bedeutung des jeweiligen Verwaltungsbezirks, der *kura*. Der Terminus ist syrischen Ursprungs, wie auch die Bezirkseinteilung selbst. Zahlreiche andere Verwaltungstermini und Institutionen in al Andalus sind ebenfalls syrischen Ursprungs. Die *kura*-Verwaltung hat ihren Sitz in der *kasba*, einem befestigten Gebäudekomplex im Zentrum der Stadt. Die wichtigste *kura* ist die von Córdoba. Nach den zeitgenössischen Historikern variiert die Anzahl der *kura* bedeutend: achtzehn nach Mukadasi, rund vierzig nach al Razi und Yakub. Bestimmte *kura* genießen einen Sonderstatus, weil ihr Territorium einem syrischen *djund* zugesprochen war. Die Einteilung in Verwaltungsbezirke bestand bis zum Ende der muslimischen Herrschaft auf der Halbinsel. Die *reyes de taifas* machten die Hauptorte der *kura* zu Hauptstädten ihrer Fürstentümer. Die Almoraviden und Almohaden übernahmen sie als Sitz für ihre Gouverneure.

Der Herrscher und sein Hof

Die Einteilung in *kuras* sowie die Funktion des Herrschers und viele andere Züge der Verwaltungsorganisation von al Andalus sind orientalischen Ursprungs, vor allem angeregt vom Abbasidenreich und gehen letztlich auf das persische Sasanidenreich zurück. Obwohl Gegner der Abbasiden, die ja die syrischen Omayyaden vernichtet hatten, orientierten sich die Emire und Kalifen doch an Bagdad und übernahmen nur sehr wenig von den römischen und westgotischen Vorgängerkulturen auf der hispanischen Halbinsel. Das Militärsystem der Omayyaden in ihrem Ursprungsland Syrien hat nur am Rande die omayyadische Verwaltung in al Andalus beeinflusst.

Wie in Bagdad oder früher in Ktesiphon, beherrscht der Souverän in Córdoba – stets in erhabener Majestät auftretend – von großer Höhe herab die Masse seines Volkes. Er ist Inhaber der gesamten Macht und erkennt keine andere neben sich an, er allein hat Macht über Leben und Tod. Seine einzige Richtschnur ist sein von den Regeln der Religion inspiriertes Gewissen. Er ist das religiöse Oberhaupt in seinem Reich, insbesondere seit sich Abd ar Rahman III. selbst zum Kalifen ernannt hat, er ist Emir der Gläubigen, Stellvertreter Gottes auf Erden, oberster Führer der Gläubigen. Er ist an kein weiteres Gesetz gebunden, außer an die Vorschriften im Gesetz des Propheten, die er nach den strikten Regeln des Malikismus' befolgen muss. Als souveräner Führer seines Volkes wird sein Name im Freitagsgebet genannt. Er hat absolute Befugnisse über seine Amtsträger und die Armee, deren Oberhäupter er in eigener Machtvollkommenheit ernennt und absetzt: ein in den muslimischen Ländern, nicht nur zu dieser Zeit, sondern auch in späteren Epochen weit verbreiteter Absolutismus. Seine Auftritte in der Öffentlichkeit sind selten, vor allem nach der Einführung der Kalifatswürde. Die Zeremonien in Madinat az Zahra folgen, wie alle Handlungen des öffentlichen Lebens, einem komplizierten und hoheitsvollen Protokoll, das auf

das Hofzeremoniell der Abbasiden des persischen Orients zurück-
geht. Die Empfänge von Gesandtschaften geben Anlass zu einer
unerhörten Prachtenfaltung, die den ausländischen Gesandten
und ihren Auftraggebern ein beeindruckendes Bild vom Kalifen
vermitteln soll. Einige dieser Diplomaten, namentlich Johann von
Gorze, der Gesandte Ottos I., haben Berichte über den Empfang
beim Kalifen hinterlassen, und gerade die westlichen Gesandtschaften zeigen sich geblendet von den geschauten Wundern, den
luxuriösen Gärten, den Becken mit sprudelndem Wasser, von der
Menge der Höflinge, die dem Stellvertreter Gottes auf Erden mit
allen Anzeichen des Respekts, ja der abgöttischen Verehrung begegnen. «Die vom Kalifen ausgehende respektvolle Furcht und
die Großartigkeit, mit der alle offiziellen Handlungen durchgeführt werden, umgeben ihn mit einer wahrhaftigen Gloriole.»

Die feierlichste und mit besonderer Bedeutung befrachtete
Zeremonie ist die *baya*, die Huldigung an den Herrscher bei der
Thronbesteigung durch seine Familie, durch seine Onkel, Brüder,
sonstige Verwandten, durch die hohen Würdenträger des Hofes,
die Richter, die hochrangigen Militärs – alles ist nach der unverän-
derlichen hierarchischen Ordnung gegliedert, wie sie von den Abbasiden und anderen orientalischen Höfen übernommen wurde.
Es war Zyriab, der aus Bagdad und dem Orient, neben anderen
Gebräuchen, verbindliche Bekleidungssitten, Esskultur, Zeremonien und hierarchische Ordnungen in al Andalus einführte. Das
Zeremoniell blieb in seinen großen Linien in der gesamten Epoche
des Kalifats von Córdoba unverändert. Die Almoraviden und Almohaden werden es im Rahmen einer leicht veränderten Hierarchie übernehmen, während die Nasriden von Granada wieder auf
das Zeremoniell Abd ar Rahmans und seiner Nachfolger zurückgreifen. Die Feste anlässlich des Brechens der Fastenzeit sowie das
Opferfest, das an das Opfer Abrahams erinnert, werden am Hofe
mit Prunk und Pathos gefeiert. Mit den reichen Geschenken, dem
Überfluss und der Finesse der Tischgerichte demonstrieren sie
den Reichtum und die Freigebigkeit des Souveräns.

Der im Alcázar und später in Madinat az Zahra residierende Hof von Córdoba ist eine gewaltige Ansammlung von Männern und Frauen aller Kategorien und Funktionen, allen voran die Prinzen von Geblüt, deren Anzahl sich erhöht, je nach der Größe der Verwandtschaft des Kalifen: Brüder, Onkel, Vettern aller Verwandtschaftsgrade und jeden Alters. Der Kalif hat das größte Interesse daran, sie um sich zu haben und mit ihnen in bestem Einvernehmen zu stehen, denn sie könnten ihm gefährlich werden, sich an die Spitze von Verschwörungen stellen oder zusammen mit irgendwelchen Abenteurern Revolten anzetteln. Die Überwachungs- und Informationsdienste des Kalifen sind gut organisiert, können aber jederzeit von denen infiltriert oder «gekauft» werden, die davon träumen – und das sind nicht wenige –, den Platz des Kalifen mit allen Mitteln, Mord eingeschlossen, einzunehmen. Der Palast des Kalifen mit all seinen Familienmitgliedern, seinen Frauen und seiner gesamten Entourage ist zugleich der Sitz der Zivil- und Militärverwaltung.

Die Verwaltung

An der Spitze der Verwaltung steht im muslimischen Spanien der *hadjib*, der Zeremonienmeister; er ist der oberste der Wesire, der Berater in der engsten Umgebung des Fürsten und entspricht eigentlich dem Premierminister. Er leitet die Dienste der Verwaltung, ist die rechte Hand des Herrschers, mit dem er in ständigem Kontakt steht. Er erstattet ihm über alle Angelegenheiten des Königreiches Bericht. Sein Amt ist reich dotiert und, nach dem des Herrscher, Gegenstand aller Ehren; das Prestige des Amtes ist so hoch, dass die *reyes de taifas* – häufig selbst ehemalige *hadjibs*, die den Platz des Souveräns eingenommen hatten – weiterhin diesen Titel führten. Der *hadjib* ist für den gesamten Bereich der komplizierten und weit verzweigten Verwaltung zuständig. Sein ursprünglicher Sitz im Alcázar wurde später nach Madinat az Zahra verlegt.

Drei *diwans* (Ministerien), jeder von einem Wesir geleitet, teilen sich in die Leitungsaufgaben des Reiches. An erster Stelle steht die Kanzlei und das Staatssekretariat, *katib al diwan* oder *diwan al rasail*, beauftragt mit der Ausfertigung der offiziellen Korrespondenz, von Urkunden, Diplomen und Gesuchen. Zu diesem Diwan gehört auch das persönliche Sekretariat des Herrschers sowie die Korrespondenz mit ausländischen Herrschern. Dem Diwan untersteht auch der *barid*, der Postdienst, der nach abbasidischem Vorbild organisiert und in dieser Form in allen islamischen Staaten zu finden ist, sowie der Nachrichtendienst, der, wie überall in dieser Zeit, vom Herrscher ausgiebig in Anspruch genommen wird. Ein besonderer Amtsträger, der *sahib al burud*, ist mit diesem wichtigen Dienst beauftragt; er gibt dem Inhaber des Titels immerhin die Möglichkeit, über alles im Reich informiert zu sein. Nicht selten ist dieses Amt Sprungbrett für höhere Funktionen. Die ausschließlich im Dienste des Herrschers stehende Post wird mit Mulis oder Läufern befördert, man nutzte auch Brieftauben und optische Signale ...

Finanzen und Steuern

Eine dem Schatzmeister unterstehende, komplexe Finanzorganisation, der *khizanat al mal*, bündelt alles, was mit den Einkünften des Staates und den Einkünften des Herrschers zu tun hat. Die Amtsträger sind häufig Mozaraber oder Juden, denen man in Finanzdingen höhere Kompetenz zusprach als den Arabern. In einigen Phasen der Geschichte war es verboten, Nichtmuslime mit Finanzaufgaben zu betrauen, aber solche Verbote hatten niemals langen Bestand.

Der größte Zufluss in die Schatzkammer erfolgte über die Steuern und wurde vervollständigt durch Vasallentribute und Sondereinnahmen. Die jährlich in die Staatskasse eingehenden Gesamtsummen variierten in den Jahrhunderten der muslimischen Herrschaft beträchtlich. Zu Beginn der Omayyadendynastie in

Spanien ist die Rede von 250.000 Dinar, unter Abd ar Rahman III. sollen es eine Million Dinar gewesen sein und ein Jahrhundert später fünf Millionen, um dann bis zum Ende des Kalifats auf diesem Stand zu bleiben. Diese Summen umfassen den Zehnt – *ushr* –, eine von jedem Muslim zu entrichtete Steuer in Höhe eines Zehntel seines Vermögens, weiterhin die Liegenschaftssteuer – *khradj* – sowie für Nichtmuslime die *djizziya*, eine Kopfsteuer. Diese Steuern finden sich in mehr oder weniger identischer Form in allen Staaten des Orients und werden mit Geld oder Naturalien bezahlt. Hinzu kommen, in Spanien wie auch anderswo, Münzprägungen seit Abd ar Rahman III., Sondersteuern, Steuern auf Handelstransaktionen, Beute, Zollabgaben, schließlich Steuererhebungen im Kriegsfall, welche in schwer zu kalkulierender Höhe die Sondereinkünfte des Staates erhöhen. Die vom Fürsten willkürlich dekretierten Steuern bei eigenem Finanzbedarf werden von den Steuerbeamten direkt eingezogen und sind immer unpopulär.

Andere Steuern sind verpachtet, meist solche, mit denen die Schatulle des Herrschers gefüllt wird. Dafür besteht ein großer Bedarf, bei all den ungeheuer aufwendigen Empfängen und Zeremonien, bei den Geschenken, den Ehrenroben, die der Herrscher bei jedem religiösen Fest verschenkt, und insbesondere bei der üppigen Lebensführung im Palast, ganz abgesehen von der Masse der Bediensteten. Außerdem unterhält er einen umfangreichen Harem – 6000 Frauen zur Zeit Abd ar Rahmans –, Konkubinen, alte Frauen, Dienstpersonal, «eine unzählige Menge von Sklavinnen, Dienern und Eunuchen.» Bedeutende Kosten werden zudem von der zahlreichen und gierigen Verwandtschaft verursacht. Ein weiteres Fass ohne Boden für die Finanzen sind die ständigen Bauaktivitäten – Moscheen, Paläste, Tiergehege, Volieren – fast aller Emire und Kalifen. Käufe von Kunstwerken und wertvollen Materialien belasten das Budget: blauer, roter und grüner Marmor, Kunstwerke wie Wasserbecken und Brunnenschalen aus Syrien und Konstantinopel oder die 4000 aus Karthago und anderen afrikanischen Städten für den Bau von Madinat az Zahra herbeigeschafften Säulen. Die anlässlich großer Feste vom Kalifen, den Prinzen, den hohen Würdenträgern, den Großkaufleuten verteilten Geschenke bezeugen den unerhörten Luxus, in dem der Herrscher und die begüterten Schichten leben. Dem Kalifen schenkt man Hunderte von Woll- und Seidenteppichen, Hunderte von Pferden und Maultieren, Seidenroben, Rüstungen, Kampfschilde, Pelzgewänder, Tausende von Gold- und Silberstücken. Im Gegenzug macht er ebenfalls üppige Geschenke, deren Herstellung von bestimmten Steuern finanziert wird, die aus den königlichen Domänen stammen.

War die Steuerlast für die Mehrzahl der Bevölkerung, für die Bauern, die Händler, die kleinen Leute unerträglich? Die Antwort variiert je nach Epoche und Machthaber. Eines ist sicher: die Nichtmuslime zahlten höhere Steuern als die Muslime; dies begünstigte, wie auch in anderen islamischen Ländern, den Übertritt zum Islam. Zumeist werden neue Steuern bei außergewöhnlichen Anlässen erhoben, bei Kriegen, Flottenbauten oder bei Besuchen hochstehender Persönlichkeiten...

Die Rechtsprechung

Der Kalif, Stellvertreter Gottes auf Erden, Imam der Gläubigen, der Allgewaltige, ist auch Deuter des Rechts auf allen Gebieten; er ist damit der oberste Richter der Gläubigen. Er übt diese Funktion aus, wenn er es wünscht; dies war der Fall bei den Emiren und den Kalifen bis Abd ar Rahman III., in der Regel aber delegiert er diese Aufgabe an Amtsträger, die mit der Befugnis zur Jurisdiktion ausgestattet sind. Es gibt einen vom Kalifen direkt benannten Kadi in der Hauptstadt sowie Kadis in den Hauptorten der Provinzen, die in der Regel von den mittleren Funktionsträgern, den Wesiren und Gouverneuren, aber sehr häufig auch von der zentralen Justizverwaltung selbst ernannt werden.

In Streitsachen steht dem Gericht immer ein Einzelrichter vor, dem ein lediglich konsultatives Beratergremium aus qualifizierten Richtern zur Seite gestellt ist. Ausgewählt auf Grund seiner juristischen Kenntnisse, aber auch wegen seiner moralischen Qualitäten, ist er allein für das Gerichtsurteil verantwortlich. Seine Urteile können nicht angefochten werden, in bestimmten Fällen aber können sie vom selben Richter oder von anderen Richtern revidiert werden, oder von einem eigens für diesen Zweck einberufenen Ratsgremium. Die Exekution schwer wiegender Urteile obliegt den zivilen und militärischen Autoritäten. Da der Kadi ein ausschließlich aus dem Religiösen erwachsenes Recht anwenden muss, ist seine Funktion auch spiritueller Natur. Er verwaltet die *wakf*, Güter der Toten Hand, fromme Stiftungen zu Gunsten der Bedürftigen, betreut für religiöse Zwecke gedachte Gebäude etc. Wegen seines religiösen Charakters ist er befähigt, dem Freitagsgebet und Festen vorzustehen sowie allen Gemeinschaftsgebeten, wie etwa Fürbitten um Regen, Bittgebeten bei Überschwemmungen und Epidemien.

Richter gibt es in allen Hauptorten der *kura*, der Kadi von Córdoba ist lediglich der erste unter ihnen, ist aber eine bedeutende Persönlichkeit. Das Gerichtswesen vollzieht sich im muslimischen Spanien auf denkbar einfache Weise. Nicht einmal in Córdoba existiert ein spezielles Gerichtsgebäude. Der Kadi tagt in einem Nebenraum der Moschee, oder in der Moschee selbst und sitzt dort auf einem Teppich, vielleicht an eine Säule gelehnt. Die Gerichtsverhandlung ist kostenlos. Er selbst ist nur schlecht bezahlt, lange Zeit gab es überhaupt keine Bezahlung für seine Dienste. In den ersten Jahrhunderten zumal drängte man sich nicht gerade zu dieser Funktion. Von Kadis in Córdoba weiß man, dass sie den Posten mehrere Male ablehnten, bevor sie schließlich akzeptierten, aber auch von anderen, welche die Stellung dazu benutzten, um als Richter bei Rechtshandlungen des Kalifen tätig zu werden oder als Schlichter bei Meinungsverschiedenheiten zwischen den Prinzen und dem Hof oder bei den blutigen Streitigkeiten in der Hauptstadt zur Zeit der *Fitna*.

Der Kadi entscheidet bei Differenzen zwischen Muslimen sowie zwischen Muslimen und Christen. Für Rechtsstreitigkeiten zwischen Mozarabern ist ein spezieller Beamter zuständig. Er richtet nach dem alten Recht der Westgoten. Bei Gerichtsverfahren zwischen Juden entscheidet ein jüdischer Richter.

Das Gesetz und die Rechtsordnung

Das islamisch-kanonische Recht oder die *scharia* bezieht sich in erster Linie auf Konflikte zwischen Individuen und sagt nichts über andere Rechtsbereiche, wie etwa die öffentliche Ordnung. Schon sehr früh haben deshalb die islamischen Staaten ein laikales Strafrecht im Namen des Fürsten und nicht mehr im Namen des Religionsgesetzes eingeführt. In Anlehnung an die Abbasiden in Bagdad haben die Omayyaden in Spanien im strafrechtlichen Bereich zwei Gerichtsbarkeiten, die *shurta*, geschaffen, eine für die «höhere Gesellschaft», die andere für die mittleren und unteren Gesellschaftsschichten. Recht früh auch wurde ein Amtsträger mit der Aufsicht über die Stadt beauftragt, eine Art Marktaufseher, *sahib al suk,* der mit weit reichenden Kompetenzen ausgestattet war und der auch als Polizeibeamter eingreifen konnte, ohne eine Strafanzeige abwarten zu müssen. Er wacht zudem über die Erledigung religiöser Pflichten, über das geziemliche Betragen von Männern und Frauen auf den Straßen sowie über die Beachtung des unterschiedlichen Rechtsstatus' der Nichtmuslime. Seine vornehmliche Aufgabe indessen, wie später auch im Osmanischen Reich die des *muhtesib*, ist die Aufsicht über den Markt, den *suk*, die Überwachung der festgesetzten Preise, das Aufspüren von Falsifikaten, Kontrolle der Maße und Gewichte, der Qualität der Waren, die Verhinderung von Betrügereien jeder Art. Die vom *sahib al suk* durchzusetzenden Vorschriften sind in Instruktionen, der *hisba*, niedergelegt, die angeben, wie man in jedem einzelnen Fall zu verfahren hat.

Die Grenzen zwischen den Aufgabenbereichen des Kadi und

dem Amtsträger für die *shurta* sind nicht klar umrissen. Allgemein lässt sich sagen, dass der Kadi in juristischen Streitfällen richtet, während der *sahib al shurta* bei Delikten und Handlungen tätig wird, die das Eingreifen der öffentlichen Ordnungsmacht verlangen. Der *sahib* bekämpft Unehrenhaftigkeit in jeder Form. In den Provinzstädten ist der Gouverneur für die Aufrechterhaltung der Ordnung zuständig, überwacht das Marktgeschehen, wendet Strafen an, die von der Einkerkerung bis hin zur Kreuzigung und zur Enthauptung reichen können.

DAS LAND UND DIE MENSCHEN

Ein blühendes Agrarland

In der Epoche der größten geographischen Ausdehnung, am Ende des 10. Jahrhunderts, verlief die sicherlich immer fließende Nordgrenze von al Andalus entlang des Douro/Duero, schwenkte dann nach Norden in Richtung Burgos, das jedoch immer jenseits der Grenze lag, um schließlich über Tudela, Huesca und Lérida, alles muselmanische Territorien, das Mittelmeer südlich des auf christlichem Gebiet liegenden Barcelona zu erreichen. Al Andalus hatte die Form eines Dreiecks mit einem Punkt nördlich von La Coruña, einem anderen am Cabo de São Vicente im südwestlichen Portugal und einem dritten auf der Höhe der Balearen. Verschiedene Gebirgsketten durchziehen dieses Gebiet: die Sierra Morena, die Sierra Nevada, die Serrana von Málaga und andere.

Die Böden dieses ausgedehnten, von den Muslimen eroberten Spanien waren in jener Epoche, wie auch noch heute, von unterschiedlicher, aber letztlich ausreichender Fruchtbarkeit, um eine in bestimmten Regionen sehr zahlreiche Bevölkerung ernähren zu können. In Jahren der Trockenheit – zwischen 915 bis 939 gab es vier Jahre mit Hungersnöten – importierte man Getreide aus

Nordafrika, vornehmlich über die Häfen Oran, Tanger und sogar über Tabarka in Tunesien. Die wichtigsten Getreideanbaugebiete waren die trockenen Böden südlich von Jaén, um Écija südlich von Córdoba und die Flussniederungen des Ebro. Andalusien im engeren Sinne, das heißt die gesamte Region um Sevilla, Málaga und Jaén, war, wie auch heute noch, das bedeutendste Zentrum des Olivenanbaus; Olivenöl war bereits damals ein wichtiges Exportgut. Die Weinbauregion war in etwa identisch mit der des Olivenanbaus. Trauben wurden eben nicht nur frisch oder getrocknet konsumiert. In allen Traubenanbaugebieten produzierte man auch Wein. Das Verbot des Propheten, alkoholische Getränke zu genießen, wurde in aller Offenheit gebrochen. In der Nähe von Córdoba existierte eine große Weinmarkthalle, die zahlreiche, von Muslimen wie Christen besuchte Schenken belieferte. Der Betreiber der Markthalle war indessen ein Mozaraber.

Fruchttragende Bäume, Mandelbäume, Granatapfelbäume, Kirsch- und Birnbäume, Feigenbäume, die in Spanien recht spät eingeführten Orangenbäume, Bananen, Zuckerrohr, Reis, Palmen (in der Gegend von Elche) wuchsen überall in den Küstenregionen des Südens und des Südostens, dank der von den Arabern aus dem Orient eingeführten Bewässerungssysteme. Künstliche Bewässerung praktizierte man insbesondere in den Gebieten um Valencia, wo deshalb auch Baumwolle angebaut werden konnte, in der Umgebung von Murcia sowie in den Talzügen des Tejo/Tajo, Ebro und Guadiana. Südlich von Granada und in der Region Jaén lieferte die Seidenraupenzucht ein Gutteil des Broterwerbs der Bevölkerung. Das wichtige Exportgut Flachs wuchs in der Gegend von Elvira. Außer in ausgesprochenen Trockenjahren sicherte ein ausgewogenes Verhältnis zwischen fruchtbaren Böden und Trockengebieten die Ernährung der Bevölkerung. Ertragsarme Böden wurden mit intensiver Düngung verbessert, ein Verfahren, das von den Arabern verfeinert und verbreitet wurde. Es gab genügend Wälder zur Deckung des Holzbedarfs für den Haus- und Schiffbau. In dieser Hinsicht waren die Muslime Spaniens durchaus begünstigt, im Gegensatz zu ihren Glaubensgenossen in der Levante, wo lediglich die schnell erschöpften Holzressourcen des Libanon und des Taurus zur Verfügung standen. Eichenwälder, Kiefernwälder und andere Nutzhölzer fanden sich entlang der Ostküste, in den Regionen Cádiz, Córdoba, Málaga, Ronda und in der Algarve.

Viehzucht wurde in allen dafür geeigneten Gebieten betrieben, in den Ebenen Pferde- und Rinderhaltung, vor allem am Unterlauf des Guadalquivir, in Andalusien Maultiere und Maulesel, Ziegen und Schafe für Fleisch, Wolle und Milch überall auf Magerweiden, namentlich in der Sierra de Guadarama.

Die Bevölkerung

Die Untersuchung der Bevölkerungsstärke von al Andalus führte zu äußerst widersprüchlichen, in Einzelfällen zu abwegigen Vermutungen – so wurde etwa die Zahl 10 Millionen genannt. Wie aber soll man sich vorstellen, dass ein von zahlreichen Gebirgen und wüstenähnlichen Gebieten geprägtes Land zu dieser Zeit eine so große Bevölkerung hätte beherbergen können? Sollte die Einwanderung der Westgoten, bei allen Schwierigkeiten des Transports, der Ernährung, die Einwohnerzahl in einer solchen Dimension erhöht haben? «Kein Barbarenheer», sagt Ferdinand Lot, «konnte wegen fehlender Transportmittel und fehlender einheitlicher Leitung größer sein als höchstens 20.000.» Zählt man noch die Familien, die in Karren oder zu Fuß folgten, hinzu, kommt man auf 120.000, vielleicht 150.000 Menschen, nicht mehr.

Auch andere fremde Invasoren erreichten keineswegs eine hohe Kopfzahl. Das wichtigste Einwandererelement scheinen die Berber aus dem Rif und dem marokkanischen Bergland gewesen zu sein. Im 10.–11.Jahrhundert wurden sie von Kontingenten verstärkt, die eine bedeutende Rolle bei der Konfrontation zwischen den andalusischen und berberischen Kleinkönigtümern spielten.

Die erste Welle berberischer Einwanderer kam aus den weniger fruchtbaren Zonen des Maghreb; sie suchten jenseits der Meerenge bessere Lebensbedingungen, häufig vergeblich. Die Araber wiesen ihnen die hochgelegenen, nur bedingt landwirtschaftlich nutzbaren Gebiete zu (südlich von Córdoba, die Gebirgsgegenden zwischen Valencia und Toledo, das Land um Ronda in Westandalusien und andere ebenso wenig fruchtbare Gebiete), während sie sich selbst die fruchtbaren Gegenden vorbehielten und bevorzugt in den Städten siedelten. Vor allem in den ersten Jahrhunderten kam es häufig vor, dass solche Berber, die sich im wenig ertragreichen Hochland niedergelassen hatten, wieder nach Afrika in ihre ehemaligen Dörfer zurückkehrten. Die in Spanien verbliebenen Gruppen wurden rasch arabisiert und vergaßen ihre ehemalige Muttersprache. In dieser Epoche sind die Berber die größte allogene Gruppe. Sie besiedeln die Nordafrika am nächsten liegenden Gebiete, also die südlichen Küstenregionen Spaniens, aber auch die Meseta. In der mittleren und östlichen Mark, in den Gebirgsgegenden zwischen Valencia und Toledo stellen sie die Bevölkerungsmehrheit mit einem Schwerpunkt im Gebiet von Valencia. Viele Ortsnamen erinnern noch heute an die Anwesenheit der Berber. In ihren Siedelgebieten bilden sie recht homogene, an der Stammeszugehörigkeit orientierte Gemeinschaften. Demzufolge sind ihre Bindungen zum Kalifen recht locker, bisweilen sind sie überhaupt nicht existent. Obwohl zahlreicher als die Araber, ist ihr intellektueller und politischer Einfluss, nicht zuletzt wegen ihrer ungünstigeren wirtschaftlichen Ausgangslage, zunächst gering, aber mit dem 9. Jahrhundert begegnen uns Theologen, Armeeführer, hohe Funktionäre, selbst Wesire berberischer Herkunft. Mit der intensiven Rekrutierung von Berbersöldnern durch al Mansur (al Mansor) am Ende des 10. Jahrhunderts, werden die Berber zu einer bedrohlichen «revolutionären» Kraft, die nach dem Tode al Mansurs Ausgangspunkt heftiger Unruhen werden sollte, und die schließlich zum Untergang des Kalifats führen sollte.

Die Araber

Obwohl Spanien die wichtigste Eroberung der Araber in Europa war, obwohl ihre Zivilisation das Land tief greifend prägte, war die Anzahl der Araber doch recht klein, geringer jedenfalls als die der Berber. Zur Zeit der Eroberung und in den Jahrzehnten danach kam der größte Teil aus Syrien, einige auch aus Ägypten. Sie hatten den gleichen gesellschaftlichen Status wie in Syrien. In der Folge zogen Araber aus dem Jemen zu, aus Ägypten, aus dem Hedschas, aus Ifrikiya, kurz aus der gesamten arabischen Welt. Die Araber aus Homs ließen sich um Sevilla herum nieder, diejenigen aus Damaskus um Elvira, die aus dem Jordantal um Málaga. Da sie von den Erträgen ihrer Ländereien lebten, ohne sich persönlich darum kümmern zu müssen, waren sie die geeigneten Soldaten des Emirs von Córdoba; dieses System findet sich in zahlreichen Ländern des Orients, namentlich im *timar* der Osmanen. Wegen ihres geringen Interesses an der Landwirtschaft zogen sie es vor, in Städten zu leben. Die von ihnen okkupierten fruchtbaren Ländereien ließen sie von Pächtern oder, meist einheimischen, Arbeitskräften bearbeiten. Sie selbst bekleideten bei Hofe oder in der Verwaltung die höchsten und folglich auch die am besten dotierten Posten. Auch die wohlhabendste Schicht der Kaufleute bestand aus Arabern. Araber waren lange Zeit die Aristokratie der Bevölkerung von al Andalus.

Wie zahlreich waren die Araber? Wie auch im Falle der Berber, ist diese Frage schwer zu beantworten. In den ersten Jahrzehnten waren es sicher nicht mehr als einige Zehntausend, Familienmitglieder nicht eingerechnet. Die Zahl erhöhte sich ohne Zweifel durch Verheiratung mit einheimischen Frauen; das hielt die meisten jedoch nicht davon ab, ihre arabische Herkunft zu betonen und wunderbare Stammbäume zu erstellen, die bis in die Tage des Propheten und noch darüber hinaus reichten, obwohl in ihren Adern viel mehr fremdes als arabisches Blut floss ... Sie kompensierten ihre zahlenmäßige Schwäche durch rastlose Aktivitäten, durch einen besonderen Hang zur Streitsucht, der ihnen eine überzogen starke Stellung in der Gesellschaft sicherte. Da Kaisiten und Kalbiten nach den Traditionen ihrer Beduinenvorfahren lebten, sich schnell in ihrer Ehre verletzt zeigten und eine äußerst kriegerische Haltung an den Tag legten, waren sie das aggressivste und unruhigste Element der Gesellschaft in al Andalus. Diese beiden großen arabischen Stammesgruppierungen, die Kaisiten oder Nordaraber und die Kalbiten oder Jemeniten, hatten ihre Gegensätze und Streitigkeit mit nach Spanien gebracht, wo sie bis ins 9. Jahrhundert hinein weiterverfolgt wurden (im Libanon währten sie sogar bis ins 19. Jahrhundert). Vor allem im 7. und 8. Jahrhundert stellten diese alten Antagonismen eine wirkliche Gefahr für das Staatswesen dar. Ihre Verschmelzung mit der arabisierten Bevölkerung Spaniens schwächte nach und nach die Macht der großen arabischen Familienclans, deren politische Rolle gegen Ende der Omayyadenherrschaft deutlich abgenommen hatte. Auf allen Gebieten jedoch blieb der arabische Einfluss wirksam, selbst wenn sich seit der Periode des Kalifats eine hispano-arabische Zivilisation geltend macht, die allmählich die Zivilisation ablöst – ohne sie vergessen zu machen –, die Abd ar Rahman und seine Nachfolger aus dem Orient eingeführt hatten.

Die Saqaliba

Auch die Sklaven *(saqaliba)* sind ein wichtiges, zahlenmäßig indessen variables Element der Bevölkerung und besitzen in bestimmten Epochen auf Grund ihres Einflusses eine wichtige Machtstellung in der Gesellschaft von al Andalus.

Die Mehrzahl der Sklaven sind Slaven sowie Germanen aus Mittel- und Osteuropa; in der Regel waren sie Gefangene, die auf den Sklavenmärkten Westeuropas, vor allem in Verdun, verkauft wurden. Eine ganze Reihe dieser weißen Sklaven erhielten eine gründliche Ausbildung und erreichten hohe Funktionen. Unter Emir Abdallah am Ende des 9. Jahrhunderts trug einer der einflussreichsten Wesire den Namen Badr al Saqlabi – ein deutlicher Hinweis auf seine Herkunft. Sklaven finden wir beispielsweise als Leiter für die Herstellung von Ehrengewändern (*tiraz*), als obersten Falkenmeister, als obersten Juwelier, als Kommandant der Palastgarde. Die Sklaven bildeten einen in sich geeinten, aber gegenüber anderen Ethnien stark rivalisierenden europäischen «Clan» und wirkten in bestimmten Phasen der Geschichte durchaus als bedeutender Unruheherd. Mansur stützte sich auf sie, bekämpfte sie aber auch. In der Zeit des Zusammenbruchs des Omayyadenkalifats und der Herausbildung der Taifas übten die Saqaliba einen nicht zu unterschätzenden Einfluss aus. In Almería und Denia waren es zwei Saqaliba-Generäle, deren Herrschaft sich zu einem der unabhängigen Teilfürstentümer entwickelte. Der Hof von Denia unter dem Saqaliba Mudjahid wurde zu einem der glänzendsten geistigen Zentren des muslimischen Westens. In Valencia und Tortosa nahmen Taifa-Saqaliba den Platz der Gouverneure ein.

In der Regel formierten sich die Saqaliba zu homogenen Gemeinschaften und bewahrten so einen mehr oder weniger «europäischen» Charakter trotz ihres Übertritts zum Islam. Ihr Einfluss war höher als ihre verhältnismäßig geringe Anzahl hätte vermuten lassen, nicht zuletzt wegen der Mischehen, bei denen Saqaliba-Frauen Männer aus anderen Ethnien heirateten. Wegen ihrer blonden Haare hochgeschätzt, spielten die Saqaliba-Frauen häufig eine entscheidende Rolle bei den zahllosen Intrigen an den Höfen der Emire und Kalifen. Das Phänomen der Saqaliba in al Andalus lässt sich durchaus mit der Rolle der türkischen Garden im Bagdad der Abbasiden vergleichen sowie mit der Errichtung der fast ausschließlich aus türkischen Sklaven bestehenden Mamlukenherrschaft in Ägypten ab 1250 – eine der glänzendsten Herrschaften im vorderen Orient, die mehr als zweihundert Jahre andauern sollte.

Die Eroberung der Iberischen Halbinsel durch die Muslime führte sogleich – möglicherweise mehr als in anderen Teilen der islamischen Welt – zu einer Vielzahl von Übertritten zum Islam. Übte die neue Religion eine besondere Anziehungskraft aus? In einigen Fällen vielleicht, es war aber nicht die Regel. Hauptmotivation für den Anschluss an den Islam in Spanien und anderswo – wir haben es mehrfach betont – ist darin zu sehen, dass der Konvertit damit den häufig drückenden Steuerverpflichtungen der *dhimmis*, der «geschützten» Nichtmuslime, entging (im 9. Jahrhundert zahlten die *dhimmis* 3,3 mal so hohe Steuern wie die Muslime). Die Konvertiten der ersten Generation wurden nicht als Vollmuslime angesehen, wohl aber ihre Nachkommen, die Söhne, die Enkel. Die *Muwalladun* (Einzahl: *Muwallad*), «Abkömmlinge nicht-arabischer Neumuslime», integrierten sich in der Regel rasch in die muslimische Gesellschaft und waren ohne weiteres bereit, sich mit den Fremden zu vermischen. Sie sprechen und schreiben Arabisch und nehmen im täglichen Leben die arabischen Gewohnheiten an. Sie tun alles, damit man sie als echte Araber ansieht; ihre Kultur ist gänzlich arabisch. Viele vergessen ihr romanisches Idiom und ihre Herkunft. Die rasch islamisierten Muwalladun von Toledo betreiben religiöse Studien und reisen in den Orient, um bei Malik ibn Anas, dem Gründer der auch in Spanien weit verbreiteten malikitischen Schule, zu lernen. Andere gehen zur Vervollständigung ihrer religiösen Erziehung nach Kairuan. Viele Muwalladun verlieren jeglichen Bezug zu ihren Ursprüngen, andere behalten ihre romanischen oder gotischen Namen: Banu Angelino, Banu Karlo, Banu Martin etc. Im 9. Jahrhundert lässt sich ein Machtzuwachs bei den Muwalladun beobachten, von denen einige meinten, sie seien auf rechtlichem Gebiet nicht gleich gestellt, und gegen diese angebliche Diskriminierung protestierten. Sie vertreten jedoch keineswegs eine Abkehr vom Islam zu Gunsten des Christentums und auch keine

Innenraum der Synagoge (später zur Kirche Santa María la Blanca umgewandelt) in Toledo (13. Jh.)

Rückkehr zum westgotischen Staat. Diese Bewegung sollte nur kurze Zeit andauern, und man kann beobachten, dass niemand, seien es arabische, berberische oder andere Gruppen von sich behaupteten, Muwalladun zu sein.

Die Muwalladun waren kein Element der Unruhe, sondern auf

vielen Gebieten ein den inneren Frieden stabilisierender Bevölkerungsteil, in der Landwirtschaft, in den Städten, im Handwerk, im Kleinhandel und auch in der Armee. Die Muwalladun waren eine ausgedehnte Bevölkerungsgruppe, die keinen Wunsch hegte, vergangene, vergessene Verhältnisse wieder aufleben zu lassen, sie zeigten sich meist zufrieden mit ihrer Situation und erlaubten es den Emiren und Kalifen, in solchen Regionen unangefochten zu herrschen, wo es schwierig war, dauerhaft Soldaten und Amtleute zu stationieren.

Die christlichen Mozaraber

Als die Muslime unter Tarik und dann unter Abd ar Rahman Spanien im 8. Jahrhundert eroberten, bestand die Mehrzahl der Bevölkerung aus Christen, die seit den Predigten christlicher Missionare zu diesem Glauben übergetreten waren. Ist der Heilige Paulus nach Spanien, nach Tarragona gekommen, wie man gesagt hat? Diese Reise ist äußerst umstritten! Spanien wurde eher unterworfen als erobert, mit Ausnahme der Schlacht bei Sidonia gab es praktisch keinen Widerstand. Ein 713 geschlossener Vertrag legte rasch die Rechte und Pflichten der christlichen Bevölkerung fest, ganz nach den Prinzipien des *Dhimmat Allah*, in dem die Regeln über die Behandlung von Nichtmuslimen in eroberten Ländern festgelegt sind: «Bekämpft die, welche nicht glauben … bis sie die djizziya bezahlen» (Koran, X, 24). Die hispanischen Christen behielten ihren Besitz, ihre administrativen, judikativen und religiösen Strukturen. Ein *comes* («Graf») repräsentiert die Gemeinde vor den Organen des muslimischen Staates und bürgt gegenüber der Steuerbehörde für jeden einzelnen der Gemeinde. Die religiösen Einrichtungen der Christen, Bischofssitze, Klöster, wurden in der Regel beibehalten, dennoch gingen viele in die Hände der Eroberer über.

In den ersten Jahrhunderten ist die Anzahl der Mozaraber bedeutend. Sie bekleideten hochrangige Posten, wie etwa jener Recemund (Rabi ibn Zaid), Bischof von Elvira und vermutlich Autor des berühmten *Kalenders von Córdoba*, eines Werkes über Meteorologie, Astronomie und Ackerbau; er war Gesandter Abd ar Rahmans III. beim Kaiser von Konstantinopel. Die Mozaraber bildeten die überwiegende Mehrheit der Bevölkerung und blieben es lange Zeit. Sie sind von der arabischen Kultur entscheidend geprägt. Die Christen von al Andalus, die dem Ruf der christlichen Könige folgen sollten und in die eroberten Gebiete nördlich des Douro/Duero emigrieren werden, bringen außer ihrer Kenntnis der arabischen Sprache die vom Orient herstammenden landwirtschaftlichen Methoden mit, die arabischen Gewohnheiten des täglichen Lebens etc. Viele von ihnen beherrschten die arabische Schrift, hatten in der Verwaltung von al Andalus gearbeitet, waren mit den arabischen Verwaltungsmethoden vertraut, mit der Hierarchie und ihren Funktionären und hatten auf vielen Gebieten Kenntnisse, die den Christen des Nordens unbekannt waren. Sie vermittelten dieses Wissen an die Bevölkerung der christlichen Königreiche; ihre Vertrautheit mit den Problemen des Islam wird einige von ihnen zu einflussreichen Beratern der christlichen Herrscher machen. Ihre Betätigung auf politischem Gebiet war in vielen Fällen durchaus von Bedeutung.

Die Juden

In vielen Städten Spaniens gab es jüdische Gemeinden. Jede Gemeinde von einiger Bedeutung hatte ihr eigens Viertel (arabisch *Madinat al Yajud*, spanisch *Judería*). Die Gesamtzahl der Juden ist nicht bekannt, sie muss aber recht hoch gewesen sein. Schwerpunkte waren Valencia, Badajoz, Sevilla, Córdoba, Zaragoza, Granada und Lucena, das nahezu ausschließlich von Juden bewohnt war. In dieser Stadt wohnten möglicherweise mehr Juden als in Córdoba. Dort haben sich Namen erhalten, die von ihrer Präsenz und ihren Aktivitäten zeugen, vor allem in dem Viertel, das noch heute Judería genannt wird, in Inschriften und Gebäuderesten.

Die Westgoten hatten die Juden verfolgt und regelrecht antijü-dische Gesetze erlassen, die auf die vollständige Verdrängung der Juden abzielten. Das Konzil von Toledo hatte unter Androhung schwerer Strafen, selbst der Folter, die Taufe der Juden angeord-net. Die Beschneidung wurde verboten, ebenso das Verzehren ri-tueller Speisen. Es war den Christen verboten, mit Juden Umgang zu haben; bei einem Konzil wurde darüberhinaus beschlossen, alle Juden in die Sklaverei zu verkaufen, ihnen die Kinder wegzuneh-men, damit sie im christlichen Glauben erzogen würden. Eine ge-waltige Woge der Judenfeindschaft überschwemmte die Halbin-sel. Die Synagogen wurden zerstört. Es ist daher verständlich, dass die Juden die arabische Eroberung unterstützten und die In-vasoren als Befreier begrüßten.

Unter der arabischen Herrschaft hatten die Juden Zugang zu allen Berufen, umso mehr, wenn sie zum Islam übergetreten waren. Man findet Juden im Gefolge von Fürsten, namentlich in Badajoz, Zaragoza und Valencia. Einige erreichten den Rang eines Wesirs. Wegen ihrer Beziehungen zu anderen Ländern und ihrer Sprachkenntnisse setzten die muslimischen Fürsten sie als Diplo-maten ein. Besonders bekannt geworden ist Ibn Ishak ibn Sha-drut, ein hochgebildeter Mann, der den Traktat über die Medizin des Dioskurides ins Arabische übersetzte und den Abd ar Rahman III. als Gesandten zum König von León schickte. Auch die christ-lichen Fürsten des Nordens bedienten sich jüdischer Diplomaten. Aus den gleichen Gründen begegnen uns Juden im Bereich des internationalen Handels, vor allem mit den Ländern des Vorderen Orients, wo ihre Glaubensgenossen ausgedehnte Aktivitäten ent-falteten. Wie wir gesehen haben, bekleiden einige von ihnen hohe Funktionen in der Finanzverwaltung, so dass es unter ihren mus-limischen Kollegen zu Neid und Anfeindungen kam. Ihre Kennt-nis des Islams, der politischen Verhältnisse in al Andalus etc., wird einige von ihnen zu gesuchten Ratgebern christlicher Fürsten machen.

Im 11. Jahrhundert, unter den Ziriden von Granada, zeigt sich die jüdische Präsenz besonders deutlich. In ihren Händen liegt die gesamte Wirtschaft des kleinen Königreiches, die öffentlichen Finanzen, das Zollwesen – bis 1066 eine wütende Volksbewegung gegen die Juden auftritt. Die Unruhen werden nicht zuletzt provoziert von den Ambitionen eines jüdischen *hadjib* («Premierminister») namens Joseph (Yusuf), der in Granada wohl so mächtig war wie einst der biblische Joseph am Hofe der ägyptischen Pharaonen. In den Straßen hörte man aufrührerische Verse wie diesen:

«Die Juden lassen es sich wohl sein.
  Sie sind prächtig gekleidet, während eure Kleider, o ihr Muslime, alt und geflickt sind.
  Die Gläubigen bereiten sich ein armseliges Mahl, für einen Dirham,
  Jene aber speisen mit allem Pomp in ihren Palästen.
  Ihr Oberhaupt ist genauso reich wie euer König,
  Also erwürgt ihn wie einen fetten Widder!»

Die Gegner der Juden entfesseln ein grausames Pogrom. Dreitausend Juden, unter ihnen auch Joseph, sollen getötet worden sein. Der Aufstand dauerte einige Wochen, danach nahm das Leben wieder seinen Lauf, und die Juden lebten in Granada weiter wie zuvor.

Die Sklaven aus Schwarzafrika

Wegen ihrer geringen Anzahl, aber auch wegen der geringen Achtung, die man ihnen entgegenbrachte, stehen die schwarzafrikanischen Sklaven auf der untersten Stufe der Gesellschaft von al Andalus. Sie kommen erst unter Abd ar Rahman III. in kleinen Gruppen nach Spanien, dann in etwas größerer Zahl unter Mansur. Bei keinem von ihnen ist bekannt, dass sie – wie die Saqaliba – in höhere Ränge bei der Armee oder in der Verwaltung aufgestiegen wären. Wenn sie versuchten, sich wie die Saqaliba zu erheben, wurden sie mit strengsten Mitteln wieder zur «Räson» gebracht. Sie sind in der Armee präsent – so existiert etwa eine schwarze Garde –, jedoch nur auf den untersten Rangstufen.

Ansonsten verwendet man sie als Hausdiener oder als Konkubinen des Hausherren, eine Funktion, so sagt man, die sie perfekt ausfüllten. Die Früchte dieser Verbindungen sind indessen schlecht angesehen. Die Mulatten werden verachtet, und sie selbst hassen die Gesellschaft, die sie zurückstößt. «Wenn ihr ein ruhiges Gewissen bei meinem Verschwinden habt, so ist mein Gewissen noch ruhiger, dass ich euch verließ», dichtet einer von ihnen, der sich außer Landes begeben hatte.

Verschmelzung

Diese Bevölkerungsteile unterschiedlichster Herkunft – entweder seit Jahrhunderten auf der Halbinsel ansässig, oder in der Folge eingewandert – liefern das Beispiel einer Verschmelzung verschiedenartigster Elemente zu einer verhältnismäßig einheitlichen Bevölkerung und Zivilisation, wie sie in der islamischen Welt einzigartig dasteht. Die zitierte Klage Álvaros oder auch die Notwendigkeit, die Bibel ins Arabische zu übersetzen, damit die Christen sie verstehen können, spiegeln das ganze Ausmaß dieser Formierung von al Andalus im 9. Jahrhundert wider. Sie betrifft jene mit einer besonderen Prägung versehene hispano-arabische Bevölkerung, ein Resultat orientalischen und westlichen, christlichen und islamischen Einflusses unter Einschluss der weiter zurückliegenden Einwirkungen römischer und westgotischer Kultur.

Die gegenseitige Durchdringung der Bevölkerungsgruppen und ihrer jeweiligen Kulturen vollzog sich auf unterschiedliche Weise. Ausschlaggebend ist der Umstand, dass die Muwalladun – die zum Islam konvertierten Christen –, von wenigen Ausnahmen abgesehen, niemals wirklich von den christlich gebliebenen Mozarabern getrennt waren, obwohl die ersteren im Laufe der Generationen die arabische Sprache und Zivilisation vollständig rezipiert hatten. Sie halten weiterhin mit ihren früheren Glaubensbrüdern Kontakt und vermitteln ihnen die islamische Kultur. Auch das tägliche Leben brachte notwendigerweise die einen mit den anderen zusammen und schuf ein für das muslimische Spanien charakteristisches Klima der Toleranz. So konnte es beispielsweise geschehen, dass muslimische Richter die Streitigkeiten zwischen christlichen Verwandten schlichten mussten. Während der Fitna findet man christliche Offiziere in der Armee muslimischer Fürsten. In dieser Epoche sind die Mozaraber mit den Muslimen gleich gestellt. Und jedermann erinnert sich an den Cid, der einmal die Partei der Muslime ergriff, ein anders Mal die Partei der Christen. Abd ar Rahman Sanchol, der Sohn Mansurs, hatte in seiner Armee einen christlichen General, mit dem er über seine Mutter verwandt war.

In Sonderheit die christlichen Frauen, aus al Andalus oder aus dem Norden, waren von außerordentlicher Bedeutung für diese Art von Verschmelzung, die den spanischen, besser noch den andalusischen Typus hervorbrachte. Die Vereinigung von Muslimen mit Christinnen war weitaus häufiger als etwa die zwischen Jüdinnen und Berberinnen. Christliche Frauen aus dem Norden oder aus al Andalus füllten die Harems im wahrsten Sinne des Wortes, was nach Einschätzung einiger andalusischer Gelehrter nur die glücklichsten Ergebnisse zeitigen konnte – ganz im Gegensatz zu der in den meisten übrigen islamischen Ländern verbreiteten Auffassung, nach der allein der Mann über die Qualität einer Rasse entscheidet. In Spanien schufen die unzähligen Mischverbindungen und das daraus resultierende Ineinanderwirken der muslimischen und christlichen Zivilisationen eine Gesellschaft, in der die Toleranz über den Fanatismus die Oberhand gewann, sie schufen eine der reichsten und interessantesten Kulturen der islamischen Welt und des Westens.

Wie in allen anderen islamischen und vielen nicht-islamischen Ländern auch, ist die Bevölkerung von al Andalus in Eliten und einfaches Volk geteilt. In den arabischsprachigen Länder lauten die beiden antithetischen Termini *khassa* und *amma*, zu denen noch, je nach vor allem ökonomischen Umständen, die Aristokratie rein arabischen Blutes, die arabische und nicht-arabische Stadtbevölkerung, Muslime und Nicht-Muslime sowie Freie und Sklaven treten.

In Spanien steht die muslimische Aristokratie an der Spitze der Gesellschaft. Die oberste Ebene der Hierarchie bilden die «Leute der Kouraich», die Kouraichiten, Nachkommen Abd ar Rahmans I. «des Einwanderers», der wiederum von Marwan, dem letzten Omayyaden Syriens, abstammte. Als sehr zahlreiche Gruppe nehmen sie in der Gesellschaft der Hauptstadt einen breiten Platz ein. Sie leben von den Dotierungen des Herrschers, werden in öffentlichen Diensten kaum eingesetzt und sind eine Aristokratie der Müßiggänger, hinzu gesellen sich noch aus Syrien zugewanderte nähere oder entferntere Familienmitglieder des Fürsten. In Dingen der Ehre sind sie von finsterer Empfindlichkeit; ihre Ehre ist die des Clans. Ihre vornehmliche Sorge ist es, dieser Ehre Respekt zu verschaffen, auch wenn sie nur durch Nichtigkeiten getrübt würde. Ein einziges Blatt, so erzählt P. Guichard in seiner «Histoire des Espagnols», das ein Jemenit vom Weinstock eines Kaisiten abreißt, kann einen Krieg mit Tausenden von Toten bewirken. In den offiziellen Zeremonien haben die Verwandten des Fürsten, und sei ihr Verwandtschaftsgrad noch so weit entfernt, stets den Vortritt vor hohen Amtsträgern und Wesiren. Diese wiederum gehen dem Kadi von Córdoba und den Beamten voran. Nach der Ordnung kommen dann hochrangige Funktionsträger, danach «Inhaber von mehr oder weniger ehrenvollen Titularämtern, deren altes oder neu erworbenes Vermögen es erlaubte, sich mit Gold in die privilegierteste Schicht des Königreiches einzukaufen.» Andere, nicht mit den Kouraich versippte Familien stellen ebenfalls hohe Funktionäre.

Im Laufe der Zeit besetzen Emporkömmlinge Positionen an der Spitze der Hierarchie. Es sind dies vor allem Sklaven, deren Intelligenz und Fleiß von den Fürsten geschätzt werden. Wenn sie als Freigelassene die Aufmerksamkeit des Fürsten erlangt hatten, wechselten sie meist in die Verwaltung. Ende des 11. Jahrhunderts erhält einer von ihnen, al Sakalali, einen wichtigen Wesirposten. Einige bekleiden die Ämter des Großjuweliers, des Großfalkoniers etc. Auch Berbern gelingt der Vorstoß in die höhere Hierarchie.

All diese Männer von höherem oder niederem Adel, oder solche, die durch die Gunst des Fürsten aus dem Dunkel ihrer Vergangenheit einen hohen Rang erreichten, sammelten rasch große, bisweilen enorme Vermögen an. Die Einkünfte eines Gouverneurs waren beachtlich. Hinzu traten andere Mittel und Möglichkeiten, welche die großen und kleinen Amtsträger, vor allem solche, die im Bereich der *khassa*, der Elite, tätig waren, einsetzen konnten, um ihr Vermögen zu erhöhen. Taten sie zu viel des Guten, forderten der Kalif oder der Emir das zu Unrecht erworbene Gut wieder heraus. Der Amtsträger kam dieser Maßnahme meist damit zuvor, dass er dem Fürsten luxuriöse Geschenke anbot, Geld, Juwelen, Naturalien. Damit war der wirkliche oder gespielte Zorn des Herren besänftigt.

Alle Mittel waren recht, um hohe Ämter zu erwerben, die Reichtum und Macht verhießen. Es sind zahlreiche Beispiele von Männern überliefert, die aus dem Nichts durch Intrigen in die höchsten Höhen des Staates gelangten, wie etwa jener Ali Amir, ein junger Araber, der zunächst bei Hofe als Hilfsgerichtsschreiber angestellt wurde, dann Chef des Münzamtes wurde und schließlich den Posten des Polizeipräfekten von Córdoba erreichte. Er erwirkte den Fall des Premierministers (*hadjib*) Hischams II. und stellte den Kalifen kalt, der in der Folge nur noch eine Statistenrolle spielte.

In al Andalus wie auch in allen übrigen Ländern existierte eine Mittelschicht, eine Bourgeoisie, wie wir heute sagen würden; sie bestand aus allen Bevölkerungsteilen, die sich nicht zur Aristokratie zählten, aber auch nicht der Unterschicht angehörten, also in erster Linie Gesetzeskundige, Gelehrte, Landbesitzer, wohlhabende Kaufleute. Diese Schicht bildet in den muslimischen Ländern die Basis des Wirtschafts- und Geisteslebens.

Im muslimischen Spanien gab es keine Körperschaften, in denen sich Menschen gleichen Gewerbes und gleichen Berufes hätten vereinigen können, um so als Gruppe gegenüber der Obrigkeit auftreten zu können, wie es sich etwa schon früh im türkischen Bereich beobachten lässt. Es scheint, dass die Kaufleute – in der Mehrzahl Muwalladun und konvertierte Juden – niemals einen Sonderstatus verlangt hätten. Eine gebildete und aktive Mittelschicht spielte eine durchaus wichtige Rolle, aber ihre Existenz als solche ist niemals offiziell anerkannt worden, obwohl viele ihrer Mitglieder gebildet waren und sich als hochrangige Gelehrte einen Namen gemacht hatten. Letztere gehörten meist der *khassa* an, wie etwa die Schriftsteller, und unterstanden derselben Rechtsprechung (*shurta ulya*), während der Rest der Bevölkerung der *shurta sughra* unterworfen war, oder, nach einigen Historikern, auch der *shurta wusta* (einer mittleren Rechtsprechung) – das bedeutet jedoch nicht, dass die Mittelschicht als eigene Gruppe rechtlich anerkannt gewesen wäre.

Am Ende der sozialen Stufenleiter befand sich der ganze Rest der Bevölkerung, die *amma*: Arbeiter, Handwerker, Kleinhändler, Tagelöhner, die als «grobe und freche, immer zur Rebellion bereite Plebs» beschrieben werden. Diese abwertende Sicht gründet sich auf einer von vielen arabischen Autoren (al Tawidi, Ibn Hayan) vertretenen aristokratischen Gesellschaftsperspektive. Nur die härtesten Charakterisierungen fallen ihnen zu dem Teil der Bevölkerung ein, dem sie nicht angehören: Unwissenheit, Lasterhaftigkeit, Gottlosigkeit, Verführbarkeit etc. Es gibt keinen Fehler, der diesem «üblen Pöbel» nicht angelastet würde.

Diese trübe Beschreibung des Volkes von al Andalus verlangt eine kräftige Differenzierung. Auch wenn sie auf die untersten Schichten in den Städten – in Spanien wie auch anderswo – zutreffen mag, mit ihren elenden und ausgebeuteten Tagelöhnern, mit ihren miserabel entlohnten Handlangern der Obrigkeit, den Menschen ohne feste Arbeit, die ihr Leben das Jahr über mit Diebereien fristen, so machen diese untersten Volksschichten doch nur eine Minderheit aus. Neben diesen Randgruppen existierte die Masse der kleinen zivilen und religiösen Funktionsträger, von Beamten und Unterbeamten aller Art, von solchen, die etwas herstellten, verkauften, die sonstigen Kleinhandel betrieben, Menschen jeglicher Herkunft und Religion, Muslime, Juden, Mozaraber, keineswegs organisiert, wie wir gesehen haben, aber zahlreich in den Städten vertreten; sie versorgen die Bevölkerung mit Nahrung und Kleidung, üben Kontrollfunktionen aus etc. Vom elenden Erwerbslosen bis zum mehr oder weniger wohlhabenden Kaufmann, vom Schreiner in seiner Werkstatt bis zum Juden mit seinen vielfältigen Geschäften, war die *amma* zu dieser Zeit das eigentliche Volk von al Andalus.

Grund und Boden

In den Händen der Stammeschefs wurde der Grund und Boden in der Epoche nach der Eroberung nach und nach aufgeteilt. Ein Großteil der guten Böden wurde Eigentum des Emirs oder des Kalifen, der hieraus einen Teil seiner enormen Einkünfte zog; sie ermöglichten ihm und seiner unmittelbaren Umgebung jenes luxuriöse Leben, das von den zeitgenössischen Historikern so gerne beschrieben wurde. Der Rest war im Besitz entweder der Aristokratie, die ihre Ländereien für sich bearbeiten ließen, aber keineswegs «Grundherren» im westlichen Sinne waren, oder er befand sich in Händen freier, privater Grundbesitzer. Sie waren in Landgemeinden organisiert, an ihrer Spitze stand ein Rat oder ein Gouverneur, der meist zugleich als Richter und Burgkommandant fungierte. Die Burg bestand in der Regel aus einem ummauerten Areal ohne Donjon, in das sich die Bevölkerung in Notzeiten flüchten konnte. In den gefährdeten, oft grenznahen Regionen wurde der Gouverneur, zumeist auch Kommandant einer Garnison, von Córdoba aus ernannt, ansonsten unterstand er der Gemeinde. Zur Zeit der Reconquista kam es vor, dass die Landgemeinden direkt mit den christlichen Fürsten verhandelten. Die staatlichen Amtsträger waren mit dem Einziehen der Steuern betraut sowie mit der Beratung der Gemeinden in schwierigen rechtlichen und religiösen Fragen.

Die Regelungen der Bodenbewirtschaftung variierten in al Andalus je nach Epoche und Region. Die Landgemeinden waren unter dem Kalifat weit verbreitet, in geringerem Ausmaß vermutlich zur Zeit der Taifas. In bestimmten Teilen Spaniens existierten sie überhaupt nicht. So weit man nach dem gegenwärtigen Forschungsstand sagen kann, war das System, dem die mit der Landbestellung beschäftigten Menschen unterstanden, in Andalusien und anderen islamischen Ländern weniger drückend als in den meisten christlichen und muslimischen Ländern des Okzidents; das Los der Landbevölkerung in al Andalus war weniger hart, als es zuweilen beschrieben wurde. Das belegt unter anderem der bedeutende Aufschwung der Landwirtschaft in den Jahrhunderten nach der arabischen Eroberung, die Einführung von Frucht- und Gemüsesorten, von bis dahin unbekannten Baumarten und deren intensiver Anbau in bestimmten Regionen. Der aus der Urbarmachung großer Flächen und dem Anbau neuer Pflanzen- und Baumsorten erwachsene Wohlstand kam nicht nur allein dem Kalifen oder der Aristokratie zu Gute. Die harte Arbeit im Zusammenhang mit der Einführung neuer Anbaumethoden, der Einrichtung von Bewässerungssystemen, der Seidenraupenzucht war keineswegs die Sache von Sklaven – sie existierten im ländlichen Bereich praktisch überhaupt nicht –, sondern es war die Arbeit freier Männer und Frauen, welche aus dieser Tätigkeit einen persönlichen Gewinn zogen. Die in den verschiedenen Regionen von al Andalus durchgeführten Bauarbeiten (P. Guichard) bezeugen die Existenz von häufig sehr geschmackvollen Nutzbauten, die sicherlich nicht das Werk unterdrückter Bauern oder gar Sklaven gewesen sein können. «Es fällt schwer, der Hypothese zuzustimmen, es habe ein Landproletariat aus Tagelöhnern mit strenger Schollenbindung bestanden, das niemals seiner dienenden Stellung entrinnen konnte und ein elendes, bedrücktes Leben geführt hätte.» Es scheint uns schwierig zu sein, die Existenz verelendeter Menschen in einem Land anzunehmen, dessen landwirtschaftliche Entwicklung eine permanente Aufmerksamkeit verlangte, eine hartnäckige und zielstrebige Arbeit und ein ständiges Interesse am Gewinnen landwirtschaftlicher Erträge. Aus den Quellen geht zudem hervor, dass Intellektuelle, Gelehrte, Geistliche oft aus den ländlichen Regionen Spaniens herstammen, ein Beleg letztlich für ein durchaus kultiviertes intellektuelles und gesellschaftliches Niveau dieser Regionen. Nichts deutet darauf hin, dass diese Personen der herrschenden Schicht entstammen. Sie kamen ohne Zweifel aus einem gut situierten landwirtschaftlichen Milieu, das in allen Epochen und in vielen Ländern Dichter, Intellektuelle und Gelehrte hervorgebracht hat.

AL ANDALUS –
LAND DER DENKER UND GELEHRTEN

Fürstliche Mäzene

Unsere zusammenfassende Darstellung der blutigen Kämpfe zwischen den *reyes de taifas*, der Zusammenbruch der Almoraviden, dann der Almohaden mit allen Krisenerscheinungen könnte den Gedanken nahe legen, dass das muslimische Spanien in Barbarei abgeglitten wäre, die den Errungenschaften der letzten dreihundert Jahre ein Ende gesetzt hätten. Davon indessen kann nicht die

Rede sein, im Gegenteil. Die das 11. Jahrhundert prägenden Zusammenstöße, die Kämpfe zwischen Dynastien und innerhalb der Dynastien verdecken eine zivilisatorische Blüte, ja ein intellektuelles Fieber, das bei den Taifenkönigen ein Niveau erreichte und bisweilen übertraf, für das bislang Córdoba mit seinen Kalifen als Vorbild galt.

Für jeden dieser Kleinkönige sind Córdoba und das alte Kalifat das Modell für die Organisation seiner zivilen und militärischen Organisation. Es entstehen Höfe mit einer eigenen Hofgesellschaft, mit Sängerinnen, Tänzerinnen, Dichtern und Musikern, alle vom Klang des Goldes angelockt. Einen wohlgefüllten Harem zu haben (in Almería waren es 500 Frauen, von denen einige für 3000 Dinar gekauft wurden) galt als Zeichen besonderer Würde.

Der große Ehrgeiz eines Fürsten war es indessen, die angesehensten Gelehrten aller Wissensgebiete um sich zu scharen. Der Historiker Said Andalousi sieht den Ursprung dieser geistigen Erneuerung in «den Unruhen, welche dazu zwangen, die Bibliotheken zu verkaufen und alles Mobiliar, das den Palast von Córdoba anfüllte. Die Werke dieser Bibliotheken wurden über ganz Andalusien zerstreut. Unter ihnen fanden sich wertvolle Fragmente alten Wissens, die den Händen derjenigen entgangen waren, welche zur Zeit Mansurs ibn Amir die Bibliotheken zerstören sollten. Diejenigen im Volke, die solche Werke besaßen, zeigten, was sie enthielten. Von diesem Moment an hörte der Wille, all das zu lernen, was die Alten wussten, nicht auf zu wachsen. Die Hauptstädte der Fürstentümer wurden mehr und mehr zu geistigen Zentren.»

In Valencia, Denia, Toledo, Zaragoza, Sevilla, Almería und anderen Städten entstand so eine Zivilisation, die sich zunehmend von der alten arabischen Prägung entfernte, mit den orientalischen Zentren wie etwa Bagdad, wenn überhaupt, nur noch sehr locker verbunden war. Mehr als in den Zeiten des Kalifats beteiligten sich die «Spanier» im weitesten Sinne – Mozaraber, Juden, Muwalladun etc. – am intellektuellen Leben, und jeder steuerte

Der Schreiber, Miniatur aus den «Schriften der Lauteren Brüder», einem alchemistisch-esoterischen Werk (Bagdad, 1287)

die Elemente bei, welche für die muslimische Zivilisation in Spanien in ihrer glänzendsten Epoche ausschlaggebend waren. Jedes Taifenreich wurde zu einem eigenen Sammelpunkt für Literatur, Philosophie, Wissenschaft.

Obwohl die eigentlichen Araber eine Minderheit bilden, ist das Arabische die allgemeine Umgangssprache. Es hat alle anderen Sprachen verdrängt, auch wenn einige von ihnen noch als Volksidiom überlebten. Als klassische Sprache des Islam ist Arabisch die Sprache der kultivierten Kreise, der Literatur, der Poesie. Die literarischen und wissenschaftlichen Erzeugnisse der anderen, vor allem der Berber, treten ihr gegenüber in den Hintergrund. Diese sprachliche Gemeinsamkeit ist die grundlegende Voraussetzung für die Entstehung einer Gemeinsamkeit des Denkens sowie des Austauschs von Wissen unter den Gelehrten und den intellektuellen Kreisen, die nach dem Zusammenbruch des Kalifats auf der Bildfläche erschienen. Trotz politischer Wirren und der Zerstreuung der zuvor auf Córdoba konzentrierten Gelehrten gab es keine Unterbrechung der wissenschaftlichen Arbeiten. Einige Astronomen gingen nach Granada, so etwa Ibn al Samh, der über das Astrolabium schrieb und astronomische Tafeln erstellte; Ibn al Saffar, auch Autor astronomischer Tafeln, ging mit anderen nach Denia. Die kleine Stadt Denia unter der Herrschaft der Saqaliba erringt in dieser Zeit einen in der gesamten muslimischen Welt verbreiteten Ruf als intellektuelles Zentrum und vor allem als Pflegestätte der Koranstudien. Auch die Baleareninsel Mallorca zieht Gelehrte und Theologen an, ebenso Málaga, Granada, Sevilla, Carmona, Cuenca und andere, deren Herrscher darin wetteifern, aus ihren Höfen kulturelle Mittelpunkte zu machen. Die Fürsten organisieren allenthalben Zusammenkünfte von Gelehrten, heute würde man von Symposien sprechen, auf denen über aktuelle wissenschaftliche Fragen debattiert wird, sie suchen sich ihre Amtsträger unter den Wissenschaftlern und verfassen selbst beachtliche Werke. So profiliert sich al Musafir, der König von Badajoz, mit einer Enzyklopädie von hundert Bänden, oder Muktasir,

König von Zaragoza, mit mathematischen und astronomischen Schriften ...

Averroes und seine Zeit

Die friedlose Ära der *reyes de taifas*, gefolgt von den zwei Jahrhunderten der Almoraviden und Almohaden ist diejenige Epoche des muslimischen Spanien, welche die größten Denker, die berühmtesten Wissenschaftler hervorgebracht hat; sie haben den tiefgehendsten Einfluss auf die Zivilisation des Orients und des Okzidents ausgeübt. Der Geistesgeschichtler Juan Vernet hat diese Periode als «den glanzvollen Höhepunkt der spanischen Wissenschaften» gefeiert.

Große Namen tauchen in dieser Epoche vor dem Zusammenbruch des Islam in Spanien auf. Averroes (Abu al Walid Muhammad Ibn Ahmad Ibn Ruschd) übertrifft alle anderen. Er wurde 1126 in Córdoba geboren und starb 1198 in Marrakesch; sein Vater, ein Kadi, ließ ihn in Rechtskunde, Medizin und religiösen Wissenschaften unterweisen. Angeregt von der in dieser Zeit weit verbreiteten Beschäftigung mit den antiken griechischen Wissenschaften erwacht bei Averroes eine geradezu universelle Neugier. In Marrakesch studiert er Astronomie und Mathematik. Nichts kann seinen Wissensdurst stillen, aber für ihn, wie für alle anderen muslimischen Intellektuellen, stellt sich das Problem, Religion mit Philosophie, den islamischen Glauben mit philosophischer Erkenntnis zu vereinbaren. Nach seiner Meinung wirken beide Bereiche zusammen. Verschiedene geistige Ansätze können auf dieselbe Wahrheit zulaufen, es bestehen zwei Methoden, um dasselbe Endergebnis zu erreichen, «so wie man über die Algebra und die Arithmetik ein und dasselbe Problem lösen und zu ein und demselben Ergebnis gelangen kann» (Naldez). Der Aristotelismus beherrscht das gesamte Oeuvre von Averroes. Es umfasst zahlreiche philosophische Werke: *Die Inkohärenz der Inkohärenz (Tahafut al tahafut;* lat.: *Destructio Destructionum)*, in dem er den

Neuplatonismus des Avicenna zurückweist und seine Gegnerschaft zu al Ghazali erklärt; das Buch der Enthüllungen, in dem er nachweist, dass es keinen Konflikt zwischen Religion und Philosophie gibt; weiterhin zahlreiche Aristoteleskommentare, eine Paraphrase zur «Politeia» Platons; Werke über Meteorologie, über den «Himmel und die Welt»; ein großes Werk über die Medizin; *Colliget; Die Entstehung der Verderbtheit; Intellekt und Intelligenz* etc. Viele dieser Werke wurden ins Lateinische übersetzt, und überhaupt kennen wir seine Schriften nur in Übersetzungen, denn viele arabische Originale gingen bei der Zerstörung von Bibliotheken durch muslimische und christliche Fanatiker verloren. Sein Einfluss war dennoch beträchtlich. « Er ist vielleicht der Spanier, der im Denken der Menschen die tiefsten Eindrücke hinterlassen hat.» (Juan Vernet).

Seitdem die Übersetzung der Averroes-Werke in Europa rezipiert wurden, stellte sich die Frage, in welchem Ausmaß die darin enthaltenen Begriffe und Vorstellungen – die sich durchaus von dem unterschieden, was man als rein aristotelisch ansah – mit den Wahrheiten des Glaubens vereinbar waren. Im gesamten 13. Jahrhundert widmeten sich Philosophen und Theologen der Beantwortung dieser Frage, die unter den Gelehrten Europas langwierige Kontroversen hervorrief. Gepriesen von den Averroisten und verdammt von ihren Gegnern, allen voran Thomas von Aquin, Albertus Magnus und Siger von Brabant, der Oxforder Schule mit Roger Bacon, Robert Grosseteste und Wilhelm von Ockham, bildeten die von Averroes vermittelten und kommentierten Gedanken des Aristoteles lange Zeit das Zentrum philosophischer und theologischer Bemühungen und formten damit ein Denkgebäude geradezu europäischen Ausmaßes.

Vor Averroes lehrt Avempace (Ibn Badjdja), ein in Zaragoza geborener Philosoph, den wir nur über Aussagen anderer kennen, dass das Leben in der Welt für einen Philosophen nicht geeignet sei; er müsse sich in einen Elfenbeinturm zurückziehen, um sein Denken zu schützen. Wie Plato ist auch er der Auffassung, man könne die Wahrheit ohne göttlichen Beistand erkennen. Ibn Tufayl (Abubacer) bedient sich seiner Ideen bei der Zurückweisung Avicennas. Wie viele andere Philosophen war Avempace zudem Astronom und entwickelte ein neues Planetensystem. Auch war er Dichter und Musiker. Er schrieb einen Roman und schildert darin einen Weisen, der seine selbst gesetzten spirituellen Ziele durch freiwilligen Rückzug in die Einsamkeit erreicht.

Die großen Ärzte

Auf allen Wissensgebieten bringt diese Epoche bedeutende Gelehrte hervor. Im Bereich der Medizin ist Avenzoar (Abu Marwan Abd al Malik ibn l-Ala Zuhr) einer der berühmtesten. Er stammt aus einer Ärztefamilie und hat als erster die Tracheotomie, die künstliche Ernährung, praktiziert und die Krätze behandelt. Averroes selbst verweist bei allen therapeutischen Fragen auf das Handbuch Avenzoars. Az Zahrawi, genannt Albucasis, wurde in der Nähe von Córdoba geboren und gilt als der größte Kliniker der Epoche. In einem medizinischen Kompendium von dreißig Bänden, dem Tasrif, behandelt er alle Krankheiten, ihre Symptome, ihre Behandlung sowie auch ihre operative Behandlung und wendet dabei das gesamte medizinische Wissen an, von Paulos von Aigina in der Antike bis zur arabischen Heilkunst der Gegenwart. Er beschreibt auch die Lepra, die Bluterkrankheit, Fisteloperationen, Trepanationen, chirurgische Nähte und befasst sich mit den Bissen der schwarzen Ameise. Er war der erste, der zu chirurgischen Behandlungen griff, er brannte Wunden aus, nähte Arterien zusammen, führte Operationen am Rücken und am Auge durch. Er befürwortete das Studium der Anatomie und das Sezieren von Leichen. Seine Diagnostik stützte er auf die Röte und Blässe des Gesichts, auf Magerkeit, den Puls, den Urin etc. Die Medizin des Albucasis zeichnet sich somit durch klinische Beobachtungen aus, er betreibt eine konkrete, empirische Heilkunde, während im Gegensatz dazu die Medizin der Griechen häufig einen allgemeinen, theoretischen Charakter hatte.

Maimonides

Auf dem Gebiet der Religionsphilosophie verbreitet ein Jude aus Córdoba, Maimonides (Mose ben Maimon, 1135–1204), derweil das Denken des muslimischen Spanien in der ganzen damaligen Welt. Er ist Rationalist, negiert die Immoralität der Seele, verteidigt aber dennoch die religiösen Gesetze, weil sie alleine in der Lage seien, das Leben der Menschen zu leiten. Nach seiner Auffassung haben die mosaischen Gesetze die höchste Vollkommenheit erreicht. In seiner rationalistischen Schrift *Führer der Verwirrten* (*Moreh Nebukim*) wendet er sich gegen alle okkulten Wissenschaften, die Astrologie und alle Arten von Mystizismen. Auf den Islam bezogen lehnt er die Propheten ab, bezeugt ihm gegenüber jedoch ansonsten Sympathie. Zu den arabischen Denkern wie al Farabi, Ibn Sina (Avicenna), al Ghazali und anderen hält er eine gewisse Distanz, erkennt aber ihren Einfluss an. Von seinen jüdischen Glaubensbrüdern wurde er stets bewundert.

Geographen und Astronomen

Wie könnte man den größten Geographen des muslimischen Spanien, al Idrisi, übergehen, dessen Werke man in Europa bis in die Neuzeit hinein studierte? Er wurde um 1100 in Ceuta geboren; er unternahm insbesondere Reisen durch Spanien, Portugal und Nordafrika, aber auch durch Kleinasien und Westfrankreich, kam vielleicht sogar bis England; nach seinen Studien in Córdoba ließ er sich am Hofe König Rogers von Sizilien nieder. Dort veröffentlichte er ein umfangreiches, im Auftrag des Königs redigiertes geographisches Werk, das unter dem Titel *Buch des Roger* (*Kitab Rugar*) bekannt wurde. Er beschreibt darin die Erde anhand von Reisewegen und fügt 71 Landkarten hinzu, die auf einer großen silbernen Erdscheibe eingraviert waren. Er unterscheidet sieben «Klimata» auf der Erde, zu denen man im folgenden Jahrhundert ein achtes, südlich des Äquators, hinzufügte. Idrisi wird auch ein *Traktat über die einfachen Drogen* zugeschrieben, in dem er die Synonyme für die aus pflanzlichen, tierischen und mineralischen Rohstoffen hergestellten einfachen Heilmittel, die «Simplicia», in einem Dutzend Sprachen aufführt.

Noch eine ganze Reihe anderer Namen von Gelehrten aller Disziplinen müssten angeführt werden: Der Astronom Azarquiel, der sich erst in Córdoba, dann in Sevilla einen Namen machte; Ibn al Sahm, der die euklidischen Elemente kommentierte und eine astronomische Tafel erstellte; Ibn Muadh, Autor einer sphärischen Trigonometrie. Andere Gelehrte studierten den Himmel, ein Forschungsobjekt, das auch später noch die Wissenschaftler beschäftigte; Ibn Saffar und seine astronomischen Tafeln; Ibn Kayyat, ein Astrologe, der die Vertreibung der Muslime aus Spanien voraussagte; Ibn al Beghunich, der sich besonders intensiv mit dem Werk Galens beschäftigte. Ibn al Wafid befasste sich mit Medizin und Landwirtschaft. Letztere wurde in der gesamten Epoche in zahlreichen Abhandlungen gepflegt, sowohl im Sinne des praktischen Ackerbaus wie auch hinsichtlich der Klassifizierung der Pflanzenfamilien, der Arten, der Varianten etc. Neue Pflanzen waren kurz zuvor aus dem Orient eingeführt worden und wurden auch in der Folgezeit von dort auf die Halbinsel gebracht; man studierte sie und experimentierte mit neuen Anbaumethoden. In diesem Zusammenhang muss Ibn Wafid genannt werden, der mit künstlicher Pflanzenbefruchtung experimentierte; weiterhin Ibn Bassal, sein Nachfolger in der Leitung der königlichen Gärten zu Toledo, und noch manche andere, die ausschlaggebend waren für den hohen Stand der Landwirtschaft und des Gartenbaus in al Andalus.

Al Arabi der Mystiker

Neben diesen bedeutenden Gelehrten darf nicht das monumentale Oeuvre des größten islamischen Mystikers, Ibn al Arabi, des «Scheichs der Sufis», vergessen werden. Im Jahre 1165 in Murcia geboren, wuchs er in Sevilla auf, wo er mit seinen Studien begann. Es folgten mehr oder weniger lange Aufenthalte in anderen spanischen und nordafrikanischen Städten, in Bagdad, in Konya, schließlich in Damaskus, wo er 1240 starb. Er hinterließ ein so großes Werk, dass er, wie man sich erzählte, nicht mehr wusste, wieviele Bücher er geschrieben hatte. Für Arabi teilt sich das Wissen in drei Kategorien: In Wissen, das durch die Vernunft erworben wurde; durch den Geschmack, etwa durch Farben; schließlich durch die von Gott herkommende Offenbarung des Propheten. Eine der wichtigsten Quellen des Wissens ist der Koran. Für Arabi existiert Gott ohne Attribute und ist eigentlich nicht erkennbar. Der Mensch legt auf dem Weg der mystischen Gotteserfahrung verschiedene «Reisen» zurück: eine von Gott weg, eine zweite zu Gott hin, eine dritte schließlich in Gott, eine Reise, die niemals endet. Nur mit einer besonderen Gabe ausgestattete Menschen können zur Schau Gottes gelangen, indem sie sich mit ihm vereinigen. Arabis Philosophie, welche die menschliche Vernunft als eng begrenzt auffasst, macht aus dem Menschen «eine göttliche Möglichkeit». Der «Reisende» muss vier Verpflichtungen erfüllen: das Schweigen, die Einsamkeit, den Hunger, das Wachen.

Arabi übte einen tief greifenden Einfluss auf die muslimische, aber auch christliche Mystik aus. Sie entwickelte sich vor allem in Syrien, in Indien und im Jemen. In der türkischen Derwischtradition stand sie im Wettstreit mit der Mystik des Galaladdin al Rumi, die im 14. Jahrhundert zu einer der Hauptströmungen des anatolischen Sufismus wurde und mit Yunus Emre den großen religiösen Dichter der Türken hervorbrachte. Man begegnet den Lehren Arabis bei dem aus Mallorca stammenden franziskanischen Religionsphilosophen Ramon Lull und selbst bei Dante in

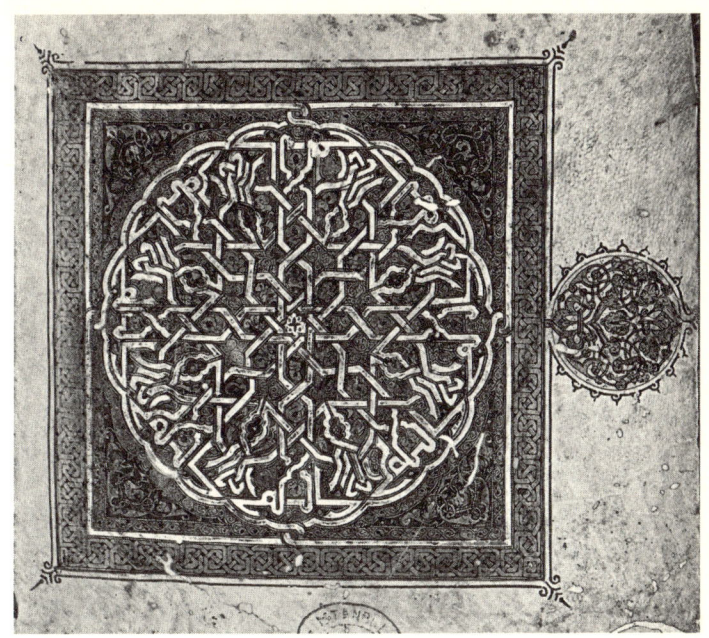

Koran, Schmuckseite (Valencia, 1182)

seiner *Divina Commedia*. «Kein Mystiker nach Arabi konnte sich seinem Einfluss entziehen; durch seine Wirkung hat er die gesamte mystische Literatur der folgenden Jahrhunderte geprägt» (A. J. Arberry).

Die Wissenschaften in der islamischen Welt

Der spanische Islam hat ohne Zweifel einen weit reichenden Beitrag zur Entwicklung des Wissens geleistet. Er steht jedoch nicht alleine da. Seit dem 2. Jahrhundert nach der Hedschra lässt sich in vielen islamischen Ländern ein «Ansturm auf das Wissen» beobachten, der diese Zeit zu einer der großen Epochen der Wissenschaften macht und ohne die der Aufschwung der Gelehrtentradition im äußersten Westen der arabischen Welt nicht verständlich wäre. Es muss bei alledem betont werden, dass die Araber nicht nur «Vermittler» wissenschaftlicher und philosophischer Werke der Antike sind, sondern ihrerseits schöpferische Gelehrte, die durchaus selbständig mit dem überkommenen antiken Wissen umgehen konnten und deren Werke sich prägend auf ihre und die folgenden Epochen ausgewirkt haben.

Auf naturwissenschaftlichem Gebiet verifizieren die Araber die Berechnungen ihrer griechischen Vorgänger und finden neue Lösungen für alte Probleme. In der Astronomie, die unter anderem dazu dient, die Stunden des Gebets, den Anfang und das Ende des Ramadan festzulegen, korrigieren sie die Vorarbeiten der Inder, die Arbeiten des Ptolemäus und des Euklid, durchaus dank der von diesen entwickelten Beobachtungsmethoden und ihrer Verwendung der Mathematik. Zweimal messen sie den Bogen des Erdmeridians. Als erste machen sie aus der Astronomie eine Wissenschaft, die von nun an nicht nur dazu dient, die Zukunft vorauszusagen. Seit Harun al Raschid erstellt Naw Bakt, ein Astronom der ersten Abbasiden, eine Tafel über die Planetenbahnen und misst einen Grad des Meridians, um genauer den Kreisumfang der Erde berechnen zu können. Die Astronomen von al Andalus gehen so weit, die Theorie des Ptolemäus über die Bewegungen der Himmelskörper zurückzuweisen. Unter den zahlreichen arabischen Astronomen wird man al Farghani nennen müssen, der die Längengrade berechnete; al Sufi und seine Abhandlung über die Fixsterne; Ibn Yunus al Bitrugi, der die Umlaufbahnen der Planeten entdeckte. Die Araber benutzen den Kompass, den sie von den Indern und Persern übernommen haben, und um das 10. Jahrhundert das Astrolabium und den Quadranten. Allgemein beschränken sie sich nicht auf theoretische Berechnungen. Sie überprüfen und forschen. Zunächst in Damaskus und in Bagdad, sodann in Schiraz studieren sie die Position der Planeten, Mond- und Sonnenfinsternisse. Später wird das von Hülegü, dem Enkel von Dschingis Khan, gegründete berühmte Observatorium von

Diskussion unter Intellektuellen, Miniatur aus den «Schriften der Lauteren Brüder», einem alchemistisch-esoterischen Werk (Bagdad, 1287)

Maragh im Nordwesten Irans zum Zentrum der astronomischen Wissenschaft.

Die Araber sind auch für entscheidende Fortschritte in der Mathematik verantwortlich. Hwarizmi führt das Dezimalsystem indischen Ursprungs ein (sifr = null) Seine Schrift *Zusammenfassung über Wiederherstellung* (*al Djah* in Arabisch) *und Gleichung* steht am Anfang unserer Algebra. Er setzt die Regeln über Rechenoperationen mit Sexagesimalbrüchen fest, wie sie in der Astronomie verwendet werden; das Werk wird von Adelard von Bath übersetzt und bald an den europäischen Universitäten benutzt. Der große Dichter Omar Khayyan löst Rechenoperationen des dritten Grades; mit seinen Arbeiten über astronomische Tafeln erstellt er einen Kalender mit höherer Genauigkeit als der gregorarianische Kalender. Die Banu Musa entwickelten und ergänzten das von Archimedes entdeckte Verfahren. Die *Elemente* des Euklid, von denen eine arabische Version des 9. Jahrhunderts existiert, werden ab dem folgenden Jahrhundert Forschungsgegenstand vor allem von Abd ar Rahman Badr mit dem Beinamen «Euklid Spaniens», und werden von Ibn al Sahm kommentiert. Ab dem 12. Jahrhundert ist dieses Hauptwerk dem Westen durch Übersetzungen bekannt.

Auch in der Medizin beschränken sich die Araber nicht allein auf das Studium der Alten, allen voran Galen, sie beobachten, praktizieren und finden neue Wege. Avicenna (Ibn Sina) ist der bedeutendste von allen, der unumstrittene Meister, nicht nur im medizinischen Bereich, auch in den Naturwissenschaften und der Philosophie. Er wurde in der Nähe von Buchara im Jahre 980 geboren und hatte sich, so sagt man, bereits mit achtzehn Jahren alle bekannten Wissenschaften angeeignet. Seine beiden großen Werke, der *Kanun* (der Kanon der Medizin) und der *Kitab al Shifa* (Das Buch von der Heilung der Seele) sind uns überliefert. Der Kanun ist die Darstellung der gesamten damals bekannten medizinischen Kenntnisse, ein Kompendium, das man siebenhundert Jahre lang verwendete bis zum Aufkommen der experimentellen

Medizin. Das Werk ist in fünf Bücher eingeteilt und behandelt alle Bereiche der Medizin von den allgemeinen Erkenntnissen des menschlichen Körpers, der Krankheit, der Gesundheit bis zur Pathologie der einzelnen Organe, den verschiedenen Fiebern, der Ansteckungen und der Übertragung von Krankheiten, schließlich die Arzneimittel. Sein Werk ist indessen mehr als eine reine Aufzählung. Unter einem systematisierten philosophischen Blickwinkel ordnet es die gesamte antike medizinische Wissenschaft sowie die Erkenntnisse der Folgezeit. Der Kanun des Ibn Sina wurde jahrhundertelang von muslimischen und christlichen Medizinern studiert.

Al Razi, in der lateinischen Welt als Rhazes bekannt, ein herausragender Mediziner und vielleicht der größte Kliniker des Islam, wurde in Raiy (Teheran) geboren. Von Galen angeregt, schuf er ein gewaltiges Werk von gut zweihundert Bänden, das sich mit dem gesamten medizinischen Spektrum befasst, von Nieren- und Harnblasensteinen bis zu den Pocken und Masern, von der Liebe und dem Koitus, von Bekleidung und Nacktheit. Seine nicht-medizinischen Werke berühren die verschiedensten Gegenstände, wie etwa «die Vorliebe der Leute für Kurpfuscher». «Ein guter Arzt kann nicht alle Krankheiten heilen, denn das ist nicht möglich», schreibt er. Wie Galen und Ibn Sina ist er auch Philosoph. Hierzu gehören Werke wie ein Kommentar zum *Timaios* des Plato, eine *Kritik des Mutazilismus*, eine *Methode zur Messung der Intelligenz*, *Die Weisheit des Schöpfers*, etc. Zur Zeit der Abbasiden war er in der gesamten islamischen Welt hochgeschätzt, und Studenten aus allen islamischen Ländern strömten ihm zu. Seine Wirkung hielt bis ins 17. Jahrhundert an.

Es bereitet Schwierigkeiten, al Kindi, den «Philosophen der Araber» (gestorben 873), in eine der wissenschaftlichen Disziplinen einzuordnen, so vielfältig sind seine Interessen und Werke. Die Liste seiner Werke, wie sie im *Fihrist* aufgeführt sind, umfasst 250 Schriften, welche die alle damals bekannten Wissenschaften abdecken mit Ausnahme bestimmter technischer Bereiche: Griechische, persische, indische Philosophie, religiöse und rationale Wissenschaften. Von Aristoteles übernahm er einige seiner Konzepte, von Plato die Spekulationen über die Seele. Er schrieb Abhandlungen über Archimedes, Euklid, Ptolemäus sowie über das Astrolabium. In der Medizin behandelt er die Wirksamkeit von Arzneimitteln. Den als Webersches Gesetz bekannten Lehrsatz «Der Empfindungszuwachs in arithmetischer Progression entsteht durch geometrische Progression des Reizes» formuliert er bereits 1000 Jahre zuvor. Als Vorläufer der griechisch-muslimischen Philosophie, der *falsafa* («Erkenntnis der Wirklichkeit der Dinge gemäß den menschlichen Fähigkeiten»), zögerte al Kindi nicht, die Frage nach dem Schöpfer zu stellen, schrieb eine «Abhandlung über die zusammengesetzten Arzneien», eine «Abhandlung über die Perspektiven» und eine «Theorie der Spiegelungen».

In welche Kategorie soll man al Biruni (im Lateinischen Aliboron) einordnen, einen der größten Gelehrten des mittelalterlichen Islam, «der originellste und tiefste»? Man nannte ihn *al Ustadh* (der Meister); er war Mathematiker, Astronom, Physiker, Naturwissenschaftler, Geograph, Historiker. Er wurde 973 im Choresmien unweit des Aralsees geboren, war Ratgeber mehrerer großer Sultane, unter anderem Mahmuds von Ghazni, des Eroberers des indischen Subkontinents. Er schrieb etwa 180 Werke, meist auf Arabisch und ließ dabei kaum ein Wissensgebiet aus: Mathematik, Astronomie (*Kanun al Masudi*), Geometrie, Mineralogie, Pharmazie. Aus seiner Feder stammt eine *Beschreibung Indiens*, eine regelrechte Enzyklopädie, in der er die Bevölkerung, die Sitten, die Philosophie Indiens auf wissenschaftliche Weise beschreibt. Er widmete sich auch der Berechnung des Erdumfangs und irrt sich dabei nur um 200 Kilometer im Vergleich zu modernen Berechnungen. Alle Erscheinungsformen und Ereignisse beurteilt er unter rein wissenschaftlicher, vernunftgeleiteter Perspektive.

ISLAMISCHES WISSEN UND
CHRISTLICHES EUROPA

Am Anfang der Begegnung

Bis zum Anfang des 12. Jahrhunderts hatte kein arabisches oder aus dem Griechischen (oder Syrischen) ins Arabische übersetzte Werk Europa erreicht, mit Ausnahme einiger sehr unzureichender Fragmente oder recht unzuverlässiger Kompilationen antiker Werke in lateinischer Sprache.

Es könnte angenommen werden, dass die Kreuzfahrer, die sich so lange in der Levante aufgehalten hatten, die großen arabischen Übersetzungen antiker Klassiker oder die originalen arabischen Werke dem Westen vermittelt hätten. Es muss jedoch festgestellt werden, dass davon nicht oder nur in seltenen Fällen die Rede sein kann. Die Kreuzfahrer berichteten in ihren Heimatländern gern von den verführerischen Aspekten des Orients, von der Art sich zu kleiden, zu speisen, von Dekoration und Kunstwerken, von kostbaren Stoffen nach chinesischen Vorbildern, von den Waffen und Rüstungen der Sarazenen, bisweilen von der Schönheit und Eleganz der Orientalinnen – der Blick für das reiche Wissen der Sarazenen ist eine seltene Ausnahme. Einige Gelehrte wie Adelard von Bath im 12. Jahrhundert hielten sich mehr oder weniger lange in den Kreuzfahrerstaaten auf und brachten arabische Bücher mit, fertigten Übersetzungen an. Die erste lateinische Koranübersetzung, die Robert von Ketton auf Anregung des Abtes Petrus Venerabilis von Cluny schuf, hat mit intellektueller Neugier, doch auch mit Kreuzzugs- und Missionsinteressen der die Reconquista fördernden Cluniazenser zu tun. In die gleiche Epoche gehört die (leider nicht erhaltene) Geschichte der orientalischen Fürsten und Reiche des großen Kreuzzugschronisten und Kirchenpolitikers Wilhelm von Tyrus. Das alles sind interessante Einzelerscheinungen. Nicht mehr.

Eine griechisch-lateinisch beinflusste arabische Kultur manifestierte sich dagegen schon recht früh in Süditalien und Sizilien in der Zeit der Aglabiten, der Fatimiden, der Kabiten (9.–11. Jahrhundert). Sie sollte sich in der Epoche der Normannenkönige entfalten; unter König Roger lässt sich eine Art Synthese zwischen arabischer, griechischer und lateinischer Kultur und Tradition beobachten. Sie erweitert sich mit der Herrschaft der Hohenstaufen. Nicht zu vergleichen mit dem Übermittlungsstrang über Spanien darf doch der Weg der arabischen Zivilisation und Wissenschaft nach Europa über Sizilien nicht unterschätzt werden. Insbesondere italienische Intellektuelle kommen hier mit antiken Werken in Berührung. Die Rolle des Italieners Gerhard von Cremona als Übermittler griechischer, ins Arabische übersetzter Werke sollte auch für Spanien von Bedeutung werden; sein Interesse für die griechisch-arabische Medizin wurde in Sizilien geweckt. Auch Platon von Tivoli, der in Spanien astronomische Werke der Abbasidenzeit übersetzen wird, ist Italiener. Die Übersetzungen arabischer medizinischer Werke für die berühmte Schule von Salerno begannen im 10. Jahrhundert. Unter dem Staufer Friedrich II. verbreitet sich dieser Strom von Übersetzungswerken zu eben dieser Zeit, als sich die Beziehungen zu den Übersetzern Spaniens zu entwickeln beginnen, namentlich durch die Vermittlung des Michael Scotus. Kaiser Friedrich versammelt Gelehrte aus dem Orient um sich: Stefan von Antiochia, der Übersetzer der medizinischen Werke des Halyabbas; Alam ad-Darin al Hanafi, Leonardo Fibonacci, Ibn al Sawzi, Mathematiker und Philosoph, der Friedrich auf seinem Kreuzzug begleitete und ihm Unterricht in Logik gab. Der prominenteste Gelehrte am Hofe Kaiser Friedrichs II. war ohne Zweifel Theodor von Antiochia, der Studien in Mosul und Bagdad absolvierte und 1236 an den Hof des Stauferkaisers kam. Jehuda Cohen, ein spanischer Jude, ergänzte die Gelehrtenschar in der Umgebung des Kaisers. In Palermo publizierte er eine groß angelegte Enzyklopädie in Arabisch, die er dann ins Hebräische übersetzte. Manfred, der Sohn Friedrichs II. und wie er Liebhaber der arabischen Kultur und Zivilisation, ließ von Bartholomäus von Messina die *Ethik* des Aristoteles ins Lateinische übersetzen.

Dennoch sind die geistigen Zentren Siziliens und Italiens für die Wissensvermittlung nach Europa lediglich von relativer Bedeutung im Vergleich zu den spanischen Zentren, die im unmittelbaren Kontakt zum westlichen Europa standen. Die Periode gelehrter Aktivitäten und Übersetzungen in Süditalien war zu kurz, als dass sie wirklich für den breiten Zufluss antiker Werke nach Europa eine entscheidende Rolle hätte spielen können. Auch wirkten dort zu wenige Gelehrte, um Süditalien zum Zentrum für Übersetzungen und zum Ausgangspunkt für ihre Verbreitung werden zu lassen. Sizilien war nicht Spanien. Anzahl und Bedeutung der in Spanien vorhandenen antiken Werke in Arabisch übertrafen jeden Vergleich mit denen, die in Sizilien übersetzt wurden. Schließlich verwundert es geradezu, dass die Nachbarschaft zwischen den geistigen Zentren in al Andalus und denen Westeuropas nicht schon früher zu Kontakten geführt hat, wenn man nicht wüsste, welche Hindernisse die obwaltenden politischen Verhältnisse darstellten.

Gerbert von Aurillac in Katalonien

Vor der großen Periode der Übersetzungen aus dem Arabischen ins Lateinische, gab es – über Katalonien – bereits eng begrenzte Kontakte zwischen der gelehrten Welt des Westens und den Arabern, beispielsweise durch Mönche auf der Suche nach Reliquien. Der bekannteste unter denen, welche die Pyrenäen überquerten, um an die Quellen der arabischen Kultur zu gelangen, ist der Mönch Gerbert, der unter dem Namen Sylvester II. Papst werden sollte (999–1003). Er wurde von seinen Oberen nach Katalonien geschickt, um Mathematik und Astronomie zu studieren. Nach einem sicherlich legendarischen Bericht soll er sich auch nach Córdoba begeben haben, um dort Alchemie «und verbotene Wissenschaften zu studieren; er verführte die Tochter seines Lehrmeisters und stahl dessen Bücher.» Viel wahrscheinlicher ist, dass Gerbert bei den Arabern Kenntnisse in Mathematik und Astronomie erwarb, über die man im westlichen Europa nicht verfügte. Er konstruierte eine neue Form des Abakus mit den für das christliche Europa neuartigen arabischen Ziffern. Gerbert war ohne Zweifel der erste Mathematiker, der in Westeuropa diesen Namen verdiente. Ihm und einigen anderen Gelehrten seiner Zeit ist es zu verdanken, dass sich mathematische und astronomische Kenntnisse vom muslimischen Spanien aus in Europa verbreiteten. Zu dieser Zeit erfährt man vom Astrolabium (eines gab es bereits 1025 in Lüttich), vom Quadranten, mit dem man den Sonnenstand feststellen konnte, von der Sonnenuhr und ihrer Konstruktion, von der Wasseruhr etc.

Im Bereich der Heilkunde schrieb ein Jude namens Donnolo, ein Gefangener der Araber, ein medizinisches Werk in Hebräisch, und im folgenden Jahrhundert übersetzte Konstantin der Afrikaner (Constantinus Africanus), ein in Salerno ansässiger, christianisierter Araber, medizinische Schriften, darunter diejenigen von Haly Abbas dem Iraker, von Hippokrates und Galen.

Glaubenskrieg oder Gelehrtengespräch?

Die ersten geistigen Kontakte zwischen der islamischen Welt und Europa, deren grobe Umrisse wir nachgezeichnet haben, beschränken sich, wie bereits gesagt, auf wenige Gegenstände und wenige Namen. Sie werden im 10. Jahrhundert unterbrochen. War es mangelndes Interesse der Europäer gegenüber der arabischen Philosophie und Wissenschaft? Gewiss, wir werden noch darauf zurückkommen. Es treten noch Umstände hinzu, die sich ungünstig auf den Kontakt zwischen Christen und Muslime auswirken, um es einmal so auszudrücken, denn in den ersten Jahrzehnten der Reconquista kämpfen Ritter aus Frankreich und anderen christlichen Ländern, von den Mönchsorden unterstützt, an der Seite der christlichen Herrscher Spaniens gegen die Mauren. Es ist nicht die Stunde des geistigen Austauschs. Niemand unter den Mönchen im Gefolge der Ritter kümmert sich um das Studium der wissenschaftlichen und philosophischen Werke, welche die Bibliotheken der Ungläubigen füllen. Man trachtet allein danach, die ehemals christlichen Gebiete wieder unter dem Mantel der Kirche zu versammeln. Es entwickelt sich die Wallfahrt nach Santiago de Compostela, der *camino francés*, die französische Pilgerroute, organisiert sich, und niemand mehr denkt daran, sich in heidnische Lande zu begeben, über die so viele Schreckensgeschichten kursieren. Noch viel weniger kann man sich vorstellen, dass sich bei diesen Anhängern des abscheulichen Mohammed eine geordnete, gebildete Gesellschaft finden ließe, die in ihren riesigen Bibliotheken die größten Schätze horteten, welche die Menschheit je besessen hatte. Und überhaupt, ist nicht alles bereits in den Predigten des Erlösers gesagt? Vielleicht ist dieser Gedanke der wichtigste Grund für das Desinteresse der christlichen Eliten an einem Denken, das ihnen zutiefst fremd war. Stand nicht schon alles in den Evangelien geschrieben, in den Briefen der Apostel, in den Schriften der Kirchenväter? Wie es in diesen Jahren der heilige Anselm ausdrückte, war es das Ziel, «nicht zu verstehen, um zu glauben, sondern zu glauben, um zu verstehen»; allein der Glaube könne zur Erkenntnis des Wahren führen. Die Mehrzahl der christlichen Denker bewegte sich in den vom Glauben definierten Gebieten. Mit Ausnahme einiger weniger, die erkannten, dass die Offenbarung möglicherweise nicht alle Fragen des Menschen in Bezug auf die Natur und das Leben beantworten konnte, glaubte niemand an die Möglichkeit, mit Forschungsarbeit weiter als bis zu dem Platz zu gelangen, den das erste Geschöpf Gottes im Universum einnimmt.

Im 11. Jahrhundert ändert sich alles in wenigen Jahren. Es ist die Phase, in der die christliche Eroberung in Nordspanien an Boden gewinnt, von Navarra bis zum Teja/Tajo, mit der Einnahme von Toledo 1085 und der Einnahme von Zaragoza 1118. Rasch beginnt sich das Ideal der Reconquista herauszubilden; es wird gefördert von den christlichen Königreichen, die unvermindert ihre Offensive vorantreiben, bis sich die Herrschaft der Muslime nur noch auf den Südosten der Halbinsel, auf Andalusien beschränkt. Die politischen Konsequenzen dieses christlichen Vorstoßes auf muslimisches Gebiet sind offenkundig, nicht minder die geistigen Konsequenzen. Die arabischen und lateinischen Kulturen, räumlich so nahe beieinander, aber geistig so weit voneinander entfernt, treffen zum ersten Mal aufeinander. Es vollzieht sich eine kulturelle Osmose. Dieser Augenblick ist ausschlaggebend für die Geschichte des Denkens. Zum ersten Mal können die europäischen Intellektuellen umfassend Kenntnis nehmen von den großen Werken der Antike, von Aristoteles an erster Stelle, zuerst über arabische Autoren und Gelehrte, die von diesem Gedankengut geprägt sind, dann durch lateinische Übersetzungen. Die Gebildeten Frankreichs und anderer Länder des Westens stürzen sich auf Spanien im Bewusstsein, wie wenig sie von diesen Großwerken wussten, von den Quellen ihrer eigenen Zivilisation. Sie erkennen auch die enorme wissenschaftliche Produktion der Araber in den vergangenen Jahrhunderten und auch die qualifizierten Arbeiten der Gelehrten des 12. Jahrhunderts (Maimonides, Averroes, Abulcasis und alle anderen).

Die gesamte europäische Kultur ist getränkt von den Wissensmengen, die ihr zugetragen wurde. Europa zeigt sich regelrecht verwirrt davon. In wenigen Jahren, um die Mitte des 12. Jahrhunderts, vollzieht sich eine Veränderung des Geistes, die dahin führt, dass die geoffenbarte Wahrheit nicht mehr als Ausgangspunkt aller Dinge begriffen wird, auch wenn man diese Offenbarung nicht eigentlich ablehnt. Jetzt lässt man sich weniger von der Heiligen Schrift inspirieren, als viel mehr von den profanen Philosophen. Realisten und Nominalisten stehen sich gegenüber. Für Abaelard ist Aristoteles die Grundlage der Methode und der Theorie der Erkenntnis. Seine Kühnheit erschreckt die Kirche, die sogleich Verfolgungsmaßnahmen gegen ihn verhängt. Disputationen in den Schulen zwischen Traditionalisten und Anhängern der freien Forschung häufen sich. Nichts davon wäre möglich gewesen ohne die Begegnung zwischen dem spanischen Islam, dem selbstbewussten Träger des antiken Erbes und der eigenen Erkenntnisse, und einem wissensdurstigen lateinischen Okzident, der der auferlegten Wahrheiten müde geworden war.

Die Epoche der großen Übersetzungen

Die Übersetzung arabischer Werke ins Lateinische und die große Bewegung der westlichen Gelehrsamkeit hin zu den Werken der Antike und der arabischen Gelehrten, nimmt 1085 mit der Eroberung Toledos durch König Alfons VI. von Kastilien seinen Anfang. Pedro Alfonso (Petrus Alfonsi), ein konvertierter Jude mit hoher Reputation, veröffentlichte eine Reihe von Schriften, welche die Aufmerksamkeit der Lateingelehrten auf die arabische Kultur lenkten. Er begab sich nach England und sammelte um sich einen Kreis gebildeter Leute, denen er die Anfangsgründe arabischer Astronomie nahe brachte, schrieb eine Abhandlung über die Umlaufbahn des Mondes und knüpfte Kontakt zu Adelard von Bath, den er dazu anregte, im Ausland die Werke der Araber zu studieren. Dieser große englische Gelehrte, der unter anderem die *Tafeln des al Hwarizmi* übersetzte sowie – in drei Versionen – die *Elemente* des Euklid (auch Gerhard von Cremona hatte davon eine Übersetzung angefertigt), sollte zu denen gehören, die dem westlichen Denken den neuen, die dogmatische Tradition sprengenden Geist nahe brachte. Unter Adelards Einfluss entwickelte sich eine wissenschaftlich ausgerichtete Geisteshaltung, die im

13. Jahrhundert mit Roger Bacon und Robert Grosseteste ihren Höhepunkt erreichte.

Ab 1120 intensivieren sich die Übersetzungstätigkeiten in Spanien und erreichen Navarra und Toledo. Soll man von einer Schule von Toledo sprechen? Es scheint, man hat die Rolle Toledos und des Erzbischofs Raimund in diesem Zusammenhang deutlich übertrieben. Mit Übersetzungen hatte man in Navarra und im Ebrogebiet entweder vor der Eroberung Toledos oder zur gleichen Zeit begonnen. Sicher ist, dass nach der Eroberung zahlreiche Juden arabischer Zunge und Muslime in der Stadt verblieben und dass Erzbischof Raimund dazu beitrug, dorthin Gelehrte und Übersetzer zu berufen, zum Beispiel Petrus Venerabilis. Die große toledaner Figur ist Johann von Sevilla; er ist möglicherweise jüdischen Ursprungs, ein hervorragender Mathematiker, Astronom und Astrologe, «der fruchtbarste, kritischste und originellste Geist der zweiten Generation von Übersetzern arabischer Texte ins Lateinische», Übersetzer zahlreicher arabischer Bücher und selbst Verfasser vor allem astrologischer Werke – unter anderem einer Isagoge – sowie Autor von Werken über andere, vornehmlich wissenschaftliche Gegenstände, einem *Liber de Algorismi*, von Abhandlungen über das Astrolabium und nicht zuletzt über al Ghazali, den großen sufischen Philosophen und Theologen. Von den vielen anderen Übersetzern und Gelehrten dieser Epoche sind die Bearbeiter und Übersetzer Hermann von Kärnten und Robert von Chester zu nennen, weiterhin Hugo von Santalla, Spezialist für okkulte Wissenschaften, Gundisalvi (Archidiakon von Segovia), Übersetzer der *Metaphysik* des Avicenna, Platon von Tivoli, Übersetzer aus dem Arabischen und Hebräischen, der zusammen mit dem Juden Abraham Bar Hiyya unter anderem arabische und hebräische Werke zur Astrologie übersetzte, darunter eine *Geomantie*. Petrus Venerabilis, Abt von Cluny, verfasste die Schrift *Contra Judaeos* und lässt – zum ersten Mal – den Koran ins Lateinische übersetzen, um ihn zu widerlegen. Hermann von Carinthia, Rudolph von Brügge, Walcher von Malvern und noch viele

König Alfons der Weise diktiert seinem Schreiber den Text seines berühmten Buches über die Spiele (Miniatur, um 1280)

andere knüpfen Beziehungen zu den anderen Gelehrten, Philosophen, Theologen, Astronomen, Naturwissenschaftlern aller Richtungen in Frankreich, England, dem Reich und formen so ein geistig-intellektuelles Netzwerk, das Europa mit dem Wissen der Araber versorgt.

Die dominierende Persönlichkeit dieser Epoche ist Gerhard von Cremona, der sein Leben ganz den Studien widmete, Arabisch erlernte und gut hundert Werke aus dem Arabischen ins Lateinische übersetzte, namentlich den *Almagest* des Ptolemäus, im Jahre 1175 den *Kanun* des Avicenna, die Werke von Galen, Hippokrates, Rhazes, Farabi und besonders Aristoteles. Der wahre Aristoteles wird von Gerhard von Cremona ans Licht gebracht; es ist das herausragendste Ereignis für die Geschichte des westlichen Denkens.

Um 1250 gründete König Alfons X., «der Weise», unter Mitarbeit von Christen, Juden und Muslimen in Sevilla eine Schule für Übersetzungen arabischer und lateinischer Werke in die kastilische Sprache. Auf dem Gebiet der Historiografie ließ er eine *Crónica General* redigieren, auf dem Gebiet der Volksliteratur regte er die Übersetzung der Volkserzählung *Kalila und Dimna* an. In der Astronomie gab er die Übersetzung des *Buches der Figuren* des Abd ar Rahman al Sufi in Auftrag, in dem den bereits in Europa bekannten Sternen neue Namen hinzugefügt werden.

Seefahrer und Navigatoren

Seit alters her haben die Araber als Fernkaufleute und Reisende eine wichtige Rolle bei technischen Neuerungen im Bereich der Schifffahrt und in der Kenntnis der Welt eingenommen. Weitgehend verdanken es die Europäer den Arabern, dass sie Kenntnisse über die Gestalt der Erde, über bis dahin unbekannte Gegenden im Orient und in Afrika erhielten. Die erste Beschreibung der bekannten Welt stammt von al Idrisi, der in Nordafrika aufwuchs und nach Córdoba ging, bevor er seine ausgedehnten Reisen von Britannien bis Asien unternahm. Seine Weltkarte war in «Klimata» eingeteilt, denen später die Breitengrade hinzugefügt wurden.

Von den Arabern hat der Okzident auch das (dreieckige) lateinische Segel übernommen (ob es ursprünglich aus China stammt, ist ungeklärt), weiterhin die Technik des Lotens, der Navigation nach dem Stand der Sterne, das von den Chinesen übernommene Achterruder; die Zusammenführung all dieser Elemente wurde auf den Balearen realisiert. Allgemein gesprochen stammen alle Erfindungen auf dem Gebiet der Navigation von den Arabern, auch von Arabern aus al Andalus, worauf eine Reihe seemännischer Ausdrücke verweist: Admiral, kalfatern, Kabel, Feluke, Karavelle.

DIE RECONQUISTA

Die Offensive der christlichen Könige

Die Zeit der Kämpfe zwischen Almohaden und Almoraviden in Spanien, in Nordafrika und im Mittelmeer bot eine hervorragende Gelegenheit für eine große christliche Offensive. Wegen ständiger Reibereien zwischen Aragón und Kastilien hatte sie lange auf sich warten lassen. Silves an der Südküste Portugals war von Sancho I. von León, mit Unterstützung französischer und englischer Kreuzfahrer, die auf dem Weg nach Palästina waren, angegriffen worden. Der König von Kastilien hatte seinerseits Angriffe auf Alcalá de Guadaira, Reina und andere Städte geführt. Yusuf Yakub, zu dieser Zeit in Ifrikiya beschäftigt, überquerte in aller Eile die Meerenge und eroberte Silves zurück. Ein Waffenstillstand wurde vereinbart, aber wegen der ständigen Angriffe der Christen musste er erneut starke Berberkräfte heranführen.

Wieder einmal lagen die Christen untereinander in heftigem Streit, so etwa Alfons VIII. mit León und Navarra. Im Juli 1195 brachte Yusuf Yakub bei al Arak (Alarcos bei Ciudad Real) dem kastilischen Heer eine vernichtende Niederlage bei. Die erschöpften und verdurstenden Christen flohen nach langem Kampf. Calatrava – Gründungsort des berühmten Ritterordens – und benachbarte Orte wurden geplündert, die von den Christen gehaltenen Städte Salamanca und Guadalajara zurückerobert. Yusuf Yakub kehrte als Triumphator nach Sevilla zurück und nahm den Ehrennamen *Mansur billah* an. Im folgenden Frühjahr bemächtigte er sich verschiedener christlicher Plätze, vor allem Trujillos und Santa Cruz, und stieß mit seiner Armee bis in die Gegend von Toledo vor. Ein Jahr später steht er vor Madrid, Alcalá de Henares und Guadalajara. Die Reconquista erfuhr einen schweren Rückschlag, und viele im christlichen Lager glaubten, sie werde sich nie mehr davon erholen können. Der Kalif kehrte 1197 nach Marokko zurück, wo er zwei Jahre später verstarb.

Die Auswirkung der Niederlage von al Arak, die von den Almohaden in al Andalus und Marokko als gewaltiger Erfolg gefeiert wurde, erwies sich letztlich als gering. Der lange Kampf zwischen Christen und Muslimen wurde unvermindert fortgeführt, mit Siegen und Niederlagen auf beiden Seiten, aber das Endergebnis fiel schließlich für die Christen günstig aus. Die Reconquista, die große Rückeroberung, war entfesselt. Sie mobilisierte alle christlichen Reiche der Iberischen Halbinsel und fand die Unterstützung vieler Länder des Westens, insbesondere Frankreichs. Die Niederlage von al Arak führte zu einem Zusammenschluss der christlichen Könige und Ritter, die damit dem Aufruf des Bischof von Toledo zur Einigkeit folgten.

Fragile Macht der Almohaden

Die Regierungszeit Yusuf Yakubs markierte den letzten Höhepunkt der Almohadenherrschaft in al Andalus. Er war ein talentierter Mann der Verwaltung, ein energischer und bemerkenswerter Feldherr. Seine militärischen Erfolge hätten eine unauslöschliche Spur in der Geschichte hinterlassen, wären sie nicht immer durch den langwährenden christlichen Kreuzzug der Reconquista in Frage gestellt worden. Er unterhielt einen luxuriösen Hof, bediente sich von ihm selbst ausgesuchter Amtsträger, die er in den religiösen Wissenschaften, den Leibesübungen und der Kriegskunst ausbilden ließ. Einen Teil von ihnen entsandte er in die Provinzen und unterstellte sie den Gouverneuren. In seiner Umgebung verblieb eine verhältnismäßig begrenzte Anzahl von Amtsträgern für die Verwaltung des Staates, an deren Spitze der *katib* stand, ein oberster Sekretär in der Funktion eines Wesirs. Als Schirmherr der Gelehrten und großer Baumeister erinnert er an seine illustren Vorgänger Abd ar Rahman II, Abd ar Rahman III. und al Hakam II. An seinem Hof wirkten einige der berühmtesten Gelehrten seiner Zeit, so etwa der Theologe und Mediziner Ibn Zuhr, der Philosoph und Musiktheoretiker Avempace und andere. Averroes, den Yusuf Yakubs Vater zum Kadi von Sevilla und Córdoba bestellt hatte, stand zunächst in der Gunst des Kalifen, fiel dann aber wegen der Intrigen seiner Rivalen in Ungnade.

Der Nachfolger von Yusuf Yakub im Jahre 1199, sein Sohn Mohammed Nasir, hatte nicht die Größe des Vaters. Auf administrativem Gebiet wies er zwar einige Fähigkeiten auf, war aber nur ein mittelmäßiger Politiker und Feldherr. Dies sollte bald offenkundig werden. Mit seiner Thronbesteigung hatte er sich mit dem Grundproblem der Almoraviden und Almohaden auseinanderzusetzen, nämlich gleichzeitig auf der Halbinsel und in Nordafrika kämpfen zu müssen. Dieses Problem wird sich als einer der Gründe für den Zusammenbruch der muslimischen Herrschaft in Spanien herausstellen.

Las Navas de Tolosa – Wende im Kräftemessen

Es waren diesmal die Berber in der Umgebung von Fes und auf den Balearen, die sich erhoben und damit die Kräfte der Almohaden beanspruchten. Die Rebellion von Fes wurde zwar zunächst niedergeschlagen, aber Yahya, ein Almoravide, der Mallorca in seiner Gewalt hatte, setzte die Revolte fort und bemächtigte sich der Orte an der maghrebinischen Küste bis hin nach Mahdia. Er belagerte sogar Kairuan, aber von den verfolgenden Truppen Mohammeds geschlagen, floh er in die Sahara.

Dieser nordafrikanische Feldzug kostete Mohammed Zeit, dem zu diesem Zeitpunkt zweifellos nicht bekannt war, dass ein großer Feldzug seitens der Christen vorbereitet wurde mit dem Ziel, einen entscheidenden Schlag gegen die muslimische Herrschaft in Spanien zu führen.

Alfons II. von Aragón hatte inzwischen seine Besitzungen über die Pyrenäen hinaus, bis ins Béarn und Roussillon, ausgedehnt und mit beachtlichen Mitteln seine Armee verstärkt. Zwar konnte er nicht alle Pläne gegen die Muslime verwirklichen, aber nach seinem Tod nimmt sein Sohn Peter II., zusammen mit Alfons VIII.

von Kastilien, die Taktik der weiten Vorstöße nach Süden, bis nach Valencia und Córdoba, wieder auf und verbreitete panischen Schrecken unter der Bevölkerung. Die Reconquista nimmt nun immer internationalere Dimensionen an. Der Papst ruft zum Kreuzzug gegen die Muslime Spaniens auf und verspricht Vergebung der Sünden. Hunderte von Rittern aus allen Gegenden Frankreichs folgen seinem Aufruf – viele aber, so heißt es, zogen sich bereits vor den großen Schlachten wieder zurück. Mohammed ruft seinerseits alle verfügbaren Truppen zum Heiligen Krieg zusammen. Er setzt bei Ceuta mit 300.000 Mann über die Meerenge – die sicherlich übertriebene Zahl will die Bedeutung des Unternehmens unterstreichen. Er hofft, die Christen ebenso zerschmettern zu können, wie sein Vater bei al Arak.

Bei seiner Ankunft in Sevilla beging Mohammed einen ersten Fehler, indem er Yusuf, den Gouverneur von Calatrava, hinrichten ließ, weil er vor Alfons kapituliert und die Festung übergeben hatte. Yusuf war im Volke beliebt; sein Tod erregte ein solches Missfallen, dass die andalusischen Kontingente beschlossen, am Tag der Schlacht tatenlos im Lager zu bleiben. Dann vergeudete Mohammed mit der Belagerung einer eher unbedeutenden Festung viel Zeit, und auch der Sold für seine Truppen war mehrere Monate überfällig. Ihm standen die zumindest zahlreichen, wenn auch nicht unbedingt geschlossenen Heere aus Kastilien, León, Aragón, Portugal, Navarra mit Kontingenten aus Frankreich und England gegenüber. Die Uneinigkeit der Christen wegen der zu erwartenden Beute hinderte sie jedoch nicht am geschlossenen Vorrücken. Die Größe der vereinigten christlichen Truppen entsprach ungefähr der der Muslime, aber die christliche Reiterei war viel zahlreicher, besser geübt und ausgerüstet.

Das Treffen fand bei Las Navas de Tolosa statt, gelegen an einer Flanke der Sierra Morena, nördlich der heutigen Stadt Linares. Auf der Seite der Muslime bildeten die andalusischen Kontingente den rechten Flügel, die regulären Truppen nahmen das Zentrum ein, dort stand auch das von Ketten und spitzen Eisenpflöcken umschlossene Zelt des Kalifen. Die christliche Armee entfaltete sich auf dem ovalen Plateau Mesa de Rey, das oberhalb der muslimischen Positionen lag und Abstiege in östlicher wie in westlicher Richtung erlaubte. Am 14. Juli 1212 standen sich die Truppen beider Lager gegenüber. Sie belauerten sich zwei Tage lang. Der Kalif hatte seinen Harem und seinen Geld- und Goldschatz wegbringen lassen. Am 17. Juli geben die muslimischen Trommler das Signal zum Angriff. Die Christen attackieren als erste, ohne die feindlichen Linien durchbrechen zu können. Die christliche Reiterei konzentriert sich auf die andalusischen Kontingente, die ohne ersichtlichen Grund die Flucht ergreifen; die Söldnertruppen schließen sich an. Die nun nicht mehr geschützten regulären almohadischen Truppen sind dem konzentrierten Druck der Christen ausgesetzt und beginnen zurückzuweichen. Die Christen setzen sich auf ihre Fersen und richten unter ihnen ein Blutbad an. Die muslimischen Reihen lösen sich in Panik auf und fliehen nach allen Seiten. Mit dem Rest seiner Armee verlässt der Kalif das Schlachtfeld in Richtung Jaén und Sevilla. Die Verluste der Muslime sind gewaltig, nach christlichen Quellen waren es 60.000 Mann, und 2.000 Pferde reichten nicht aus, die weggeworfenen Waffen abzutransportieren. Einige Tage später ließ Alfons VIII. fast die gesamte Bevölkerung Baezas und der umliegenden Dörfer töten, 60.000 Menschen insgesamt, wie man behauptete. Mohammed richtete eine Botschaft an seine Untertanen, und «verbarg dabei die Wahrheit unter den Blüten der Rhetorik», wie es der Geschichtsschreiber Himari ausdrückt. Sodann begab sich der Kalif nach Marrakesch, wo er abdankte und die Macht seinem Sohn Mustansir übergab. Er starb zwei Jahre später; vermutlich wurde er vergiftet. Zehntausende Muslime aus al Andalus, die sich vom Vormarsch der Christen bedroht fühlten, flohen nach Nordafrika.

Las Navas de Tolosa war gewiss ein großer Sieg der Christen. Die Kirche führte zu seinen Ehren das Fest «Triumph des Kreuzes» ein. Die schwere Niederlage der Muslime setzte auch den Invasionen nordafrikanischer Muslime ein Ende. Angriffslust, Kreuzzugsbegeisterung verdrängte jetzt die alte Furcht der christlichen Bevölkerung vor den Mauren, die ihre Ländereien verwüstet, ihre Städte und Dörfer geplündert, Männer und Frauen in die Sklaverei verschleppt hatten. Die Königreiche Aragón, Kastilien und Navarra stiegen durch die Annexion der eroberten Länder zu machtvollen Staaten auf, die Truppen aushoben und Steuern eintrieben, mit mehr oder weniger festgelegten Grenzen, die sich noch im Zuge der Eroberungen verändern sollten, wie es beispielsweise im Vertrag von Cazola zwischen Aragón und Kastilien vorausgesetzt wurde. Sie sind noch weit von einer echten Einheit entfernt. Kaum hat man aufgehört, den Erfolg von Las Navas zu feiern, so streitet man darüber, wer die wichtigste Rolle in der Schlacht gespielt habe und wem folglich die vom Kalifen hinterlassene enorme Beute gehören solle. Peter von Aragón, der Raimund von Toulouse im Albigenserkrieg zu Hilfe geeilt war, fiel auf dem Schlachtfeld von Muret 1213, unter der Anklage der katharischen Ketzerei, Alfons von Kastilien starb ein Jahr später. Ihre jeweiligen Nachfolger waren noch minderjährig.

Trotz dieser zeitweiligen Schwächung der christlichen Seite, die Macht der Almohaden ist gebrochen. «Die Menschen des Maghreb waren nicht mehr im Stande, Feldzüge zu unternehmen», klagt Himari. Militärische Ohnmacht, Anarchie, Unruhen in den Städten, das sind die gemeinsamen Nenner in der almohadischen Spätzeit. Der Almohade Abu al Mamun, ehemals Gouverneur von Sevilla, unternahm noch einmal den ernsthaften Versuch, die Macht seiner Familie in al Andalus wiederherzustellen. Ferdinand III. unterstützte ihn beim Abwehrkampf gegen afrikanische Truppen, musste sich aber gleich wieder gegen die Kastilier

Maurisches Banner mit Koranzitaten, die zum Djihad anfeuern sollen.
Gilt als Beutestück der christlichen Truppen bei Las Navas de Tolosa, 1212
(heute im Königskloster Las Huelgas bei Burgos)

wenden, die Loja und Priego eingenommen und geplündert hatten und Jaén belagerten. Er eroberte diese Städte zurück, musste aber, wie auch seine Vorgänger, eilig nach Nordafrika aufbrechen, wo Aufstände ausgebrochen waren (September–Oktober 1229). Während seiner Abwesenheit brachen überall auf der Halbinsel Unruhen aus – und die Christen drangen immer weiter vor. Das Almohadenreich drohte, sich zu Gunsten von Stammesführern – vorübergehend – aufzulösen. Drei der wichtigsten von ihnen erklärten ihre Unabhängigkeit: die Banu Hud in Murcia, die Banu Mardanish in Valencia und die Banu Ahmar in Arjona und Granada, wo sie den Banu Nasr weichen mussten; die Nasriden sollten dann zweihundertfünfzig Jahre lang dort die Herrschaft ausüben. In Marokko ist der gleiche Auflösungsprozess zu beobachten. Abd al Wadid gründet 1236 eine Dynastie in Tlemcen; im nächsten Jahr sind es die Hafsiden in Tunis; Marrakesch gerät 1269 in ihre Hand. Ihre Herrschaft dort wird einhundertfünfzig Jahre dauern.

Die Almohadenherrschaft in al Andalus war jedoch alles andere als eine Randerscheinung. Yakub Yusuf war ein großer Kalif. Das Almohadenkalifat in al Andalus hätte sich vermutlich halten können, wäre da nicht von Anfang an das Grundübel gewesen, immer zwischen dem Maghreb und Spanien hin und her pendeln zu müssen, um hier Krisen zu bewältigen, dort Aufstände niederzuwerfen, die stets in den Zeiten der jeweiligen Abwesenheit aufflackerten. Schwer wiegender noch: die Almohaden waren Träger der neuen religiösen Doktrin des Berbers Ibn Tumart, des Mahdi, einer strengen Lehre, die aus der Mitte des berberischen Milieus für Berber formuliert wurde und im vollständigen Gegensatz zum Malikismus der Muslime in Spanien stand. Die malikitischen Ulemas hatten sich immer entschieden gegen die Lehre des Ibn Tumart ausgesprochen, von dem man sagen könnte, dass seine Gegnerschaft zum Malikismus «den Wunsch der Berber widerspiegelt, sich gegenüber den Arabern zu behaupten» (M. Watt). Die religiös begründete Opposition zwischen den in al Andalus

König Jakob I. von Aragón, der Eroberer, auf seinem Reconquista-Feldzug gegen das maurische Mallorca, 1228–29 (Fresko aus dem Montcada-Palast in Barcelona, spätes 13. Jh.)

ansässigen Muslimen und den Invasoren ist ein Ausdruck der tief greifenden sozialen Probleme zwischen beiden Gruppen. Den Almohaden ist es nie gelungen, die Bevölkerung für sich zu gewinnen. Sie wurden als fremde Besatzungsmacht angesehen und zugleich als Anhänger einer Religionslehre, die nicht den spirituellen Bedürfnissen der Mehrheit der Muslime in al Andalus entsprach. Das Zerwürfnis war vollständig, und es konnte nur zur Verdrängung derjenigen führen, die lediglich als Eindringlinge betrachtet wurden.

Die Erben von Las Navas

Die Niederlage von Las Navas hatte das Schicksal der Muslime in Spanien besiegelt. Die Eroberung erfuhr zwar Unterbrechungen und hier und da noch Rückschläge, nichts aber konnte die Woge der Christen aufhalten, die dreihundert Jahre später die gesamte Iberische Halbinsel überfluten sollte. Die christlichen Königreiche erhielten bedeutende Unterstützung aus dem Ausland, vor allem aus Frankreich, die Kirche steuerte finanzielle Hilfen bei, die Ritterorden von Santiago, Calatrava, Alcántara und andere erhielten Privilegien, aber es sind die christlichen Herrscher Spaniens, die Könige von Kastilien-León, von Aragón-Katalonien, die sich als Baumeister des großen Unternehmens erwiesen: Es ging darum, die ausgedehnten Territorien erneut der christlichen Herrschaft zu unterwerfen und zu besiedeln, welche die Invasoren einige Jahrhunderte zuvor besetzt hatten.

Ferdinand III. von Kastilien, der 1230 endgültig Kastilien mit León vereinigt hatte, ist der Vater der Rückeroberung Andalusiens und des Königreichs Murcia. In den Jahrzehnten nach Las Navas wird Córdoba nach der Kapitulation von 1236 besetzt. Jaén folgt zwei Jahre später; die Stadt ergab sich Ferdinand nach siebenmonatiger Belagerung. 1248 wird Sevilla nach blutigen Kämpfen erobert. Ferdinand selbst führte den Angriff auf Sevilla, zusammen mit dem Infanten Alfons von Aragón und dem Grafen von Urgel; es war ein wahrhaftiger Kreuzzug, der von den Gebeten der gesamten Christenheit begleitet wurde. Die Belagerung dauerte siebzehn Monate. Der Fall dieser Stadt markiert nach 535 Jahren muslimischer Herrschaft das Ende der Almohaden. Ferdinand gewinnt dadurch ein immenses Prestige in der gesamten Christenheit. 1671 wird er von Papst Clemens X. kanonisiert. Die Historiker haben ihn mit Ludwig dem Heiligen verglichen, dessen Vetter er war. Sevilla wird mit insgesamt 20.000 Genuesen, Franken, Juden neu besiedelt. Cádiz fällt 1262, Murcia im folgenden Jahr, Cartagena Ende 1274.

In Aragón regierte nach dem Tode Peters II. im Jahre 1213 sein Sohn Jakob I., der den durchaus verdienten Beinamen «der Eroberer» erhielt. Noch minderjährig beim Tode seines Vaters, musste er zunächst mit seinen Vasallen fertig werden. Nachdem er diese schwierige Aufgabe gelöst hatte, ging er an die Eroberung der Balearen. Am 31. Dezember 1229 nahm er an der Spitze eines Kreuzfahrerheeres Mallorca und setzte den dortigen König gefangen. 1235 fiel Ibiza. Menorca sollte 1287 von Alfons III. von Aragón erobert werden. Nach Vertreibung der Muslime von den Inseln erfolgte die Neubesiedlung *(repoblación)* Mallorcas und Menorcas mit Katalanen, Ibizas mit französischen Siedlern.

Die 1223 eingeleitete Eroberung des Königreiches Valencia erforderte viel Zeit und Anstrengungen. Der Norden war schon nach einigen Monaten erobert. Aber der nicht sonderlich starken Armee gelang es erst 1239, die Stadt Puig unweit von Valencia zu erobern. Am 28.September 1238 wurde Valencia schließlich genommen und damit einer der besten Häfen des Mittelmeeres. Die von Zakiyya, dem Emir der Hafsiden von Tunis, ausgesandte Flotte konnte den Hafen jedoch nicht blockieren. Das Königreich Valencia wird dem Königreich Aragón einverleibt. Die Aragonesen dehnen ihren Machtbereich bis an die Küsten des Languedoc und der Provence aus. Jakob verzichtet allerdings auf diese Gebiete im Austausch dafür, dass Ludwig der Heilige seine Rechtsansprüche auf das Roussillon und Katalonien an Aragón abtritt. Der König von Aragón indessen erfreut sich eines hohen Prestiges in Europa – und er hat weit reichende Ambitionen. Er richtet seine Aufmerksamkeit auf Neapel und Palermo. Im folgenden Jahrhundert wird sich Aragón bis zum östlichen Mittelmeer ausdehnen, bis nach Sardinien und Griechenland.

Noch Platz für Mauren?

Die Rückeroberung veränderte das Schicksal der muslimischen Bevölkerung auf tief greifende Weise. Anfangs waren Auswanderungen und Vertreibungen noch selten. In vielen Regionen stellten die Muslime weiterhin die Mehrheit der Bevölkerung, aber von Herrschern waren sie nun zu Untertanen geworden; die Christen lebten dazwischen gleichsam auf Inseln und beschränkten sich mancherorts darauf, bloß das von Mauren bestellte Land zu kontrollieren, doch trieben die Könige, der Adel, die großen Ritterorden und die Zisterzienser den Prozess der *repoblación,* der planmäßigen Besiedlung der frisch eroberten Maurenländer mit christlichen Bauern und Hörigen, voran. Die Mauren waren Besiegte, und der Druck der Sieger lastete mehr und mehr auf ihnen. In den Jahren nach der Eroberung wurden in vielen Gebieten «Verträge» zwischen Siegern und Besiegten geschlossen, welche die Beibehaltung des status quo auf religiösem, fiskalischem und jurisdiktionellem Gebiet garantierten. Aber nach und nach änderten sich die Verhältnisse. Die von den christlichen Obrigkeiten zugestandenen Schutzmaßnahmen wurden immer weniger respektiert, ja sogar ignoriert, zumindest in solchen Regionen, in denen die Muslime nur unzureichend organisiert waren und die Christen die Bevölkerungsmehrheit stellten. Der Druck seitens der christlichen Garnisonen nahm immer mehr zu, christliche Siedlungen entstanden neben den muslimischen – und zum Teil anstelle der muslimischen – und stützten sich auf Truppen, die zunächst nur eingesetzt waren, um für Ruhe und Ordnung zu sorgen, sich jedoch immer mehr zu Organen direkter Herrschaftsausübung wandelten. In den Städten griff man von christlicher Seite schon recht früh zu erzwungenen Auswanderungen und Enteignungen muslimischen Vermögens. An Orten, an denen die Muslime ein Aufenthaltsrecht besaßen, wurden sie in eigene, von christlichen Wohngebieten getrennte Viertel umgesiedelt. Diese Absonderung sollte sich rasch zu einer totalen Unterwerfung der Muslime entwickeln und zum Verschwinden ihrer Organisationsstrukturen – namentlich der Gerichte – führen, die von ihren christlichen Landsleuten besetzt wurden. Die Steuern wurden immer drückender und unterlagen häufig der Willkür der christlichen Herren. In bestimmten Regionen, wie etwa in der Gegend von Valencia, verlangte man von den muslimischen Bauern besondere hohe Abgaben in Naturalien und Frondiensten. Das Rechtswesen ging zunehmend in christliche Hände über. In Alicante geriet Landbesitz zu einem christlichen Monopol, Muslime durften nur noch im Handwerk und im Handel tätig sein. Häufig außerhalb der Stadtmauern in ghettoähnlichen Siedlungen untergebracht, stand das Verbleiben dieser arbeitsamen und fähigen Menschen durchaus im Interesse der Christen, die die muslimische Bevölkerung als billige Arbeitskräfte einsetzten. Die Christen übernahmen in vielen Bereichen muslimische Sitten, insbesondere die Badehäuser, deren Bau von den Obrigkeiten angeordnet wurde, während sich die Anlage der Städte veränderte.

Mit der Eroberung und am Ende der Kämpfe änderte sich die Rolle der großen und kleinen städtischen Zentren. Von reinen militärischen Plätzen entwickelten sie sich im Laufe der Jahre zu Märkten für landwirtschaftliche Produkte und zu Handelsplätzen, die Zentren für die Verarbeitung landwirtschaftlicher Produkte öffneten sich und veränderten damit das Gesicht der Städte. Aus Platzmangel hielt man Märkte vornehmlich außerhalb der Stadtmauern ab, während Ladengeschäfte im Zentrum der Städte verblieben. Diese Veränderungen machte sich jedoch erst nach und nach geltend, und noch lange Zeit bewahrten die Städte ihr Aussehen, das sie in der muslimischen Epoche angenommen hatten.

Zu diesen Veränderungen der städtischen Funktionen traten noch Reorganisationsmaßnahmen der Obrigkeit je nach Herkunft der Einwohner und, mehr noch, je nach ihrer religiösen Ausrichtung; die einzelnen Religionsgruppen bekamen dabei von einander getrennte Stadtbereiche zugewiesen. Einige Städte, Sevilla beispielsweise, wurden vollständig neu besiedelt, Murcia wurde reorganisiert und in ein christliches und muslimisches Viertel eingeteilt. Christliche Stadtgründungen nach der Eroberung waren selten, so beispielsweise Villa Real durch Jakob I. Selbst Madrid war am Ende des 9. Jahrhunderts von den Muslimen zunächst als Festung gegründet worden.

GRANADA

Zufluchtsort und Widerstandsnest

Mit dem Tode Ferdinands und Jakobs des Eroberers ging die große Epoche der Reconquista zu Ende. Sie setzte sich unter ihren Nachfolgern fort, die vor allem mit der Konsolidierung der eroberten Gebiete befasst waren, aber auch mit der Niederschlagung von Adelsrevolten und Aufständen ehemaliger Statthalter und Bandenchefs, die versuchten, mit Unterstützung der muslimischen Bevölkerung wieder die alten Fürstentümer herzustellen, welche die Christen unterworfen hatten.

Im Gebiet von Murcia erhob sich im Jahre 1228 ein Adliger namens Ibn Hud, der behauptete, von den Hudiden, einer der berühmtesten Dynastien der *reyes de taifas*, abzustammen. Er bemächtigte sich Murcias und erhielt Beistand von den Statthaltern Denias und Aleiras, Granadas, Málagas und anderer Städte der Region. Aber er erwies sich bald als unfähig und wurde als Tyrann von der Bevölkerung verabscheut. Ein Rivale stand gegen ihn auf, Mohammed ibn Yusuf ibn Nasr; er behauptete von einem Gefährten des Propheten abzustammen. 1232 ließ er sich zum Sultan der Region Jaén ausrufen, erhielt Unterstützung von Cádiz und Baeza am rechten Ufer des Guadalquivir. Bald darauf forderten ihn die Noblen von Granada auf, die Regierung zu übernehmen.

Mohammed erweist sich als bemerkenswerter Kriegsmann und Diplomat; 1236 unterstellt er sich Ferdinand von Kastilien, gibt ihm Jaén zurück, wird sein Vasall und leistet bedeutende Tributzahlungen. Aber er ist Herr über Granada, das einen bedeutenden Zuzug von Muslimen aus ganz al Andalus erfährt. Granada ist ein Refugium der Gläubigen und nimmt zugleich einen bedeutenden Aufschwung. Der Albaicín wird für die Flüchtlinge gebaut. Mohammed hatte sofort nach seinem Einzug in die Stadt den Bau des Alcázar befohlen. Die Alhambra ist die Residenz des Sultans, bevor sie zu dem architektonischen Wunder wird, das wir heute kennen. Im Bewusstsein seiner Stärke, aber auch seiner Bedrohung bleibt er der respektvolle Vasall des Königs von Kastilien, dem er bei einigen Gelegenheiten Unterstützung zukommen lässt. Das hindert ihn nicht am Konflikt mit Alfons X., sei es, weil dieser versuchte, das letzte muslimische Reich von der Landkarte der Halbinsel verschwinden zu lassen, sei es, weil Mohammed einen Komplott gegen den König angezettelt hat. Vielleicht liebäugelte er auch mit der Chimäre einer muslimischen Reconquista mit ihm an der Spitze. Im Jahre 1264 jedenfalls griff er Alfons X. an. Die Mudéjaren (die Muslime unter christlicher Oberhoheit) von Kastilien unterstützen ihn, desgleichen die Hafsiden von Tunis und die Mariniden, die Nachfolger der Almohaden in Marokko. Alle schickten Truppen zur Belagerung der Stadt Jérez und später Murcias.

Das Unternehmen wäre geglückt, wenn die Kastilier mit Hilfe Jakobs von Aragón nicht unverzüglich und massiv eingegriffen hätten. Die Offensive wurde schnell im Keim erstickt. Der Versuch der Muslime, wieder die Initiative in Spanien zu ergreifen, war somit, trotz der Unterstützung aus dem Maghreb, zum Scheitern verurteilt. Die beiden christlichen Königreiche waren inzwischen so mächtig geworden, dass die Muslime keine Chance hatte. Bei seinem Tod im Jahre 1273 hinterließ Mohammed in Granada eine Hauptstadt, die sich zu einer der schönsten Städte der islamischen Länder entwickeln sollte, mit der Alhambra als Regierungssitz, dem augenfälligen Zeugnis der langen und bewegten Regierungszeit der Nasriden.

Für seinen Sohn und Nachfolger Mohammed II. stellte sich das dauerhafte Problem, die Versuche vor allem Kastiliens zunichte zu machen, die Reconquista mit der Eroberung der letzten islamischen Bastion auf der Iberischen Insel zu vollenden. Hierzu sollten die Mariniden einbezogen werden, deren Absicht es jedoch war, Spanien für sich zu erobern. Im Jahre 1275 entsandten die Mariniden ein Expeditionsheer von 50.000 Mann, wie es in den Quellen heißt. In der Folge komplizierter Intrigen erhält Mohammed II. vom marinidischen Gouverneur die Stadt Málaga zurück; für Granada eröffnen sich durch diesen Schachzug die günstigsten wirtschaftlichen Perspektiven. Allerdings nehmen die marinidischen Ambitionen gefährliche Formen an. Nun geht es Mohammed nicht so sehr darum, die Kastilier zu schwächen, als sich vor den Mariniden zu schützen, und so geht er eine Allianz mit Kastilien, Aragón und Tlemcen ein. Schließlich übergeben ihm die Mariniden alle ihre Festungen auf der Halbinsel. Während der Vorbereitungen zu einem Angriff auf Kastilien stirbt Mohammed II. Seinem Nachfolger Mohammed III., einem des Vatermordes verdächtigen Sadisten, gelingt es, Ceuta einzunehmen und sich zum Herrn der Stadt zu machen. Dieser großartige Erfolg kann von Kastilien und Aragón nicht akzeptiert werden – und auch nicht von den Mariniden. Mohammed ist gezwungen, auf den Thron zu verzichten.

Sein Sohn Nasr, zweiundzwanzig Jahre alt, folgt ihm auf den Thron. Bei seiner Thronbesteigung ist die Lage ungünstig. Im Krieg gegen das Bündnis Kastilien-Aragón sowie gegen die Allianz Mariniden-Aragón steht Granada alleine da. In geschickter Diplomatie gelingt es ihm, die Mariniden auf seine Seite zu ziehen. Gegen die Übergabe von Algeciras und Ronda willigen die Mariniden in die Unterstützung Granadas ein. Überdies war die Offensive von Kastilien-Aragón gescheitert. Ferdinand IV. war froh, mit der Einwilligung zur Übergabe einiger Festungen an Nasr aus dieser misslichen Lage herauszukommen. Das Spiel zu Viert – Kastilien-Granada-Aragón-Mariniden – ging weiter. Im Jahre 1310 zogen sich die Aragonesen zurück und sollten niemals wieder das Territorium von Granada betreten. Der Eroberungsversuch war missglückt. Es ist überraschend zu sehen, dass das schwache Granada so erfolgreich den christlichen Königreichen, trotz ihrer Unterstützung durch die Großmächte jenseits der Pyrenäen, Widerstand leisten konnte. Allerdings waren diese christlichen Reiche durch bis dahin unbekannte religiöse und politische Wirren geschwächt.

Die Alhambra über Granada, Blick vom Generalife nach Westen
auf die Palaststadt (Historische Fotografie)

Einige Jahre später, 1319, führte Kastilien einen neuen – schlecht vorbereiteten – Angriff gegen Granada und scheiterte wiederum. Der Infant Don Pedro erschien mit seinem Heer unter den Mauern der Stadt. Die Mariniden standen an der Seite Granadas. Der Kampf war hart, die Niederlage der Kastilier total; Don Pedro verlor sein Leben. Kastilien akzeptierte den Frieden, freilich nur für eine kurze Zeit. Weniger als zehn Jahre später, 1329, wurde von Kastilien, Aragón, Böhmen, Frankreich und England ein großer Kreuzzug gegen Granada organisiert. Er richtete sich insbesondere gegen die als besonders bedrohlich empfundene marinidische Gefahr. Aber wie so oft stellte sich unter den Verbündeten rasch Uneinigkeit ein. Der Feldzug vollzog sich in offener Gefechtsordnung. Vorübergehend geriet Gibraltar in kastilische Hand, wurde aber sogleich wieder von den Mariniden zurückerobert. Ein Waffenstillstand wurde vereinbart. In dieser Zeit der Wirren wurde der Sultan von Granada von Muslimen ermordet, sei es, weil ihnen seine Beziehungen zu den Mariniden zu eng zu sein schienen, sei es, weil ihnen sein Auftreten gegenüber dem König von Kastilien bei der Unterzeichnung der Waffenruhe zu freundschaftlich vorkam. Wieder einmal wurden die Muslime durch die marokkanischen Mariniden gerettet, und wieder verhinderte die Zwietracht im christlichen Lager die Nutzung des Siegs.

Tag der Trauer und der Prüfung

Mehrere Monate später lässt sich beinahe das gleiche Szenario beobachten. Sultan von Granada ist jetzt Yusuf I., ein intelligenter Mann. Kastilien, Granada und Fes unterzeichneten einen Vertrag, aber jede der drei Parteien dachte mehr an den Krieg als an den Frieden: Alfons von Kastilien, weil er eine marinidische Invasion nach Spanien fürchtete, der Sultan von Fes, weil er davon träumte, zu seinen Gunsten den Islam in Spanien wieder einzuführen. Jede Seite rüstete eine Flotte aus. Die Muslime griffen als erste an. Sie schlugen die Kastilier in der Bucht von Algeciras, danach belagerte ihr außergewöhnlich mächtiges Heer Tarifa am südlichsten Punkt der Halbinsel. An den Ufern des Rio Salado entwickelte sich eine große Schlacht. Sie wurde zum Desaster für die Muslime, «ein Tag der Trauer und der Prüfung», hat Ibn Haldun gesagt. Die schwere kastilische Reiterei zerschmetterte die leichten Einheiten des Gegners, die sich wegen der Beschaffenheit des Terrains nicht gemäß ihrer gewohnten Taktik – Scheinflucht und anschließende Umzingelung des Feindes – entfalten konnten. Die Mariniden flohen übers Meer nach Marokko, Yusuf zog sich nach Granada zurück. Die Christen verübten ein schreckliches Massaker an der muslimischen Bevölkerung.

Der Zusammenbruch am Rio Salado nahm den Mariniden den Mut, in Spanien erneut eine muslimische Herrschaft zu etablieren, dagegen wurde Alfons ermutigt, den Kampf fortzuführen. Er erobert Alcalá ben Zaide (Alcalá la Real) und Priego, anschließend belagert er Algeciras. Zum ersten Mal wird bei einer Belagerung (1342) eine Kanone eingesetzt – von den Muslimen –, vier Jahre vor der Schlacht von Crécy. Die militärischen Operationen ziehen sich in die Länge. Schließlich muss sich Yusuf beugen und übergibt Alfons die Stadt Algeciras gegen einen Waffenstillstand von zehn Jahren und freien Abzug der Bevölkerung und der Garnison.

Wohlstand und Guerillakrieg

Alfons starb an der Schwarzen Pest (wir befinden uns im Jahre 1350 und die Pest wütete schon seit einigen Jahren, hatte aber bereits ihren Höhepunkt überschritten). Sein Sohn Peter schloss einen Vertrag mit Yusuf, dieser aber wurde 1354 ermordet. In der Geschichte des muslimischen Spanien bleibt Yusuf als Mann der Kultur in Erinnerung, als Förderer von Dichtern und Künstlern und als großer Bauherr. Insbesondere ließ er die Alhambra erweitern und verschönern, deren *Cuarto de Comares* auf seine Initiative errichtet wurde, er baute die berühmte *Medresse* von Granada sowie in vielen Dörfern Moscheen und Schulen. Er gab den Auftrag für die Konstruktion von Aquädukten, die das Wasser von der Sierra Nevada in zwei große Marmorreservoirs in der Alhambra leiteten. Die Verwaltung der Stadt wurde organisiert, die Sicherheit durch nächtliche Wachgänge in den Straßen garantiert, eine Marktaufsicht eingeführt.

Die Regierungsjahre Mohammeds V., Yusufs ältester Sohn, der wegen einer kurzen Usurpation Mohammeds VI. zweimal den Thron bestieg, waren eine lange Periode des Friedens. Als fähiger Diplomat, der er war, schloss er mit seinen christlichen Nachbarn eine Reihe von Verträgen. Sie setzten vorübergehend den unablässigen Kämpfen und gegenseitigen Überfällen, die keinerlei

Entscheidungen brachten, ein Ende. Er ließ die Verteidigungsanlagen von Algeciras schleifen und entriss den Mariniden Gibraltar. Auch erwies er sich als friedfertiger Herrscher und zeigte sich geschickt in allen Verwaltungsdingen; so entwickelte er ein System der Wasserzufuhr und der künstlichen Bewässerung, das zu bedeutenden Fortschritten in der Landwirtschaft, im Gewerbe und im Handel führte... Dank Mohammeds Politik des Friedens und der Stabilität stand die Stadt Granada bei seinem Tod auf dem Höhepunkt ihres Wohlstandes und ihrer Macht. In der Alhambra wurden in dieser Zeit bedeutende Vergrößerungen und Verschönerungen vorgenommen.

Die Regierungsjahre Mohammeds V. haben jedoch auch ihre Schattenseiten. Er hatte erkannt, dass man dem Druck der christlichen Königreiche nicht lange würde standhalten können; deshalb vermied er den Krieg, wo immer es möglich war. Die Überfälle auf das Gebiet von Granada häuften sich; regelrechte Volkskreuzzüge wurden gegen die Muslime organisiert. Und auf die Mariniden war nicht mehr zu zählen. Zu Beginn des 15. Jahrhunderts nehmen die Übergriffe noch einmal zu. Waffenruhen werden vereinbart und gleich darauf wieder gebrochen. 1407 nimmt der Regent Ferdinand von Kastilien ein Massaker der Muslime an Kastiliern zum Anlass, neue militärische Aktionen gegen Granada zu unternehmen. Zwar wird im folgenden Jahr erneut ein Waffenstillstand vereinbart, aber die schwächere Stellung Granadas gegenüber Kastilien wird immer offenkundiger. Nach überwundener Pestepidemie und jetzt mit Ferdinand I. an der Spitze wird die Haltung Kastiliens immer unnachgiebiger. Yusuf III. besteigt 1408 den Thron; seine Politik ist mehr auf den Frieden ausgerichtet und schlecht auf die Angriffe der Christen vorbereitet. In dieser Situation kann der Angriff von 1410 auf die Festung Antequera, trotz einer Belagerung von vier Monaten, nur im Desaster für Granada enden. Nach geschlossenem Frieden erringt Ferdinand, jetzt mit dem Beinamen «von Antequera», große Berühmtheit. Granada muss einen hohen jährlichen Tribut zahlen.

Es beginnt nun eine Periode relativen Friedens, während derer sich Granada in endlosen inneren Streitigkeiten verzehrt, anstatt seine Armee zu verstärken und sich auf die kommenden, voraussehbaren Kämpfe vorzubereiten. 1419 erheben sich die Banu Sarradj, eine arabische Familie, gegen den Wesir, der im Namen des achtjährigen Mohammed VIII. regiert, tötet ihn und erhebt den Usurpator Mohammed IX. auf den Thron. Weitere Herrscher kommen und gehen und richten unter den jeweiligen Gegnern Massaker an: Mohammed IX., Mohammed X., Yusuf IV., Mohammed XI. regieren einmal, zweimal, in extremem Durcheinander. Die einen wurden von Kastilien eingesetzt, die anderen von den Banu Sarradj. Kastilien und Aragón unternehmen alles, um sich die Neutralität der Hafsiden in Tunis und der Mariniden in Fes zu sichern. Im Jahre 1431 erringen die Kastilier bei Elvira einen Sieg über Granada, der ihnen möglicherweise die Tore der Stadt geöffnet hätte; sie nutzen den Sieg jedoch nicht. Die Kastilier beschränken sich, wie sie es auch in Zukunft tun werden, auf die Taktik des Kleinkrieges, entreißen Granada ein Stück seines Territoriums nach dem anderen, greifen die hoffnungslose und demoralisierte Bevölkerung an, verwüsten das Land. Granada antwortet mit Gegenschlägen, aber die beständigen Überfälle und Brandschatzungen schwächen die Widerstandskraft der Armee und der Einwohner. Am Ende gelingt es Granada, alle Plätze wieder einzunehmen, die sie einige Jahre zuvor an die Kastilier verloren hatten. 1449 und in den folgenden Jahren führen sie ihre Angriffe bis an die Grenzen des Königreichs Valencia und erreichen Positionen einige Meilen vor Sevilla.

Weiterhin herrscht große Konfusion in Granada. Jetzt teilen sich zwei Könige in die Herrschaft; Mohammed XI. regiert die Stadt, Sead, ein Neffe Yusufs III., regiert von Archidonia aus die Region westlich von Ronda. Nachdem die Kastilier einen Großteil des Territoriums von Granada verwüstet und geplündert haben, schlagen sie einen Waffenstillstand vor, aber der Sultan lehnt ab. In Granada selbst massakrieren sich Abenceragen und Nasriden gegenseitig, das Desaster ist vollständig. Es kommt so weit, dass der Sultan von Granada 1441 und 1464 Boten nach Kairo entsendet und den Mamlukensultan um Hilfe bittet. Dieser antwortet mit wohlgesetzten Worten, zahlreichen und prächtigen Geschenken und mit einer sehr höflichen Ablehnung. Spanien ist viel zu weit entfernt, als dass Ägypten mit Menschen und Material zu Hilfe eilen könnte. Offenkundig lag al Andalus nicht in der Interessensphäre des Mamlukensultans, der obendrein viel zu sehr mit der osmanischen Bedrohung und der Situation in Inneranatolien beschäftigt war, als dass er seine Aufmerksamkeit in andere Richtungen hätte lenken können. Zu dieser Zeit eroberte Mehmed II. Konstantinopel, bemächtigte sich der anatolischen Fürstentümer, eroberte Serbien und die Peloponnes. Der gesamte Südosten Europas und der Vordere Orient erzitterten. In Kairo hatte man wahrhaftig andere Sorgen, als im entfernten Andalusien zu intervenieren, wo der Islam, man wusste es nur zu gut, im Sterben lag. Im Jahre 1487 ließ der Sultan von Kairo, Kaitbay, von der Auferstehungskirche in Jerusalem zwei Franziskaner zu den christlichen Königen schicken, insbesondere nach Neapel, um sie aufzufordern, sich bei den Königen Spaniens für die Einstellung der Angriffe auf Granada zu verwenden – ganz offensichtlich ohne Erfolg.

Erobert Granada!

Im Jahre 1479 trug sich ein Ereignis zu, das den Rückzug der Muslime beschleunigte und die Christen in ihrem Willen bestärkte, endgültig mit Granada Schluss zu machen. Nach dem Tode Johanns II. von Aragón ging die Krone an Ferdinand, den Gatten Isabellas – die damals noch nicht die Katholische hieß –, der Tochter König Johanns II. von Kastilien. Isabella wurde nach dem Tode ihres Vaters Königin von Kastilien. Damit war die Personalunion zwischen beiden Königreichen hergestellt. Die beiden Souveräne reorganisieren die politische Macht, die Finanzverwaltung, stellen die Ordnung im Lande wieder her und bereiten sich insbesondere darauf vor, die Reconquista zu vollenden.

Anfang 1482 erobern die christlichen Truppen unter Führung von Ponce de León die vierzig Kilometer von Granada entfernte Festung al Hama, die sie als Basis für die Eroberung der Stadt ausbauen. Abul Hasan, der damalige Sultan von Granada, sollte die Festung nicht mehr in seinen Besitz bringen. Dafür schlägt er einige Monate später die christliche Armee bei Loja, etwa fünfzig Kilometer südlich von Granada, und versperrt ihr damit den kürzesten Weg in die Stadt. Durch einen Komplott wird er später von Abu Abdallah, der unter dem Namen Boabdil in die Geschichte eingegangen ist, abgelöst. Abul Hassan flieht nach Málaga. Das Königreich ist nun zweigeteilt, in Granada und Almería im Osten, Ronda und Málaga im Westen. Boabdil aber wird von Kastilien gestützt, weil er eher zur «Kollaboration» geneigt ist. Abul Hassan ist der bessere Soldat.

Jedenfalls ist Kastilien auf allen Gebieten deutlich überlegen: durch die Armee und eine wirksam eingesetzte Artillerie, durch einen Abnutzungskrieg, der die Moral der Bevölkerung bricht, die Wirtschaft und das Land zerstört. Kastilien ist auch zahlenmäßig überlegen mit den großen Reserven des Königreiches Kastilien-Aragón, der Verbündeten und auch der Kontingente aus Frankreich und anderen christlichen Ländern. Gegenüber dieser Machtkonzentration erscheint das Gewicht Granadas eher winzig, angesichts des begrenzten Territoriums, der Ressourcen und der isolierten Position. Granada kann nicht mehr auf die Menschen- und Materialreserven des Maghrebs zählen, und auch nicht mehr auf die Hafsiden von Ifrikiya. Hinsichtlich der Hilfe aus anderen islamischen Ländern hatte der Mamlukensultan ja schon die gebührende Antwort gegeben. Aber mehr noch als die Überlegenheit Kastiliens mussten für den letzten islamischen Staat auf der Halbinsel die innere Zerrissenheit und die Unfähigkeit zur Einigkeit zur Gefahr werden: nicht nur die Nasriden schwächten sich in Fraktionskämpfen, sondern auch die Einwohner von Granada selbst, die nicht begriffen, dass ihre kleinlichen Interessenkonflikte zwischen Handwerkern, Bauern und anderen nur zu einer Niederlage und damit zum Ende des Islam in Spanien führen mussten. An der Spitze des Staates liefern Adel und Würdenträger augenfällige Proben ihres Egoismus' und ihrer Leichtfertigkeit. Sogar Straßenkämpfe brechen in Granada aus. 1486 liefern sich die Bewohner des Albaicín und anderer Viertel zwei Monate lang blutige Straßengefechte, bei denen auch Kanonen und Katapulte eingesetzt werden. Im Gegensatz zu den Muslimen zeigen die christlichen Könige ein Bild konzentrierter Entschlossenheit. Die so häufigen dynastischen Streitigkeiten zwischen Kastilien und Aragón stören nun nicht mehr die politischen und militärischen Projekte des Staates. Zudem spielt bei den Christen der religiöse Aspekt eine wichtige Rolle, der bei den Muslimen nie in gleicher Weise im Vordergrund stand. Unter diesen Umständen war es geradezu ein Wunder, dass Granada doch so lange Widerstand leisten konnte.

Offensive und Kapitulation

Im Frühjahr 1486 gingen die Katholischen Könige zur Offensive über. Ihr Plan war, Granada völlig zu isolieren; mit Loja im Westen sollte damit begonnen werden. Die christlichen Truppen, die vom «Gran Capitán» Gonzalo Fernández de Córdoba kommandiert wurden, verfügten über eine starke Artillerie; Granada besaß keinerlei Kanonen. Wie so häufig in dieser Epoche, und auch später noch, gaben die Kanonen den Ausschlag. Die Bevölkerung verließ Granada. Andere Städte und Festungen fielen rasch: Salar, Ilora, Colomera, Montefrío etc. Die Vega von Granada wurde erneut geplündert und verwüstet. Am Ende des Jahres kam es in Granada wiederum zu Streitereien, diesmal zwischen Boabdil und seinem Onkel Zagal. Man sagte, die Leichen hätten sich in den Straßen getürmt. Boabdil trug schließlich den Sieg davon. Ferdinand konzentrierte seine Kräfte jetzt auf Málaga. Die Stadt wurde rasch genommen; die muslimische Bevölkerung floh nach Nordafrika. Im nächsten Jahr griff Ferdinand das etwa hundert Kilometer westlich von Granada gelegene Baeza an. Nach sorgfältigen militärischen Vorbereitungen der Kastilier und nach mehreren Monaten der Belagerung musste sich die ausgehungerte Stadt ergeben. Es heißt, 20.000 Menschen seien gestorben. Die anderen Städte der Region ergaben sich eine nach der anderen: Al muñécar, Purchena, Almería, Salobrena, schließlich Cádiz. Zagal setzte sich mit einigen hundert Mann nach Oran ab, wo er ein kleines Fürstentum gründete.

Boabdil, der Vasall Ferdinands und Isabellas, hatte sich verpflichtet, ihnen Granada zu übergeben, sobald Zagal besiegt wäre. Aber er fürchtete die Reaktion der Bevölkerung und zögerte, sein Versprechen einzulösen. So beginnen die Katholischen Könige im Frühjahr des Jahres 1490 mit der Belagerung. Angriffe und Gegenangriffe wechseln einander ab bis zum Ende des Jahres. Die Artillerie der Katholischen Könige schießt Breschen in die Mauern, die Leute aus Granada machen nächtliche Ausfälle, um sich Getreide und Vieh zu besorgen. Aber die Lebensmittel werden immer knapper. Nach arabischen Quellen hat Boabdil Ende August heimlich Verhandlungen aufgenommen. Am 25. November wird die Kapitulation Granadas unterzeichnet. Von fünfzig Reitern eskortiert verließ Boabdil die Stadt am 2. Januar 1492, übergab Ferdinand die Schlüssel und dem Grafen Tendillo, dem zukünftigen Gouverneur der Stadt, sein Siegel. «Regiert die Stadt mit diesem Siegel und möge Euch Gott mehr Glück schenken, als er mir gegeben hat», soll er ihm gesagt haben. Oben vom Velaturm verkündete ein Herold: «Granada den Katholischen Königen!»

Die unterzeichnete Übereinkunft sah vor, dass die Sicherheit und der Besitz der Muslime garantiert werden sollen und dass man ihnen Religionsfreiheit gewähre. Sie sollen die Freiheit haben, nach ihrem Brauch zu leben und sich zu kleiden, ihr Besitz sei zu respektieren. Rechtsstreitigkeiten zwischen ihnen und den Christen sollen vor gemischten Gerichten ausgetragen werden. Steuern werden nicht erhöht. Alle gefangenen Muslime sollen auf freien Fuß gesetzt werden. Den Muslimen wurde das Recht zugesprochen, Spanien zu verlassen. Boabdil erhielt zum Eigenbesitz ein Landgut in den Alpujarrabergen.

Das letzte der Territorien, das Abd ar Rahman I. nach seiner wunderbaren Errettung vom Omayyadenmassaker in Syrien mit seinem Schwert erobert hatte, war nun in die Hände der Ungläubigen gefallen. «Das ist eine der schrecklichsten Katastrophen, die den Islam heimgesucht haben», schrieb damals Ibn Iyas, der ägyptische Chronist. Einige Tage später hielt Ferdinand seinen Einzug in die Stadt und residierte eine Zeit lang in der Alhambra. Bald darauf übernahm Boabdil das ihm zugesprochene Landgut. Später begibt er sich nach Nordafrika und stirbt in Fes im Jahre 1533.

So endete dieses merkwürdige Königreich Granada, bereits verdammt, so könnte man meinen, seit es das Licht der Welt erblickte, und das doch über zweihundert Jahre existierte. Dem beständigen Druck der christlichen Königreiche, aber auch der Muslime Nordafrikas unterworfen, immer in Gefahr, von den ersteren zerstört oder von letzteren zum Protektorat gemacht oder annektiert zu werden, gelang es den Fürsten und ihren Wesiren doch, ein Gleichgewicht zwischen beiden aufrechtzuerhalten. Die Christen waren von Zwietracht untereinander zerrissen, zettelten Intrigen und Komplotte an, und die Muslime Granadas – zugleich ja auch Vasallen der christlichen Könige – taten es ihnen gleich, ein ums andere Mal unterstützt oder bedroht von ihren gefährlichen maghrebinischen Nachbarn. Es hätte nur einer einfachen Entscheidung der Christen oder des Sultans von Marrakesch bedurft, um dieses winzige Königreich von der Landkarte verschwinden zu lassen. Es erstaunt, warum die Nähe des Meeres und die dadurch mögliche Verbindung mit den großen muslimischen Ländern des Orients niemals genutzt wurden, um Hilfe

*Einzug der Katholischen Könige, Isabella und Ferdinand, in das eroberte
Granada (Relief aus der Capilla Real in der Kathedrale von Granada)*

gegen die großen Nachbarn auf der Halbinsel herbeizurufen.
Nichts dergleichen wurde unternommen. Granada, alleingelassen
und isoliert, überlebte zwei Jahrhunderte in ständiger Bedrohung,
ohne jeglichen Beistand.

DAS ENDE MUSLIMISCHEN LEBENS IN SPANIEN

Von Mauren zu Moriscos

Die Kapitulationsakte, welche das Leben der muslimischen, mudéjarischen Minderheit in Granada garantierte, wurde nicht lange respektiert. Ab 1498, wenige Jahre nach dem Vertrag zwischen Ferdinand und Boabdil, ergriff die katholische Obrigkeit auf Drängen des Erzbischof von Toledo, Francesco Jiménez de Cisneros, Maßnahmen zur Bekehrung der Muslime. Die angewendeten Methoden zeigten bei einer Minderheit der Muslime ihre Wirkung, die Mehrheit aber zog die Auswanderung vor. Dieser Auszug in den Maghreb verstärkte sich noch, als Kastilien im Jahre 1502 die Muslime vor die Wahl stellte auszuwandern, zum Christentum überzutreten oder zu sterben. Daraufhin wählten viele den Religionswechsel. Es begann eine regelrechte Säuberung, wie sie auch die Juden zu erdulden hatten, nur wesentlich begrenzter, denn in Kastilien waren die Muslime nicht so zahlreich vertreten. Die Lage verschärfte sich, als 1526 die Bekehrung der *Moriscos*, der Morisken, in Aragón und Valencia angeordnet wurde. In Valencia waren 30 Prozent der Bevölkerung Muslime, deren Mehrheit auf dem Lande lebte, in Aragón 20 Prozent, auch sie mehrheitlich Bauern. In Granada machten Muslime 40 Prozent aus. Es setzte eine Christianisierungskampagne mit Hilfe von Propaganda und Überredung ein: Verbot, islamische Bücher zu besitzen, Verbot, nach islamischen Sitten und Gebräuchen zu leben. Die Auswirkungen dieser Politik waren begrenzt, vor allem, weil die Morisken eine Sondersteuer bezahlten, auf die ihre Herren nicht verzichten wollten, dann auch, weil es den Muslimen gelang, durch Verhandlungen das Eingreifen der Inquisition zu verzögern. Dennoch gingen die Maßnahmen gegen die Muslime weiter: Es war verboten, Arabisch zu sprechen, öffentliche Feiern zu begehen etc. Auch dies hatte nur geringe Konsequenzen. Im Jahre 1568 jedoch kamen fremde Morisken nach Granada und wiegelten die dortigen Muslime auf, die sich ihnen schließlich anschlossen; 4000 Rebellen zogen sich nach dem Scheitern des Aufstandes in die Berge zurück. Türken stießen zu ihnen, und der Aufstand weitete sich aus. Einen Monat später stellten die Rebellen, deren Zahl inzwischen auf 150.000 angewachsen war, darunter 45.000 in Waffen, einen Kontakt zu den osmanischen Türken in Algier her. Die Kunde von diesem Aufstand breitete sich in ganz Europa aus und erregte Leidenschaften und Besorgnis. In Spanien nahm man die Sache sehr ernst. «Das ganze Königreich ist aufs Heftigste alarmiert», schreibt der französische Gesandte an Karl IX.

Es erweist sich als schwierig, gegen die Aufständischen in ihren Bergen vorzugehen, die lang gestreckte Westküste der Halbinsel eignet sich gut für die Anlandung von Menschen und Material aus anderen muslimischen Ländern, insbesondere aus dem Großreich der Osmanen. Die aufeinander folgenden Angriffe verlaufen ohne Erfolg. Philipp II. ist beunruhigt, ohne es nach außen hin zu zeigen. Wie soll man von einem großartigen Sieg sprechen, wenn man es mit irgendwelchen Gebirgsbanden zu tun hat? Don Juan d'Austria wird zum Kommandanten der gegen die Rebellen eingesetzten Einheiten ernannt. Zur gleichen Zeit erhält man die Nachricht, dass sich Selim II., der Nachfolger Suleimans des Prächtigen, auf einen Krieg vorbereitet. Aber in welche Richtung? Man ist auf Vermutungen angewiesen, ohne Spanien auszuschließen, ganz im Gegenteil. Man fürchtet zudem, die Muslime Spaniens könnten sich dem Aufstand von Granada anschließen. Es kursieren die verschiedensten Gerüchte, etwa von einem Versprechen der Hohen Pforte – der Regierung des Osmanischen Reiches –, den Mauren in Spanien «Tausende von Arkebusieren» zu schicken; von der bevorstehenden Landung einer «Armada» von Kämpfern; von Kriegsvorbereitungen der muslimischen Herrscher Nordafrikas gegen Spanien etc. Und der Krieg gegen Granada ist teuer. In den spanischen Städten geht die Menge gegen die dortigen Muslime vor, setzt sie gefangen und verkauft sie als

Sklaven. Die Anführer des Aufstandes werden einer nach dem anderen ermordet. Endlich schließt man 1570 einen Frieden. Den Mauren wird Pardon gewährt; sie dürfen ihre traditionellen Kleider tragen, müssen aber unverzüglich ihre Waffen abgeben. In der Nacht bringen kleine Schiffe Waffen aus Marokko an die spanische Küste, und in den Bergen halten sich noch Widerstandsherde. In ihren Rückzugsgebieten verweigern die Muslime die Unterwerfung und verlangen ein Aufenthaltsrecht in den Alpujarras; das kann die Obrigkeit nicht akzeptieren. Es entspinnt sich eine Art Guerillakrieg, der von den Christen kaum erfolgreich geführt werden kann.

Mauren zum Land hinaus!

Unter den christlichen Führern beginnt die Idee Gestalt anzunehmen, die Muslime allesamt zu vertreiben. Doch fürchtet man die wirtschaftlichen Folgen. Zudem standen weder die spanischen Erzbischöfe noch der Vatikan dieser Idee positiv gegenüber, dagegen weite Teile der öffentlichen Meinung, um so mehr, als die Aufständischen immer wieder ihren Verfolgern in den Bergen entwischten. Schließlich wurde die Entscheidung mit dem Argument der «nationalen» Sicherheit getroffen. Schon seit längerem hatte man den Morisken ihre Beziehungen zu den Türken und den Staaten des Maghreb vorgeworfen. Außerdem bereitete sich Spanien auf eine Expedition nach Afrika vor, um das schon lange begehrte Larache in seine Gewalt zu bekommen. Am Hof von Madrid hasst man die Muslime, insbesondere aus religiösen Gründen. Es ist verwunderlich, dass Philipp II. in seinem Fanatismus nicht schon früher die Entscheidung getroffen hatte, sich jener Bevölkerungsteile zu entledigen, die er in seinem Reich nicht dulden wollte. Er hatte bereits den Gebrauch der arabischen Sprache und das Tragen der traditionellen muslimischen Tracht untersagt. Der Herzog von Lerna, sein wichtigster Berater, schafft es endlich, ihn zu überzeugen, indem er das Argument der Hochverrats in den Vordergrund stellt, das heißt den Vorwurf des Komplotts mit ausländischen Mächten. Das Edikt vom 16. September 1609 setzt den Morisken unter Androhung des Todes eine Frist von drei Tagen, um das Land zu verlassen. Es wird ihnen nur gestattet, das mitzunehmen, was sie tragen können. Auf ihren wohlgepflegten Ländereien beginnen sich die Christen niederzulassen. Die christlichen Grundherren werden für ihre Verluste entschädigt, denn die Muslime sind arbeitsam und durch niemanden zu ersetzen. Unter den Muslimen entwickelt sich noch einmal Widerstand unter Führung eines gewissen Turigi. Er wird jedoch gefangen genommen und nach grausamen Folterungen hingerichtet, sein Kopf über einem Tor von Valencia zur Schau gestellt. Ende 1609 ist die Reihe an den Morisken von Andalusien, einige Monate später folgen die von Aragón. Die Vertriebenen füllen die Landstraßen, und ihr elender Zustand rührt sogar die härtesten Gemüter. In einem Brief an Ruy Gómez schreibt Don Juan d'Austria: «Es war der traurigste Anblick der Welt, denn in der Stunde des Abmarsches gab es so viel Regen, Wind und Schnee, dass diese armen Leute sich voller Klagen gegenseitig stützen mussten. Es lässt sich nicht anders sagen, aber der Entvölkerung eines Königreiches beizuwohnen, ist der größte Kummer, den man sich vorstellen kann.» Die Trecks dieser unglücklichen Vertriebenen werden oft von Christen angegriffen und ausgeplündert, und viele Muslime dabei getötet.

Wieviele Menschen wurden Opfer dieser Deportationen? Die Schätzungen schwanken beträchtlich und liegen zwischen 50.000 und einer Million. Wahrscheinlicher ist, dass es 200.000 bis 300.000 waren, bei einer Gesamtbevölkerung von geschätzten 8 Millionen, eine sicherlich übertrieben hohe Zahl. Ganze Gemeinden wurden übers Meer nach Nordafrika transportiert, insbesondere nach Algerien, Marokko und Tunesien, wo man ihre Ansiedlung ausdrücklich befürwortete. Die Mauren der Estremadura landeten in Salé an der marokkanischen Küste und gründeten mit bereits in Marokko eingetroffenen Mauren eine «Piratenrepublik», die später sehr gefürchtet war. Nur wenige entgingen der Vertreibung und blieben in Spanien, namentlich in Kastilien. Einige begannen ein Leben als Straßenräuber, aber die meisten führten ein friedliches Dasein und brachten es dahin, dass man sie allmählich vergaß.

Die Vertreibungen betrafen in erster Linie die Morisken der Städte, denn sie waren dort leicht zu identifizieren und zu fassen. Fast alle mussten gehen, mussten ihre kleinen Läden und Werkstätten verlassen. Auf dem Lande wurden manche Dörfer verschont, andere verloren fast alle ihre Bewohner. Die Morisken der Gebirgsregionen, der abseits liegenden Dörfer, die in Randgebieten verstreut lebenden Bauern entgingen der Vertreibung – und natürlich solche, deren Herren die Möglichkeit hatten, sie zu schützen, um ihre Arbeitskraft zu erhalten. Die Kinder, die Enkel und Nachkommen der unzähligen Mischehen, blieben in ihrer überwältigenden Mehrheit von der Vertreibung verschont.

Die Gründe der Vertreibung

Kann man glauben, dass die tieferliegenden Gründe des Edikts von 1609 allein in der Furcht vor den Beziehungen der spanischen Muslime zu den äußeren Feinden – Marokko, die Barbareskenstaaten, das Osmanische Reich – gelegen haben könnten, die sie dazu bewog, Tausende von Frauen und Männern davonzujagen, deren Fehlen in der Wirtschaft der Halbinsel nur negative Folgen haben konnte? Die religiösen Gründe wiegen schwerer als alle anderen. Obwohl das Christentum als erste Religion die bewundernswerte Devise formulierte «Liebet einander», ist die Toleranz doch nicht immer die Tugend derjenigen gewesen, die sich auf diese Devise beriefen. Hätten die Eroberer Spaniens eine andere Religion gehabt als den Islam, wäre der Hass gegen sie genau derselbe gewesen, ein Hass, den die Gläubigen einer in Spanien so tief verwurzelten Religion wie der christlichen gegenüber allen an den Tag legen, die nicht denselben Gott anbeten. Die Epoche der

Vertreibung von Juden und Muslimen aus Spanien ist diejenige Epoche, in der sich in Europa der Fanatismus in allen Formen, auch in seinen widerwärtigsten, manifestiert. In Spanien kam es gegen die Muslime nicht – von Ausnahmen abgesehen – zu systematischer physischer Gewaltanwendung. Aber der Beweis war erbracht, dass die meisten spanischen Muslime, konvertierte oder nicht-konvertierte, unerschütterlich an ihrer Religion und ihrer Zivilisation fest hielten. «Das sind wahre Mohammedaner, wie die von Algier», sagte der Kardinal von Toledo. Es sei unmöglich, sie zu assimilieren, sie könnten niemals richtige Spanier werden – so hörte man immer wieder. Die Konvertiten sprachen untereinander nur Arabisch, sie erfüllten nicht ihre religiösen Pflichten, empfingen niemals die Sakramente. Ihre Konversion sei daher pure Fassade. Von hier aus war es nur ein kleiner Schritt, sie als Feinde des Christentums zu diffamieren – und dieser Schritt war schnell getan. Man kam zur Überzeugung, es sei unmöglich, eine so große Anzahl von unzuverlässigen Leuten, die eine Integration verweigerten, in Spanien leben zu lassen. Verschiedene Lösungen wurden ins Auge gefasst: Man wollte die leicht zu formenden Kinder behalten und die Erwachsenen nach Nordafrika deportieren; dann wollte man die Morisken über die ländlichen Gebiete verteilen und sie dort von guten Christen umgeben leben lassen. Schließlich entschloss man sich zur Vertreibung aller Muslime – ohne jede Ausnahme.

Die Austreibung der Juden

Drei Monate nach der Eroberung Granadas, im März des Jahres 1492, erließen Ferdinand und Isabella ein Edikt, mit dem die Vertreibung der Juden angeordnet wurde.

Immer wieder gab es Spannungen in den Beziehungen zwischen den Sefarden, den jüdischen Spaniern, und den Christen. Wie in anderen christlichen Ländern folgten Perioden der Toleranz und der Ablehnung aufeinander, bis hin zu Verfolgungen.

Den Juden haftete der Makel an, den Erlöser ans Kreuz geschlagen zu haben – und das hatte man niemals vergessen. Jeder im Laufe der Jahrhunderte geäußerte Scheingrund trug seinen Teil zu jener hartnäckigen Rachsucht der Christen bei, welche die Heiligen Schriften beständig am Leben erhielten und die sich der Klerus, bis in jüngere Zeit hinein, bei jeder Gelegenheit zu Eigen machte. Zwar tritt im Spanien des 15. und 16. Jahrhunderts zunehmend die Doktrin auf, die Juden müssten um der «Reinerhaltung des Blutes» (*limpieza de sangre*) willen diskriminiert werden, dennoch wurden sie nicht als Rasse gesehen, da es noch keine einschlägigen Rassetheorien gab. Keine Rasse zwar, aber eine Zivilisation: Sie trugen besondere Kleidung oder besondere äußere Merkmale, lebten sehr häufig in denselben Stadtvierteln, auch wenn sie dazu noch nicht verpflichtet waren (wie so viele andere Gruppen, die sich nach ihrem Beruf, nach ihrer landsmannschaftlichen Herkunft zusammenschlossen), aßen unterschiedliche Gerichte, die sie auf unterschiedliche Weise zubereiteten (mit Öl anstelle von Speck), enthielten sich bestimmter Speisen, und verharrten an einem Tag der Woche in vollkommener Tatenlosigkeit. Auch sprachen sie eine andere Sprache, obwohl sich viele von ihnen in den eroberten Gebieten das Spanische angeeignet hatten. Ihre erstaunliche Sprachbegabung macht sie verdächtig. Man hat nicht die Rolle vergessen, die sie bei der Vermittlung antiken Denkens und antiker Werke gespielt haben. Sie gehören zu den ersten, die sich des Buchdrucks bedienen, für den sie sich begeistern (und den sie in der Türkei einführen werden, wo der Buchdruck nicht vor dem 18. Jahrhundert praktiziert wurde). Man kennt auch ihre Rolle beim wirtschaftlichen Austausch, dank ihrer überall in Europa ansässigen Glaubensgenossen. Seit dem 9. Jahrhundert sind es Juden des Rhônegebietes, die über Verdun und die Maasregion den Transithandel mit Sklaven betreiben. Und es wurde schon mehrfach erwähnt, dass Juden wichtige Funktionen in der Umgebung von Emiren und Kalifen ausübten, was sich unter der christlichen Herrschaft fortsetzte: Nicht wenige Juden dienten spanischen Königen als Verwaltungsfachleute oder gar Minister. Juden waren anders – und das ist in allen Kulturen und Epochen keineswegs immer eine Garantie, wohlgelitten zu sein.

Am Ende des 15. Jahrhunderts hat die Reconquista ihr Ende gefunden. Bewusst oder unbewusst will Spanien die religiöse Einheit. Die Thronbesteigung Ferdinands von Aragón und Isabellas von Kastilien beschleunigte eine geradezu unvermeidliche Entwicklung. Äußere Umstände führten zur Vereinigung der beiden Königreiche unter einer Krone: Aus der Ehe zwischen Ferdinand und Isabella von Foix war kein Erbe hervorgegangen; nach dem Tod Isabellas von Foix vermählte sich Ferdinand mit Isabella von Kastilien. Das einzige verbindende Element zwischen beiden Reichen war die Religion. «Allein durch die Religion wurde Spanien geeint; es ist die Religion, die Spanien – lange Zeit ein besonders offenes Land für alle Denkrichtungen – zu einem der fanatischsten Länder machte, es ging so weit, dass Spanien im religiösen Fanatismus das grundlegende Element seines nationalen Bewusstseins fand» (Renaudet). Der Einfluss Isabellas auf religiösem Gebiet wurde zu einem entscheidenden Faktor. Es schien ihr unerträglich, dass Menschen eines Geschlechtes, das Christus gemartert und getötet hatte, friedlich in ihrem eigenen Königreiche leben sollten.

Seit längerer Zeit schon häuften sich die Klagen gegen die Juden: Ritualmorde, Schändung christlicher Kultstätten, Verhöhnung des Christentum, Scheinkonversion. Die 1481 eingesetzte Inquisition eröffnete Prozesse gegen sie, bot wahre und falsche Zeugen auf, die bestätigten, die Juden bedrohten sie und setzen sie unter Druck, damit sie wieder zum Judentum zurückkehrten. Ein Inquisitor soll dem Gouverneur von Sevilla von einem Turm aus das Viertel der konvertierten Juden gezeigt haben: «Schau, wir haben heute Samstag und an diesem Wintertag siehst du keinen Rauch aus den Schornsteinen aufsteigen: alle konvertierten Juden beachten den Sabbat.» Möglicherweise mehr als je zuvor ist die Epoche darauf aus, die Juden zu verdrängen. Frankreich hatte sie

1395 vertrieben, aber nicht wenige sind kurz darauf zurückgekehrt. Mailand weist die Juden 1597 aus, Venedig und Ragusa (Dubrovnik) ebenso; sie kommen jedoch bald wieder zurück. Im Jahre 1492 werden die sizilianischen Juden des Landes verwiesen.

Das Edikt der Katholischen Könige vom 31. März 1492 lässt den Juden die Wahl zwischen Konversion oder Auswanderung vor dem 1. Juli; die Frist wurde um neun Tage verlängert. Es wird behauptet, die Juden hätten 30.000 Golddukaten angeboten, wenn das Vertreibungsdekret aufgehoben würde, das ist jedoch nicht erwiesen, und ein solches Angebot hätte wohl auch nichts gefruchtet. Recht viele akzeptierten den Übertritt zum Christentum. Die anderen bereiteten sich auf ihren Auszug vor. Man hatte sie zunächst im Glauben gelassen, sie könnten ihren Besitz an Gold oder Silber mitnehmen, aber das stellte sich als falsch heraus. So tauschten sie ihre Wertgegenstände in Seidenstoffe oder Pelze, sehr häufig aber auch gegen Wechsel.

Wie zahlreich waren die Juden in Spanien? Wie im Falle der Araber wurden die fantastischsten Zahlen genannt, bis zu 500.000 und mehr. Es ist wahrscheinlich, dass ihre Anzahl 150.000 – einige Historiker gehen bis 200.000 – nicht überschritten haben dürfte; die Hälfte davon wird konvertiert und in Spanien geblieben sein. Die anderen machten sich auf den Weg und boten den traurigen Anblick aller Menschen, die gezwungen werden, Haus und Heimat zu verlassen. «Einige starben, Krankheiten rafften viele dahin, und es wäre nicht der ein Christ gewesen, der nicht Erbarmen mit ihnen gehabt und ihnen zur Taufe geraten hätte. Einige akzeptierten aus Kummer, aber nur sehr wenige» (Bennassar). Viele schlugen zunächst den Weg nach Portugal ein. Einige ließen sich dort nieder, aber die Mehrzahl brach in andere Länder auf, in die Provence, nach Italien, in den Kirchenstaat, nach Venedig und Ferrara, in die großen Städte Westeuropas wie Antwerpen, Amsterdam und Hamburg, viele auch nach Marokko und Tunesien, nach Kairo, wo sie lange Zeit einen wichtigen Platz im Bankwesen und im Handel einnahmen. In Konstantinopel wurden einige Stadtviertel von Juden bewohnt (namentlich die Quartiere um das Goldene Horn). In Thessaloniki stellten sie lange, bis zu ihrer Vernichtung durch die Deutschen im Zweiten Weltkrieg, einen wichtigen Teil der Bevölkerung. Ein französischer Reisender (M. Febvre) schrieb im 17. Jahrhundert: «Es findet sich keine Familie von einiger Bedeutung unter den Türken und den ausländischen Kaufleuten, bei denen nicht ein Jude in Diensten gestanden hätte, sei es, um die Waren zu begutachten und ihre Qualität einzuschätzen, sei es als Dolmetscher oder als Ratgeber in allen Dingen... Die anderen Völker des Ostens, die Griechen, die Armenier etc. weisen dieses Talent nicht auf und werden es niemals so weit bringen...» (Montron). Die Juden waren die ersten (1494), die eine Druckerei in Konstantinopel eröffneten – um die Bibel zu drucken.

Bereute man später in Spanien, die Juden vertrieben zu haben? Das ist nicht unwahrscheinlich Ein spanischer Autor berichtet 1605, man habe darüber nachgedacht, 10.000 Juden die Erlaubnis zu erteilen, sich in Spanien wieder niederzulassen, um das Finanzwesen des Königs besser zu organisieren, als es die christlichen *asentistas* konnten. Und man überliefert die möglicherweise apokryphen Worte des osmanischen Sultans Bayezits II.: «Ihr nennt den König Ferdinand klug, der sein Land verarmen ließ, um meines zu bereichern?»

Im 17. Jahrhundert behauptete der Rabbi Sabbatai Zwi in Izmir (Smyrna), er sei der Messias. Er versammelte um sich Adepten aus allen Gegenden der jüdischen Diaspora in Kleinasien und Thessaloniki. Als seine Bewegung sich ausbreitete und die Obrigkeit zu stören begann, wurde er verhaftet und vor den Sultan geführt, der ihn vor die Wahl zwischen dem Übertritt zum Islam und dem Tod stellte. Er entschied sich für den Übertritt. Ein Teil der Sabbatianer tat es ihm gleich und schloss sich zu einer Gruppe unter der Bezeichnung *Dönmeh* (Konvertiten) zusammen. Diese Glaubensgemeinschaft, die noch heute existiert, vertritt den Messianismus, folgt im übrigen aber den Vorschriften der islamischen Religion, die Pilgerfahrt nach Mekka eingeschlossen. Bis noch vor wenigen Jahren heirateten die *Dönmehs* nur untereinander. Noch heute sind sie eine sehr tätige Gruppe, mit einem tiefen Gefühl für Literatur und Kunst und der staatlichen Autorität gegenüber ausgesprochen loyal eingestellt.

AL ANDALUS – LAND DER STÄDTE

Urbanes Leben

Nichts glich mehr einer mittelalterlichen christlichen Stadt des Okzidents in ihrer Gesamtanlage als eine islamische Stadt des Orients, lässt man einmal die islamische Prägung und die orientalischen Schmuckelemente beiseite: Dasselbe Gewirr der Gassen, die sich in der Umgebung wichtiger religiöser und ziviler Bauwerke verbreitern, eine von Toren durchbrochene Stadtmauer, ungepflasterte Gassen und Straßen mit einer Rinne in der Mitte, worin alles abfließt, was die Bewohner in sie übergeleitet haben, vor allem Haushaltsabfälle, aber auch jeder andere Unrat, der sich so lange anhäuft, bis ihn die Bürger auf Kosten der Stadt wegschaffen lassen. Die Gässchen verbreitern sich immer wieder und lassen Raum für kleinere Plätze, aber erst zum Ausgang der Stadt hin erlaubt es der Platz, dort Märkte einzurichten, Kirchen und Bethäuser zu errichten, und dort können die Bürger Luft schöpfen, wenn sie dem Gestank entronnen sind, in dem sie beständig leben müssen. Außerhalb der Mauern, aber in unmittelbarer Nachbarschaft, liegen die Friedhöfe, dort besucht man die Gräber oder trifft sich mit Freunden. Die Stadt verbreitet sich nach und nach über freies Gelände, das dann allmählich dichter bebaut wird. Weiter entfernt stehen die oft von Gärten oder Parks umgebenen Villen der städtischen Oberschicht. In der Mitte der Stadt befinden sich, je nach ihrer Bedeutung, Paläste oder das häufig sehr einfach gehaltene Haus des Gouverneurs, Sitz der städtischen Verwaltung. So etwa sieht eine Stadt des Mittelalters aus; ihr Aussehen und ihre Anlage modifiziert sich je nach ihrer politischen oder wirtschaftlichen Bedeutung, nach ihrer Lage im Inneren eines Landes oder an der Küste – und nach der Religion, die dort praktiziert wird...

Die Anlage der Städte des arabischen Westens, Syriens und des Irak folgt keinem Gesamtplan, außer natürlich Bagdad, die «runde Stadt», die nach Anweisungen des Kalifen Mansur angelegt wurde. Trasse und Breite der Gassen variierten gemäß ihres Verwendungszwecks und der Phantasie der Grundeigentümer. «Die Gassen sind so eng», schreibt ein Reisender über das Granada des 15. Jahrhunderts, «dass die Dächer der einander gegenüberliegenden Häuser oft in der Höhe aneinanderstoßen, und wenn sich unten zwei Esel begegnen, kommen sie nicht an einander vorbei.» Ein anderer Reisender berichtet zur selben Zeit aus derselben Stadt, die Gassen seien so eng gewesen, dass man aus einem Fenster heraus das Fenster auf der gegenüberliegenden Seite mit der Hand hätte berühren können. In vielen Vierteln konnte sich ein Reiter mit seiner Lanze in der Hand nicht fortbewegen... Der *muktasib*, jener Amtsträger, der in der Stadt über die Ehrlichkeit der Händler, die Sitten und die öffentliche Ordnung zu wachen hatte, beschränkte sich oft darauf aufzupassen, dass baufällige Häuser nicht auf die Passanten herabstürzten. Beim Bau eines Hauses kontrollierte man lediglich die Baumaterialien, und das war bereits alles.

In den großen und mittelgroßen Städten verbanden einige größere Straßen die Nord- und Südtore sowie die West- und Osttore. Man findet sie heute noch in Córdoba, wo eine der Hauptstraßen zwischen dem Alcázar und der Großen Moschee verläuft, während eine andere in ost-westlicher Richtung die Puerta de Gallegos mit der Puerta de Hierro verbindet. Auch Granada hatte zwei große Straßen, die von einem Stadttor zum anderen führten. In

Málaga durchquert eine Straße auf alter Trasse die Stadt in west-östlicher Richtung; die Straßen dort waren im 15.Jahrhundert «so erbärmlich und so eng, dass ein etwas lebhaftes Pferd kaum eine Wendung zur Seite machen konnte.» Verschiedene Städte, unter anderen Sevilla und Jérez, hatten noch lange nach der Reconquista «Straßen mit sieben Windungen», und selbst Málaga verfügte über eine «Straße mit zwölf Windungen». Wohlgemerkt, alle Waren mussten auf dem Rücken von Maultieren oder Eseln durch dieses Gassengewirr transportiert werden; die Häuser waren durch Bögen und aufgehängte Passagen miteinander verbunden, die so hoch sein mussten, dass ein Reiter «mit seinen Waffen ohne Behinderung hindurchreiten konnte.» Typisch muslimisch sind die vorkragenden Obergeschosse mit Gitterfenstern zur Straße hin, damit die Frauen einen Blick auf das Treiben in den Gassen werfen konnten, ohne selbst gesehen zu werden. Abgesehen von diesen Erkern waren Öffnungen der Häuser zur Straße hin selten, die nackten Fassaden verhinderten, dass ein Fremder ins Innere der Häuser blicken konnte. Es war verboten, eine Haustüre so zu platzieren, dass sie einer anderen Haustüre oder einem Geschäft unmittelbar gegenüberlag. Die Haustüren waren immer verschlossen, und man öffnete sie nur, um einen Gast einzulassen, den man vorher durch eine in der Tür befindliche vergitterte Luke identifiziert hatte.

Zahlreiche Städte von einiger Bedeutung für die Geschichte des muslimischen Spanien könnten an dieser Stelle beschrieben werden; wir werden uns indessen nur auf die Hauptorte beschränken. In der muslimischen Epoche war Spanien das reichste Land an großen und kleinen Städten – im Gegensatz zu den meisten Ländern des Okzidents, wo es viel länger dauerte, bis sich die Bevölkerung in Stadtgemeinden gruppierte. Die Ortsnamen selbst sind in Spanien entweder römischen oder iberischen Ursprungs. Valentia wurde zu Balansiyya, Caesar Augusta zu Zaragoza (Saragossa), Malaca zu Malaka, Italica zu Talika, Emerida zu Marida (dann Mérida), al Mariyya zu Almería etc. Andere Städte heißen nach denen, die sie besiedelten: Benicasim erhielt den Namen nach den Banukasim, Benicarlo nach den Banukarlo, Calatrava nach den Kalat Rabah etc.

Die Stadt der Kalifen

Córdoba (Corduba) ist in römischer Zeit bereits eine Stadt von einiger Bedeutung wegen ihrer Lage am Mittellauf des Guadalquivir und der sie umgebenden fruchtbaren Region. Als Vorort der Baetica, mit Lusitania und Tarracona (Tarraco) an der Ostküste eine der reichsten iberischen Provinzen, war Córdoba schon immer ein kulturelles Zentrum. Seneca und Lukan (M. Annaeus Lucanus) wurden hier geboren. Die Stadt wurde von den Vandalen zerstört, war von 554 bis 571 in byzantinischem Besitz, dann in westgotischem, bis sie 711 von Mugharit, dem Stellvertreter Tariks, erobert wurde. Er unterstellte Córdoba jüdischer Aufsicht. Fünf Jahre später wurde die Hauptstadt von al Andalus von Sevilla nach Córdoba verlegt, und das sicherte der Stadt einen außergewöhnlichen Wohlstand während der gesamten omayyadischen Periode. Die alte, mittlerweile eingestürzte Römerbrücke wurde sogleich wieder hergerichtet, die Stadtmauern wieder aufgebaut. Die Stadtbevölkerung vergrößerte sich mit dem Zuzug von Männern und Frauen aus ganz Spanien und Nordafrika, die von der Aussicht auf ein gutes Leben und bald wohl auch von der unvergleichlichen Moschee gegenüber der majestätischen Römerbrücke angelockt wurden. Der Herrlichste der Herrlichen, Abd ar Rahman I., der Gründer der Dynastie, hatte die Moschee am Ende seiner langen Regierungszeit bauen lassen. Seine Nachfolger bauten daran weiter bis zum Jahr 1000, und jeder trug das Seine zur Schönheit dieses einzigartigen Bauwerks bei.

Eine ganze Reihe von Palästen verliehen der Hauptstadt ein prächtiges Aussehen. Abd ar Rahman I. ließ die Residenz des Herrschers, den Alcázar, mitten in Córdoba unweit des Guadalquivir und der Moschee errichten. «Zugleich Louvre und St. Denis der spanischen Omayyaden» – dort entfalteten sich die offiziellen Zeremonien, dort wurden die Eide geleistet und Gesandtschaften empfangen. Die fünf Tore sind niemals zur gleichen Zeit geöffnet. An einem bestimmten Tor werden die Leichname der Verurteilten der Öffentlichkeit präsentiert. An einem anderen nimmt der Herrscher Bittgesuche entgegen. Hier wurden die großen Seiten der muslimischen Geschichte Spaniens geschrieben. Abd ar Rahman II. betrat den Palast über eine breite Zufahrt, sein Sohn Mohammed erweiterte und verschönerte den Garten. Abd ar Rahman III. fügte neue Bauteile hinzu, unter anderem den Dar ar Rawda (*Das Haus mit dem Blumenbeet*), für dessen Bau er Handwerker aus dem Vorderen Orient und Byzanz kommen ließ. Nichts davon ist heute mehr erhalten. Der heutige Alcázar hat nichts gemein mit dem Alcázar der Kalifen. Die Gärten sind nahezu verschwunden. Eine Kaserne, ein Gefängnis und der Bischofspalast sind an die Stelle der luxuriösen Residenz der Kalifen getreten.

Bevor er sich im Alcázar niederließ, hatte Abd ar Rahman I. eine Residenz im Nordwesten der Stadt erbauen lassen, der er den Namen der syrischen *Rusafa* gab, die sein Großvater, der Kalif Hischam, als Sommersitz und eigene Grablege inmitten einer Euphratlandschaft errichtet hatte. In seiner eigenen Rusafa verbrachte Abd ar Rahman den größten Teil seiner Zeit und ließ dort den ersten botanischen Garten in al Andalus anlegen. Dort wuchsen seltene Pflanzenarten aus dem Orient, Granatapfelbäume, vielleicht Palmen. Rusafa blieb lange Zeit Aufenthaltsort der Emire und Kalifen; man ging von dort aus auf die Jagd und empfing wichtige Besucher. Zwischen der Residenz und der Stadt entwickelte sich die Vorstadt Rusafa. Diese Kalifenresidenz wurde in der Epoche der Fitna zerstört; nur in den Liedern der Dichter lebt ihre Erinnerung fort.

Madinat az Zahra war das Großwerk Abd ar Rahmans III. Wir haben weiter oben davon berichtet. Die bis heute fortgeführten Ausgrabungsarbeiten der spanischen Archäologen werden es bald erlauben, diesem «Versailles aus Tausendundeine Nacht» (P. Guinard) jene Gestalt zurückzugeben, die der große Kalif der Nachwelt hinterlassen wollte: eine schöpferische Architektur und ein architektonisches Schmuckwerk, das bis dahin noch keines Menschen Auge gesehen hatte.

Noch andere *muna* (stadtnahe Residenzen), wie etwa Munya Nasr am linken Ufer des Flusses, Munya al Naura, auch sie am Ufer des Flusses gelegen, der ihre schönen Gärten mit Hilfe hydraulischer Maschinen bewässerte, umgaben Córdoba mit ihren Parks und Gärten voller seltener Pflanzen, die oft unter hohen Kosten aus fremden Gegenden hierher gebracht worden waren.

Wieviele Einwohner hatte Córdoba im 10. Jahrhundert, der Epoche der größten Ausdehnung? Selbst eine nur annähernde Schätzung ist hier, wie im Falle aller anderen mittelalterlichen Städte, sehr schwierig. Nach Béatrice Leroy soll sie damals eine Million erreicht haben; eine zu hohe Zahl, meint Levy-Provençal, der es vorzieht, keinerlei Größenordnungen zu nennen. Für Torrès-Balba hatte die Stadt höchstens 100.000 Einwohner, aber das scheint uns zu gering geschätzt. Der spanische Historiker R. Carande schlägt 500.000 vor, desgleichen P. Guinard. Jedenfalls war die Fläche der Stadt sehr ausgedehnt; die Schätzungen sind hier etwas genauer. Sie schwanken zwischen immerhin beachtlichen elf und vierzehn Quadratkilometern, aber viele Flächen der Stadt bestanden aus Gärten, Parks und unbebautem Land.

Die *Madina* oder *Kasaba* bildete das Zentrum der Stadt. Zu allen Zeiten war sie von einer auf römischen Fundamenten ruhenden Mauer und einem Graben umgeben. Sie hatte die Form eines Parallelogramms, dessen 800 Meter lange Basis sich an den Guadalquivir anlehnte. Eine große Straße durchzog die Madina von Nord nach Süd, wo der Weg nach az Zahra abzweigte, und führte zum Viertel der Mozaraber und zu den Vorstädten, die nach Errichtung von az Zahra entstanden waren. Im Osten lagen die *muna* der Würdenträger und anderer Angehöriger der Oberschicht, inmitten von Gärten, «in denen sich Blumen jeglicher Art zu duftenden Beeten vereinten.» Innerhalb der Ummauerung befand sich das Judenviertel mit seinen vielen Händlern und Handwerkern. Im Westen, zwischen der Moschee und der Stadtmauer, breiteten sich die Souks aus, wo sich das hauptsächliche Wirtschaftsleben der Stadt abspielte. Die Ummauerung der Madina wird im Süden vom Haupttor der Stadt, dem Algecirastor (Bab al Djazira) durchbrochen, von wo aus die Straßen nach Sevilla, Elvira und Südandalusien abgingen. Im Nordosten öffnete sich ein Stadttor zur alten Römerstraße nach Zaragoza und Tarragona. Es gab außerdem das Leóntor, das Beinhaustor (Bab al Ossia), das Talaverator, auch Judentor genannt, das Sevillator, das Nussbaumtor, sieben Tore insgesamt.

Die Madina wurde schnell viel zu klein, um die anwachsende Bevölkerung aufnehmen zu können. Schon vor der Epoche der Kalifen kamen Tausende von Männern und Frauen aus allen Teilen der Halbinsel und Nordafrikas, unter ihnen eine Vielzahl von Händlern und Handwerkern, die von der Wirtschaftskraft und dem Konsumbedarf der Hauptstadt angezogen wurden. Über Córdoba schreibt die sächsische Stiftsdame Hrotsvit von Gandersheim: «Glänzendes Juwel der Welt, neue und prächtige Stadt, stolz auf ihre Kraft, berühmt für ihre Kostbarkeiten, strahlend im Besitz jeglicher Güter.» In dieser Epoche verfügt Córdoba über fünfundvierzig Moscheen, nicht eingerechnet die Bethäuser der verschiedenen Stadtviertel.

Die Zusammensetzung der Bevölkerung ist außerordentlich vielfältig, von den blonden und hellhäutigen Saqaliba bis zu den schwarzhäutigen Nordafrikanern, die alle Sudanesen – Bilad al Sudan, Land der Schwarzen – genannt werden und durch die Wechselfälle des Schicksals in die Hauptstadt gekommen waren. Aus der letzteren Gruppe rekrutierte der Herrscher seine *Schwarze Garde*; sie waren alle hoch gewachsen, prächtig gekleidet und gut bewaffnet, traten teils zu Fuß auf, teils zu Pferd. Die Männer der herrschenden Schicht wählten gerne die großen, schlanken schwarzen Frauen als Konkubinen. Sie galten auch als

Die Giralda in Sevilla (12. Jh.)

gute Haushälterinnen. Zahlreich waren auch die Mulatten vertreten. Die am meisten geschätzten Frauen waren indessen die Blonden mit ihren schimmernden Haaren; sie waren als Sklavinnen aus allen Teilen Europas nach al Andalus gekommen, vornehmlich aus dem Gebiet der Franken und der Oberen Mark im Norden Spaniens. In der andalusischen Gesellschaft spielten sie die gleiche Rolle wie die kaukasischen Tscherkessinnen in den Harems der osmanischen Sultane und Oberen in Istanbul. Überhaupt waren die Sklaven ein wichtiges Bevölkerungselement in Córdoba, mehr noch als in anderen Städten. Sie nahmen hier einen weitaus wichtigeren Platz ein als in den übrigen islamischen Metropolen derselben Epoche. Man findet sie in hohen Ämtern, und sie gehören zur engsten Umgebung des Herrschers. Im 11. Jahrhundert sollten die Taifas, die Teilkönigtümer, von ehemaligen Sklaven regiert werden.

Wie auch in den anderen Städten führen die Mozaraber Seite an Seite mit den übrigen Bevölkerungsgruppen das gleiche Leben wie diese, einmal abgesehen von kurzen und unvermittelt aufflackernden Phasen der Gewalt seitens der Muslime oder in Phasen religiösen Fanatismus'. Sie sind in der Hauptstadt zahlreich vertreten und wohnen meist in den Vierteln außerhalb der Mauern in der Umgebung der Straße nach Madinat az Zahra, es gab aber keine Absonderung und Ausgrenzung. Außerhalb der Stadt finden sich eine große Zahl von Klöstern und Konventen, sogar von Kirchen, deren Zutritt den Muslimen nicht verboten war; so erzählt etwa der Dichter Abu Amir Suhaid, er habe «eine Nacht in einer der Kirchen Córdobas verbracht, geschmückt mit Myrten und Girlanden der Fröhlichkeit und einträchtiger Freude; beim Schall der Glocken erfuhr er eine süße Regung des Gemütes, als die funkelnde Klarheit des Weines, wie ein Blitz, wie eine Lampe aufleuchtete. Dann erschien der Priester in der Mitte der Messiasanbeter ... Ibn Said verweilte unter ihnen, und trank vom Weine, so als habe er ihn (den frischen Speichel) von Purpurlippen empfangen ... Sodann improvisierte er diese Verse: ‹Oft habe ich in diesem Konvent des Bruders Kellermeister den Duft des Weines in mich aufgesogen, der sich vermischte mit dem reinen Saft, den dieser Mönch gespendet ... Die gut Gesinnten spotteten seiner, aber auch sie tranken von seinem besten Wein und kosteten von seinem Fleisch›» (nach H. Pérès).

Die arabischen Dichter von al Andalus besingen unzählige Male die Liebe zwischen Muslimen und jungen Christinnen – oder jungen Christen: der Graben zwischen beiden war also weder breit noch tief.

Die Stadt der Giralda

Sevilla, das römische Hispalis, war in westgotischer Zeit Erzbischofssitz (der berühmteste Inhaber war Isidor von Sevilla, der große Gelehrte). Unter ihrem arabischen Namen Ischbiliya fungierte die Stadt zwischen 713 und 719 als Standort der arabisch-muslimischen Regierung von al Andalus und war während der gesamten Zeit des Emirats von Rebellionen heimgesucht. Erst unter Abd ar Rahman III. erlebte die Stadt eine Phase großen Wohlstandes. Die Landwirtschaft, insbesondere aber die Ölproduktion, erreicht ihren Höhepunkt in dieser Zeit; das Öl von Sevilla wird überall in al Andalus verwendet, wird aber auch in orientalische Länder exportiert. Baumwolle, Getreide, Früchte, die Produkte der Tierhaltung, Rinder und Pferde, werden ebenfalls in großen Mengen ausgeführt. Dieser Zweig der Viehhaltung bringt der Staatsschatulle die meisten Steuern ein. Nach dem Abzug der Westgoten besteht die Bevölkerung vornehmlich aus jemenitischen Arabern, die bald eine dominierende Stellung einnehmen und alle Ländereien im Besitz haben.

Mit der unter Abd ar Rahman II. erbauten Stadtmauer und den sieben Türmen der Almoraviden galt Sevilla als uneinnehmbar. Zu ihrer Erbauungszeit war diese Stadtbefestigung das Beste, was man damals auf dem Gebiet des Befestigungswesens finden konnte. Abd ar Rahman ließ auch die große Moschee bauen; sie wurde von den Almoraviden zu einer weitaus größeren und schöneren Moschee erweitert, nicht zuletzt durch die *Giralda*, das berühmte Minarett. Sie ist vollständig aus gebrannten Ziegeln errichtet; die ersten Geschosse sind über Treppen erreichbar, danach führt eine Rampe zur obersten Plattform. Mit über fünfzig Metern Höhe ist sie das zweithöchste almohadische Minarett nach der Kutubiyya von Marrakesch, der die Giralda in vielen Punkten ähnelt. Mit ihrer raffinierten Konzeption und ihrer perfekten Bauausführung ist die Giralda zu einem Symbol und zum Glanzpunkt der Baukunst von Sevilla geworden.

Sevilla erreichte ihren Höhepunkt im 11.Jahrhundert zur Zeit der *reyes de taifas*, als sich der Kadi der Stadt, Abu Kasim al Abbas, zum König der Provinz ausrufen ließ. Seinem Sohn gelang es, das Territorium bedeutend zu erweitern, aber erst sein Enkel al Mutamid machte Sevilla zwischen 1069 und 1091 zum größten der nach dem Zusammenbruch des Kalifats entstandenen Teilkönigtümer. Er annektiert das Fürstentum Córdoba und kann Alfons von Kastilien – gegen einer beträchtlichen Tributzahlung – davon abhalten, Sevilla in seinen Besitz zu nehmen. Die Reconquista ist zu dieser Zeit in voller Fahrt. Da er befürchtete, sein Königreich einmal dem christlichen König übergeben zu müssen, ruft er die marokkanischen Almoraviden zur Hilfe. Er ist es, der für die Invasion der Berber nach Spanien verantwortlich ist. Er wird sein Leben in Marokko im Elend beenden.

Mehr noch als die Epoche der Kalifen gehört die Regierungszeit Mutamids zu den Epochen in der Geschichte Sevillas, in denen die Künste und die Literatur einen äußerst lebhaften Aufschwung nahmen. Vom später zerstörten Palast des Mutamid ist nichts mehr übrig geblieben, aber sein Ruf als besonders prachtvolles Bauwerk hat die Jahrhunderte überdauert. In seiner Nachfolge machten die Almoraviden Sevilla zu ihrer Hauptstadt.

Die Wirtschaft der inmitten einer fruchtbaren Ebene gelegenen wohlhabenden Stadt lag seit langem in Händen mächtiger eingesessener Familien. Eine von ihnen, die Banu Haldun, besaß 650 Hektar Getreideland, 350 Hektar mit Olivenbäumen, 150.000 Feigenbäume. Die Banu Baji besaßen 650.000 Hektar mit verschiedenen Kulturen. Von Sevilla aus betrieben diese großen Familien insbesondere den Exporthandel und machten damit die Stadt und ihr Umland zu einem wichtigen Zentrum des internationalen Handels. So unterhielt man beispielsweise einen regelmäßigen Schiffsverkehr zwischen Sevilla und Alexandria, der wichtigsten sevillaner Handelsniederlassung; weiteren Schiffsverkehr gab es mit Oran, Salé und anderen Orten.

Arabische Familien nutzen auch die ertragreichen Flächen im Umland anderer Städte der Region: in Silves, Niella, Almería. Von dieser ganzen Gegend sagt al Himari: «In ganz al Andalus findet sich keine Bevölkerung, die mit so großem Besitz und Vermögen versehen ist, die sich so stark Gewerbe und verschiedensten Handelsgeschäften widmet, die so geschickt ist, aus den Schwankungen der Preise und der verfügbaren Waren ihren Gewinn zu ziehen.» Die reichen Landbesitzer schlossen sich zusammen, befrachteten Schiffe und exportierten ihre Produkte.

Die Stadt der drei Religionen

Keine spanische Stadt, außer vielleicht Córdoba mit seiner Lage am Fluss und seiner Moschee, repräsentiert die Kulturen, welche Spanien formten, mehr als «das spanische Rom», Toledo, «Spiegel aller Zeitalter mit dem Widerschein der Einflüsse aus Okzident und Orient.»

Als Hauptstadt der Westgoten bis 708, als hochbedeutendes geistiges und religiöses Zentrum, hat Toledo in Spanien immer einen besonderen Platz eingenommen. Sie verdient in besonderem Maße den Beinamen «Stadt der drei Religionen». Muslime, Christen und Juden bewohnen eigene Stadtviertel, wirken aber zusammen beim Ausbau der Stadt und verliehen ihr ihren intellektuellen Glanz.

Eine Art Schule oder eher eine Akademie unter dem Schutz des Erzbischofs Raimund brachte im 12. und 13. Jahrhundert eine Vielzahl wissenschaftlicher Arbeiten hervor, insbesondere Übersetzungen antiker und arabischer Werke, von Übersetzungen aus dem Arabischen ins Lateinische unter Mitwirkung von Christen, Arabern und Juden. Bedeutende Gelehrte arbeiteten gemeinsam an diesem Werk: Gerhard von Cremona, der berühmteste, Gundisalvi, Michael Scotus, Daniel von Morley, Robert von Chester und andere. Entgegen verbreiteter Ansicht war Toledo nicht das einzige Übersetzungszentrum in Spanien, namentlich für die Übertragung vom Arabischen ins Lateinische. Weitere Zentren dieser Art sind Córdoba, Sevilla, Zaragoza und Pamplona. Es bleibt, dass Toledo «das Ideal einer positiven, konstruktiven und offenen Zusammenarbeit für andere Personen und Völker darstellt, die anderswo diese schwierigen Manuskripte, die über Toledo vermittelt wurden, mit ihrem gesammelten antiken Wissen rezipieren werden» (M. de Epalza).

Unter dem Kalifat ist Toledo eine schöne und reiche Stadt. Sie besitzt einen bedeutenden Markt, der zu ihrem Wohlstand beiträgt. Obstgärten und fruchtbare Ländereien umgeben sie. Dank der bemerkenswerten gegenseitigen Toleranz leben Muslime, Juden und Mozaraber ohne Schwierigkeiten zusammen. Die Lage Toledos auf einem Bergrücken, der von drei Seiten vom Tajo umflossen wird, gibt der Stadt eine eminente militärische Bedeutung. Damals wie heute führt eine römische Brücke mit einem Tor am äußersten Ende in die Stadt. Unweit der Brücke ließ Mansur einen Kiosk aus vielfarbigen Glasfenstern errichten, die mit Goldbolzen aneinander gefügt waren; aus einer am First angebrachten Vorrichtung lief Wasser an den Scheiben herunter. Hierhin zog sich Mansur in der heißen Jahreszeit zurück, um sich an der Kühle der Sommerabende zu erfreuen.

Toledo sollte die erste bedeutende muslimische Stadt sein, die von den Christen unter Alfons von Kastilien im Jahre 1085 erobert wurde.

Zur Zeit der größten Ausdehnung zählte Toledo etwa 30.000 Einwohner; das ist viel für eine Epoche, in der die großen Städte Europas nicht mehr als 15.000 oder 20.000 Einwohner hatten und die großen Hauptorte weniger als 100.000. Auch Toledo war von einer Stadtmauer umgeben. Auf den Plätzen an den Kreuzungen der Gassen – sie waren genauso eng wie in Córdoba und anderswo – kamen an festgesetzten Tagen die Händler, Muslime und Juden, zusammen. Die einzelnen *zocos* (aus dem arabischen *suk*) sind jeweils auf den Verkauf bestimmter Waren spezialisiert. Der wichtigste *zoco* ist der Viehmarkt, der *suk al Dawa* oder *Zocodaeb*, wo jeden Dienstag alle Arten von Vieh, aber auch Pferde – die berühmten andalusischen Pferde – angeboten werden. Auch auf den Märkten werden jeweils spezielle Produkte verkauft, Seide beispielsweise auf dem Alcaceiramarkt.

Toledo ist weit davon entfernt, allein ein intellektuelles und religiöses Zentrum zu sein, es ist auch eine lebendige Stadt mit einem regen Austausch von Waren aus der Umgebung und importierten Produkten, und es ist auch eine Garnisonsstadt, von wo aus während der Reconquista die Expeditionen gegen die muslimischen Staaten vorbereitet wurden.

Die Stadt des Cid

Valencia, das «Valencia des Cid», von dem wir weiter unten noch sprechen werden, entwickelte sich erst spät, trotz der günstigen Lage inmitten der fruchtbaren, vom Fluss Turia bewässerten Huerta. Die Stadt wurde von den Römern gegründet und fiel schon früh, im Jahre 714, in die Hände der Muslime, möglicherweise schon bald nach der Landung Tariks. Nach rascher Arabisierung wurde Valencia zu einem Zentrum des arabischen Elements auf der Halbinsel, als urbanes Zentrum indessen blieb die Stadt zweitrangig. Erst in der Epoche der *reyes de taifas*, in der Zeit der Auflösung des Kalifats und der Ankunft der Nordafrikaner in Spanien beginnt Valencia seinen Platz in der arabischen Geschichte des

Landes einzunehmen. In der Mitte des 11.Jahrhunderts greifen politische Unruhen um sich, die Angriffe der Spanier aus dem Norden verdoppeln sich, und die muslimischen Kleinreiche fallen eins nach dem anderen unter christliche Herrschaft. Valencia befindet sich zu dieser Zeit in beträchtlichem Wohlstand, mit zahlreichen Moscheen, großen Basaren und einer sie umgebenden Gartenlandschaft, die maßgeblich zu diesem Wohlstand beiträgt. In dieser Zeit nun tritt die legendäre Figur des Cid auf, dessen Ruf eng mit der Stadt verbunden ist und dessen Namen sie offiziell noch heute trägt: *Valencia del Cid*.

Er wurde vermutlich in Burgos im Jahre 1049 unter dem Namen Rodrigo Díaz de Vivar geboren und entstammte einem kastilischen Adelsgeschlecht. Um 1064 kämpft er auf der Seite Sanchos von Kastilien gegen Sancho von Navarra und tötet dabei einen seiner Ritter. Als Oberkommandierender der kastilischen Armee mit dem Titel «Campeador» («Vorkämpfer, der vor der Front der Soldaten einen Feind zum Einzelkampf herausfordert») erobert er unter Sancho von Kastilien das Königreich León. In der Folgezeit sehen wir ihn in Diensten verschiedener christlicher Könige – und auch an der Spitze muslimischer Einheiten. Ein charakteristischer Zug dieser Epoche ist in der Tat die gegenseitige Durchdringung der Bevölkerung. Christen und Muslime stehen sich keineswegs so fremd gegenüber, wie die Kämpfe zwischen ihnen vermuten lassen. Von Anfang an hatten die Fürstentümer des Nordens auch muslimische Untertanen; der umgekehrte Fall ist, wie wir gesehen haben, ebenfalls häufig anzutreffen. Alles ist in der Bevölkerung der Halbinsel im Fluss, und exakte Trennungslinien existieren nicht. Die politischen Grenzen sind weit von dem heute Gewohnten entfernt, wo sie auf den Meter festgelegt sind. Sie werden zur damaligen Zeit durch territoriale Zonen, die Marken, gekennzeichnet, deren Besitzverhältnisse häufig in einer politisch-territorialen Grauzone liegt. In dieser Zone können sich christliche und muslimische Propaganda ohne weiteres verbreiten.

Im Jahre 1072 vermählte Alfons VI. von Kastilien, Nachfolger des bei Zamora getöteten Sancho, seine Kusine Jimena mit Rodrigo Díaz, um den Campeador noch mehr an sich zu binden. Einige Jahre später nahmen die Dinge einen anderen Verlauf. Von Alfons VI. zu al Mutamid nach Sevilla entsandt, wird Rodrigo beschuldigt, sich die Geschenke al Mutamids angeeignet zu haben, die eigentlich für Alfons bestimmt waren. Zudem wirft man ihm vor, ohne die Erlaubnis des Königs das Königreich Toledo angegriffen zu haben. Alfons verbannte den Cid aus seinem Herrschaftsgebiet.

Jetzt beginnt für Rodrigo ein Leben als Condottiere, den man einmal auf der einen, einmal auf der anderen Seite findet, je nach persönlichen Interessen und Ambitionen. Rodrigo wird Muslime wie Christen bekämpfen, auf eigene Rechnung, oder für Fürsten der einen wie der anderen Religion. Er verlässt Alfons im Jahre 1081 mit einigen hundert Rittern, wie es so üblich war. Er bietet seine Dienste Berengar von Barcelona an, der ihn jedoch abweist. So wendet er sich nach Zaragoza, das unter der Herrschaft der Hudiden stand, einer der mächtigsten Dynastien der Taifenkönige. Der dortige Herrscher, al Muktadir, nahm den Campeador und seine Truppe ohne zu zögern in seine Armee auf. Als Muktadir bald darauf starb, schlug sich Rodrigo auf die Seite von dessen ältestem Sohn al Mutamin, der seinem jüngerem Bruder das Erbe verweigerte. Als sich al Mutamin genötigt sah, gegen die – christlichen – Aragonesen und Katalanen vorzugehen, errang der Campeador gegen sie einen glänzenden Sieg. Er nahm den Grafen von Barcelona gefangen und zog im Triumph in die Stadt ein. Sein Ruhm verbreitete sich in ganz Spanien. Zaragoza empfing ihn als Sieger.

Seine schwankende Politik hielt an; man findet ihn auf der Seite der Christen genauso wie auf der Seite der Muslime. Er versöhnt sich mit Alfons VI., überwirft sich wieder, verwüstet die gesamte Ostküste. Er empfängt Tribut vom Grafen von Barcelona und von muslimischen Fürsten. Er ist der eigentliche Herr Valencias und wird, durch nicht von ihm herbeigeführte Umstände, sogar in dieser Stellung bestätigt.

Infolge eines Aufstands der Einwohner von Valencia kommt 1092–1093 der Kadi Ibn Djahhaf an die Macht. Der Cid marschiert auf Valencia, nimmt die Stadt ohne Mühe, lässt den Kadi, der inzwischen den Titel eines Präsidenten der Republik Valencia angenommen hatte, verbrennen und alle diejenigen hinrichten, die dem Kadi zur Macht verholfen hatten (1095). Jetzt konnte der Cid unangefochten über Valencia regieren; er machte die Stadt zu seinem Hauptquartier und zu seiner Hauptstadt, erweiterte und verschönerte sie. Die große Moschee wurde in eine Bischofskirche umgewandelt. Eine seiner Töchter, Maria, verheiratete er mit Berengar von Barcelona, die andere, Christine, mit Ramiro, dem Infanten von Navarra – ein deutlicher Hinweis, dass die christlichen Fürsten ihren Streit mit ihm vergessen hatten und seine Rückkehr in ihr Lager honorierten. Allerdings verlor er seinen zweitältesten Sohn Diego. Der Gid versucht erfolglos, Játiva den Almoraviden zu entreißen, und muss ihnen Burgen übergeben. Das sind seine letzten Kämpfe. Von Krankheiten und alten Verwundungen geplagt, stirbt er im Jahre 1099. Jimena lässt ihn im Kloster San Pedro de Cardeña bei Burgos bestatten. Dorthin wird sie sich einige Jahre später zurückziehen, nachdem sie den von ihr angeführten Widerstand gegen die Almoraviden hat aufgeben müssen. Bei der Belagerung Valencias durch ein übermächtiges Almoravidenheer lässt sie Feuer in der Stadt legen. Die Almoraviden finden die Stadt nur noch in Ruinen vor.

WIRTSCHAFT UND HANDEL

Erlesene Seide aus Almería

Als Land des Ackerbaus und der Viehhaltung verkaufte das muslimische Spanien seine Produkte aus ländlichen Regionen vornehmlich ins Ausland. Bodenerzeugnisse im weitesten Sinne standen somit an der Spitze des Außenhandels, gefolgt von handwerklichen Produkten. Unter ihnen ist die Seide.

Die chinesische Seidenraupe gelangte über das sasanidische Persien und den Vorderen Orient nach Andalusien und wurde in erster Linie am Oberlauf des Guadalquivir gezüchtet, eine durch die Sierra Nevada und die Sierra Morena geschützte und daher für Maulbeerkulturen besonders gut geeignete Gegend: die Städte und Dörfer in den von der Sierra Nevada herabführenden Tälern, Baza, Cádiz und insbesondere die Dörfer um Almería. Die berühmte Spezialität Almerías waren mit Silberfäden durchwirkte Stoffe, weiterhin Vorhangstoffe, mit vielfältigen Motiven dekorierte Seidentuche, Schleier etc. Weitere Seidenzentren waren die Umgebung von Jaén (*Djayyan al Harrir:* Jaén der Seide) mit 3000 Dörfern, wie es heißt; die Dörfer in der Nähe von Málaga; die Region, die sich zur *Vega* von Granada entwickeln sollte, Elvira und sein ländliches Umland. Bei dem Historiografen Ibn Faradj ist überliefert, dass der Wesir dem Kalifen Abd ar Rahmans III. 1000 Pfund bestickter Seide und 1000 Pfund gefärbter Seide anbot; der Vorsteher der Webereiwerkstatt deponierte dieses Geschenk in einem besonderen Raum, in dem der Kalif seine Pretiosen aufzubewahren pflegte. Sevilla verfügte seit dem Ende des 9. Jahrhunderts über eine eigene Seidenweberei, und auch in Córdoba wurden hochwertige Seidenstoffe hergestellt. In Spanien produzierte man auch Seide, die mit einem aus Westafrika eingeführten Gummi wasserundurchlässig gemacht wurde.

Die Kalifen und ihre Höflinge verwendeten Seide in einem Ausmaß, das alle Schilderungen in Tausendundeine Nacht bei weitem übertraf und von dem man sich heute keine Vorstellung mehr machen kann. Im Jahre 947 beispielsweise ließ Abd ar Rahman für den Empfang einer Gesandtschaft des Kaisers von Byzanz nicht nur den gesamten Palast von Madinat az Zahra mit herrlichen Seidenstoffen bespannen, sondern auch alle umliegenden Gebäude. Anlässlich eines Empfangs einer christlichen Gesandtschaft aus Nordspanien bedeckte man den Boden vom Eingang zum Hof bis ins Innere des Palastes mit Brokatstoffen «und belegte damit auch die für die Würdenträger bestimmten Plätze; man hätte sie für Könige halten können, denn sie saßen auf prächtigen Sitzen und waren in Brokat und Gold gekleidet.» Bei jeder Ankunft einer christlichen Gesandtschaft holte man aus den Vorratskammern die prächtigsten Seidenstoffe hervor, einen regelrechten Seidenschmuck, um die fremden Gäste zu beeindrucken. Beim Empfand von Gesandten des Fürsten von Katalonien umgab sich al Mansur im Jahre 989 mit 1000 Sklaven, die alle in gold- und silberdurchwirkten Seidengewändern gekleidet waren.

Herstellung und Verkauf von Seide in allen Formen brachten gewaltige Summen ein. Spanische Seide wurde in den gesamten Mittelmeerraum exportiert und noch darüber hinaus, «bis nach Ägypten und Chorasan und in die ganze Welt», sagt der Philosoph Razi. Die Kaufleute gelangten bis Aden und Indien, wo ihre Waren Gegenstand großer Spekulationen waren. Die Seide kam nach Ankunft ihrer Schiffe nicht sofort auf den Markt. Die Kaufleute warteten, bis die Knappheit an Seide die Preise steigen ließ. Ein jüdischer Kaufmann schrieb aus Alexandria, niemand würde bei einem Angebot von 20 oder 23 Dinar pro 10 Pfund Rohseide die Ware verkaufen. Man wartete, bis der Preis auf 35 oder 40 Dinar gestiegen war.

Seidenprodukte aus dem muslimischen Spanien verkaufte man auch in christlichen Ländern, vor allem in Nordspanien, wie zahlreiche Dokumente und Seidenfunde in den Grabstätten hochgestellter christlicher Personen der Epoche belegen. In Texten des 12. und 13. Jahrhunderts werden häufig die schönen Stoffe aus al

Andalus erwähnt. Der englische Reisende Roger von Howden berichtet, Almería sei die Stadt «wo man die schöne und edle Seide herstellt, die «Sericum von Almería» genannt wird» (zitiert bei Constable). Viele zeitgenössische Romane, das *Rolandslied* und der *Alexanderroman*, erwähnen die Seidenstoffe Spaniens, insbesondere Almerías. Häufig ist auch in Geschäftsbriefen, in Transportverträgen mit europäischen Ländern die Rede von spanischen Stoffen, von Seidenteppichen, mit denen man einen schwunghaften internationalen Handel trieb. Auch in den Stadtrechten der christlichen Städte Spaniens wird die Seide im Zusammenhang mit der Einfuhr von Stoffen aus Andalusien erwähnt. Man weiß, dass Ludwig der Fromme der Abtei St. Wandrille (Fontenelle) eine prächtige Altardecke aus Spanien schenkte und dass Karl der Kahle Stoffe aus Córdoba erhielt. Es ist zudem überliefert, dass die Päpste den Kirchen von Amalfi und Neapel Tiraz-Stoffe aus Spanien schenkten.

Ab dem 12. Jahrhundert nimmt der Handel mit spanischer Seide ab. Die Pax Mongolica, der *Mongolische Friede,* öffnet die asiatische Seidenstraße auch ausländischen Kaufleuten, die sich jedoch nur in recht geringer Zahl auf diese Handelsroute begeben. Insgesamt aber nimmt der Handelsverkehr mit dem Fernen Osten zu. Kaufleute aus dem Westen wie aus dem Osten kaufen zunehmend Seide von den Byzantinern. Italien entwickelt eine eigene Seidenindustrie und kann damit seinen eigenen Bedarf decken, zusammen mit Einkäufen im näher gelegenen Konstantinopel. Die große Zeit der spanischen Seide ist vorbei. Unter den letzten Exporten im 15. Jahrhundert findet sich Seide aus Granada. Die großen muslimischen Kunden und das spezialisierte Seidenhandwerk verschwanden, viele sind aus Spanien ausgewandert. Der Trend geht jetzt mehr zur englischen Wolle, zu flandrischen Tuchen und italienischen Webstoffen. Die europäischen Länder öffnen sich, der Warenfluss ist leichter geworden.

Die mehr oder weniger ausgedehnte Haltung von Schafen und die Wollindustrie setzten in Spanien schon recht früh ein, bereits seit der iberischen Epoche und der römischen Herrschaft. Die antiken Autoren rühmen die Wollerzeugnisse der Halbinsel, vor allem die der Baetica und der Gebirgsregionen vom Guadiana bis zur Estremadura. In der muslimischen Epoche loben die Reisenden die außergewöhnlich gute Qualität der spanischen Wolle und den für damalige Verhältnisse bedeutenden Export der Ware. Zu dieser Zeit entwickelt sich die Zucht der Merinoschafe, deren Name entweder von den Banu Marin im Westen des Maghreb oder von dem arabischen Adjektiv *marin* (weich, schmiegsam) herstammt. Bei der Schafhaltung scheint es, dass sich die spanischen Muslime von der Schafzucht der nordafrikanischen Stämme anregen ließen, auch in Hinblick auf die Organisation der *mesta*, die sich besonders zu Beginn des 10. Jahrhunderts entwickelte. Es handelt sich dabei um ein Bewirtschaftungssystem mit festgelegten Regeln der Transhumanz zwischen Sommerweide und Winterweide, mit fixierten Rechten der Herdeneigentümer und der Landeigentümer, mit einer speziellen Rechtsprechung bei Streitigkeiten zwischen beiden Gruppen. Im Jahre 1273 erließ Alfons X. ein Dekret über die *mesta* in seinen Territorien, in dem die Rechte und Pflichten der Schafhalter festgelegt wurden.

Auffällig ist die Ausfuhr von Wolle nach England im 13. Jahrhundert und etwas später nach Flandern, namentlich nach Brügge. Warum wurden in dieser Epoche Wollproduktion und Wollhandel intensiviert? Möglicherweise wegen der Landwirtschaftskrise im Gefolge der Reconquista, wegen der Vermischung der Bevölkerung, der Abwanderung muslimischer Bauern. All diese Faktoren begünstigten die Ausbreitung des Brachlandes, extensive Bewirtschaftung des Bodens und eine zunehmende Viehhaltung auf Kosten von Produktionsverfahren, die qualifizierte Arbeitskräfte erforderten. Ein wichtiger Faktor war auch die Entwicklung der Wollindustrie in Flandern, in Norditalien, in Frankreich und anderen Regionen mit ihrer Nachfrage nach Wolle aus dem Mittelmeerraum. Valencia, Murcia, Cuenca, die Region zwischen Denia und Játiva sind Zentren der Tuchherstellung und des Handels mit Rohwolle. Der Historiograf Idrisi sagt, diese Stoffe seien «geschmeidig und weiß wie Papier», und er lobt insbesondere die Qualität der Teppiche. In Sasin «fertigten die Frauen Stoffe aus türkiser Farbe mit einem Gemisch aus der schönen Wolle des Landes und Schweinehaaren» (Bakuwi). Die Wolltuche und Wollteppiche zirkulierten ab dem 12. Jahrhundert im gesamten Mittelmeerraum, selbst in orientalischen Ländern, die berühmt waren für die Schönheit ihrer Teppiche, wie etwa die Erzeugnisse aus Isfahan. Es sind Bestellungen ägyptischer Kaufleute von spanischen Teppichen in großen Stückzahlen überliefert. Im 12. Jahrhundert waren sie am Fatimidenhof äußerst beliebt. Schriftsteller und Reisende versäumen nicht, spanische Teppiche unter den kostbaren und schönen Dingen zu erwähnen, die sie zu Gesicht bekamen. In vielen Ländern des Orients begegnen uns Teppiche aus Spanien in Inventien, die nach dem Tod des Besitzers angefertigt wurden.

Die für den Export bestimmten hochwertigen Tuche waren vielseitig verwendbar, für Vorhänge, Gebetsteppiche, als Wandbehang, für Männer- und Frauenbekleidung etc. Zu Beginn des 11. Jahrhunderts kleidet sich Sancho, König von Navarra, «nach muslimischer Weise». Er ist nicht der Einzige. In den christlichen Ländern lassen sich alle, die dazu die Mittel haben, die besonderen, kostbaren Stoffe kommen. Die Tuchzentren in Spanien produzieren davon in großen Mengen; die Stoffe sind für die Gewänder von Fürsten und reichen Stadtbürgern bestimmt, für die Ausstattung von Räumen, für den Bodenbelag oder einfach zur Aufbewahrung als Wertgegenstand. Man hortete Stoffe, Teppiche, Wandbehänge als Familienschatz und gab diese Reichtümer als Erbschaft weiter wie Geld oder Goldbarren. Sie zählten selbst in christlichen Ländern zu den Insignien königlicher Würde. Im

12. und 13. Jahrhundert sind spanische Tuche eine ernsthafte Konkurrenz zu entsprechenden Produkten aus dem Vorderen Orient, vor allem für die hochwertigen Produkte, die man in den Manufakturen des Nildeltas herstellte.

Baumwolle und andere Güter

Die Baumwolle stammt ursprünglich aus Indien, kam über Arabien und das Zweistromland in den Mittelmeerraum und wurde in Spanien seit dem Ende des 10. Jahrhunderts angebaut. Der *Kalender von Córdoba* erwähnt die Baumwolle zum Jahre 961 und liefert zahlreiche Details zu ihrem Anbau. Man sät die Baumwolle im März aus, heißt es dort, und pflückt sie im August oder September. Hauptsächliche Anbaugebiete sind der Unterlauf des Guadalquivir, vor allem um Sevilla, weiterhin Málaga und Cádiz, später Mallorca. Baumwolle wird nur selten in den Handelsdokumenten mit dem östlichen Mittelmeer erwähnt. Meist wird sie vor Ort verarbeitet, Überschüsse gehen nach Nordafrika.

Seit der Antike ist Spanien ein wichtiger Flachsproduzent. Rom bezieht Flachs meist aus Galicien. Andere Anbauregionen waren das heutige Portugal, die Gebiete um Tarragona, Lérida und Valencia, vor allem Játiva. Dieser Ort wird sich, zusammen mit Málaga, zum Zentrum der Leinenproduktion entwickeln. Die Ausfuhr geht in den gesamten Vorderen Orient, sogar nach Ägypten, denn die Qualität des dort angebauten Flachses erreichte nicht den Standard des spanischen Produkts. In vielen Regionen werden Leinenstoffe für Bekleidung hergestellt, sowohl für die Bevölkerung wie für den Hof, «die keineswegs schlechter sind als der *dabik*, das feine, ursprünglich in Dabik in Ägypten hergestellte Gewebe», sagt der Geograph Ibn Hawqal. Später wird die Flachsproduktion zu Gunsten ägyptischer Importe aufgegeben, wie zahlreiche Briefe der Kaufleute (aus den Funden der Kairoer Geniza) beweisen. Der Flachs wurde in Spanien verwoben und dann vor allem nach Ägypten reexportiert.

Die islamischen Länder waren keine großen Metallproduzenten. Die Minen wurden dennoch ausgebeutet, und man ließ, zur Deckung des Eigenbedarf, Metalle aus anderen Gegenden herbeischaffen.

Eisen wurde in Spanien nur in geringen Mengen gefördert, namentlich in der Sierra Morena und der Umgebung von Huesca und Cádiz. In begrenzten Mengen exportierte man Eisen auch nach England und Flandern. Größere Quantitäten importierte man aus dem Kaukasusgebiet – aus Daghestan – und vor allem aus Indien – das *Ferrum Sericum* der Antike –, aus dem mittleren und nördlichen Dekhan (Zentralindien). Stahl wurde in einigen berühmten Zentren, allen voran in Damaskus, hergestellt, aber auch in Toledo. Die dort produzierten Schwertklingen waren im Ausland hochgeschätzt und ausgesprochen teuer. Eisen wurde auch in den großen Häfen und Schiffswerften zum Bau von Schiffen verwendet.

Das wichtigste metallurgische Produkt Spaniens ist jedoch das Kupfer, das man im Rio Tinto-Gebiet, den Gebirgsregionen westlich von Sevilla und in al Justrel im heutigen Südportugal gewinnt. Man exportierte es in Form von Barren oder in Form von Gebrauchs- und Luxusobjekten. In kleineren Mengen exportierte Spanien auch Zinn, Schwefel und Quecksilber.

Bei Schwertern und anderen Metallwaffen fungierte Spanien als Zwischenhandelsregion zwischen den Franken, die hochwertige Waffen herstellen konnten, und der islamischen Welt, deren Produktion nicht zur Deckung des Eigenbedarfs ausreichte und die Schwierigkeiten hatte, diese Produkte direkt zu beziehen. Man importierte daher aus den slavischen Ländern oder aus Spanien, über das Rhônegebiet, wo sich Juden einem intensiven Transithandel widmeten, oder über Venedig, das dabei die Anweisungen der byzantinischen Kaiser und der christlichen Könige missachtete, den Muslimen keine Waffen zu verkaufen. Die Serenissima zeigte niemals sonderliche Skrupel, sich an Schmuggelware zu bereichern.

Die muslimischen Siedlungsgebiete sind arm an Holz; es besteht jedoch großer Bedarf an diesem Rohstoff für den Bau von Schiffen, als Brennmaterial für die einheimische Eisen- und Glasindustrie, für die Zuckerherstellung, für den Hausbau, für das Tischlerhandwerk.

Seit dem Hochmittelalter herrscht Mangel an Holz. Ägypten beispielsweise, das wichtige Importland ohne Wald, hat ständig Bedarf an Holz. Die Wälder des Libanon sind schon recht schnell verschwunden. Man verschafft sich Holz auf unterschiedlichsten Wegen, etwa durch Feldzüge zu waldreichen Küstengebieten in Sizilien, Kreta, Dalmatien und Anatolien. Man importiert Teakholz aus Indien, kauft Kiefern, Tannen, Lärchen im Westen über Venedig und Amalfi, trotz des Verbotes der byzantinischen Kaiser, die die langen Stämme für ihren eigenen Schiffbau verwenden wollen.

Spanien hatte das Glück, über Wälder zu verfügen, meist an der Küste, in der Gegend von Tortosa und Denia, um Silves und im Gebirgsland der Algarve. Die für den Schiffsbau geeigneten spanischen Hölzer genossen einen guten Ruf und waren äußerst gesucht. Man verkaufte sie ins Ausland in Form von Stangenholz oder als fertig gebaute Schiffe. Die Kaufleute aus Ägypten, Ifrikiya und aus den Küstengebieten des östlichen Mittelmeers kauften, so viel ihnen nur möglich war. Aber das Holzhandelsverbot wurde immer strenger gehandhabt. Für die christlichen Könige Spaniens war Holz zugleich ein strategisches Material und eine wichtige Einkunftsquelle. Das Holz für den Schiffbau betrachteten sie als ein Instrument der Reconquista und als ein Material, das man aus politisch-religiösen Gründen nicht an Muslime verkaufen durfte. Ein Verkaufsverbot folgte dem anderen, und man verbrannte die Schiffe der Holzschmuggler (so gingen etwa 971 drei mit Holz beladene Schiffe in Flammen auf). Erst im 13. Jahrhundert begann der Holzhandel nachzulassen, und das Kräfteverhältnis auf dem Gebiet der Flotten verschob sich deutlich zu Gunsten der Christen des Mittelmeerraumes.

Papier war ein bedeutender Exportartikel des muslimischen Spanien. Das Papier wurde von Djafar, dem Wesir Harun al Raschids, bald nach der Schlacht von Talas (711) zwischen Chinesen und Arabern im Orient eingeführt. Sein Gebrauch breitete sich schnell nach Syrien und schließlich nach al Andalus aus. Zentrum der Papierherstellung war Játiva (zwischen Valencia und Alicante), wo man das hochwertige *satibi*-Papier herstellte (diese Bezeichnung wird heute noch in Marokko für bestimmte Qualitätspapiere verwendet); später findet Papierproduktion auch in anderen Regionen statt. Es wurde damals aus Stofffetzen und Leinen gefertigt und erlangte wegen seiner Biegsamkeit, wegen seines Glanzes und seiner Festigkeit einen hervorragenden Ruf. Es war im Orient, in den Mittelmeerländern und in Europa gefragt und wurde auch in den Archiven der Kairener Geniza häufig gefunden. Die ägyptischen Importeure kauften andalusisches Papier in großen Mengen, verkauften es im Lande oder exportierten es erneut.

Hochbegehrtes Corduan

Das so genannte Leder von Córdoba, das Corduan, war bereits bekannt, bevor die Araber iberischen Boden betraten. Die Häute von Ziegen und Rindern wurden nach Methoden und mit natürlichen Mitteln bearbeitet, die ihnen ihre berühmte Geschmeidigkeit, ihren Glanz und ihre Festigkeit verliehen. Nach den erhaltenen Dokumenten wurden Lederprodukte hauptsächlich in die christlichen Länder exportiert, aber einige Quellen weisen auch auf eine Ausfuhr in islamische Länder, vor allem nach Ägypten. In einem Diplom von Chilperich II. für die Abtei Corbie findet man verschiedene Produkte erwähnt, welche die Abtei aus den Vorratskammern von Fos entnehmen darf, darunter zehn Häute aus Córdoba und einige orientalische Produkte, wie Pfeffer, Pistazien, Papyrus etc. Für die Abtei Saint-Wandrille in der Normandie ist bezeugt, dass sie jedes Jahr Häute aus Córdoba bezog. Auch in italienischen Dokumenten sind Käufe von Leder aus Córdoba belegt. Der Ruf dieser hochwertigen Lederprodukte war in ganz Europa verbreitet. Es hieß, man könne nirgendwo besseres Leder finden als in Spanien. Die Preise entsprachen dann auch dieser hohen Wertschätzung.

Öl, Wein und Safran

An der Spitze landwirtschaftlicher Handelswaren standen Oliven und insbesondere das Olivenöl. Es war bereits vor der Ankunft der Araber bekannt, die jedoch Herstellung und Handel in großem Stil weiter entwickelten. Das Öl verdrängte das zuvor benutzte tierische Fett, das vornehmlich im Norden der Halbinsel produziert wurde. Wie auch auf anderen Gebieten der Landwirtschaft führten die Araber neue Methoden der Baumpflege und der Ölgewinnung ein. Die bedeutendste Region des Olivenanbaus war das Einzugsgebiet des Guadalquivir, namentlich das Gebiet um Aljaref, der Nordosten Sevillas als bedeutender Ort des Ölhandels sowie die Huerta von Valencia. Insbesondere die Genuesen handelten im Mittelmeergebiet mit diesem Nahrungsmittel. Exporte gingen auch in den Maghreb, nach Ifrikiya, das Olivenöl aus Spanien kaufte, obwohl dort auch Öl hergestellt wurde, sowie nach Ägypten. Alexandria war Umschlaghafen für Olivenprodukte, die von dort aus weiterverkauft wurden. Die Nachfrage nach spanischem Olivenöl war wegen seiner ausgezeichneten Qualität groß. Man nutzte es nicht nur in der Küche, sondern auch als Grundstoff unter anderem für die Herstellung von Seife, Duftölen und Parfüms. Auch die christlichen Länder Spaniens kauften Olivenöl aus dem Süden des Landes.

In römischer Zeit war Wein eines der bedeutenden Produkte Spaniens und wurde in großen Mengen nach Rom ausgeführt. Das islamische Alkoholverbot bedeutete einen fühlbaren Rückgang des Weinanbaus. Die Kalifen drohten, die Weinstöcke ausreißen zu lassen, aber wie auch auf anderen Gebieten der Prohibition erwies sich das als vergeblich. In Wirklichkeit ging man niemals mit drakonischen Maßnahmen gegen Weinanbauer vor. Wein baute man bevorzugt im Süden an, um Málaga und Priego, um Jérez, wo Rebsorten aus dem iranischen Shiraz kultiviert wurden. Die Exporte liefen meist über Sevilla nach Ägypten und dem Byzantinischen Reich, aber der größte Teil der Produktion wurde im Lande selbst konsumiert. Die Herstellung von Rosinen, ein wichtiger Bestandteil vieler, zuvor unbekannter orientalischer Speisen, wurde insbesondere in der Umgebung von Málaga betrieben. Auch sie verkaufte man in Ägypten und an den Häfen der Levante. Mit den religiös strengen Almoraviden und Almohaden ging der Weinanbau merklich zurück.

Getrocknete Feigen und Mandeln wurden über Málaga ausgeführt und gelangten via Genua in die christlichen Länder, bis nach Brügge und Southampton, desgleichen Safran, der sich zu einem lukrativen Exportartikel entwickelte.

Ein großer Sklavenmarkt

Die Sklaven in al Andalus kamen aus dem *bilad as Saqalibas*, den «Waldländern» Mittel- und Osteuropas – bei weitem das wichtigste «Reservoir» für die Einfuhr von Sklaven. Die beiden anderen Herkunftsregionen waren der *bilad al Atrak*, die Steppengebiete Innerasiens, und der *bilad as Sudan*, das Land der Schwarzen.

Der bilad as Saqalibas befand sich ungefähr dort, wo die slavischen Wanderungen nach Westen zum Stillstand gekommen waren: an der Elbegrenze, in Dalmatien, dem Balkangebiet und am Südrand der nordischen Waldregionen. Die Skandinavier, die im 9. Jahrhundert das Fürstentum Kiew mitgegründet hatten und regelrechte Sklavenjagden durchführten oder durchführen ließen, waren die wichtigsten Lieferanten slavischer und germanischer Sklaven. Über das obere Donaugebiet und das Rheingebiet wurden sie – meist von jüdischen Händlern – in bestimmte, auf diesen Handel spezialisierte Städte gebracht, nach Prag beispielsweise oder Verdun. Danach gelangten sie über Saône und Rhône nach Lyon, Arles und Narbonne und wurden von dort aus nach Spanien, nach Ägypten oder Syrien transportiert. Auch Venedig war ein Zentrum des Sklavenhandels. Dort lag der Handel in Händen der Griechen, Neapolitaner, Venezianer, die sich trotz des christlichen Menschenhandelverbotes und vielerlei Bedrohungen seitens der religiösen Obrigkeiten diesem Geschäft hingaben. Vor ihrer Ankunft in islamischen Ländern wurden die Sklaven meist kastriert. Um das 10. Jahrhundert herum fanden diese Kastrationen in Spanien selbst statt, sehr häufig in Almería, dem wichtigsten Umschlaghafen für Sklaven. Auch hier lag der Handel in Händen vor allem der Juden aus Lucena. Nach Aussagen arabischer Geographen wurden die blonden Sklaven aus den Nachbarregionen Spaniens ebenfalls auf den Märkten Spaniens verkauft. Sie waren vornehmlich fränkischer Herkunft, und gerade die fränkischen Frauen waren als Haremsdamen der muslimischen Aristokratie sehr geschätzt. Unter den Almoraviden und Almohaden nahm der Sklavenhandel merklich ab, möglicherweise, weil viele Sklaven inzwischen in den Vorderen Orient weiterverkauft worden waren oder weil die herrschenden Schichten nunmehr schwarzafrikanische Sklaven und Sklavinnen bevorzugten. Muss man eigens erwähnen, dass sich auch die christlichen Königreiche Spaniens – aber auch andere christliche Reiche – der Sklaven bedienten?

Handelsrouten und Kaufleute

Im Inneren Spaniens verbinden Straßen die verschiedenen Regionen dieses ausgedehnten Landes, einige sind neu und wurden von den Arabern eröffnet oder verbessert, andere sind viel älter und wurden von den Römern angelegt, seltener jedoch von den Iberern und Westgoten. Die Hauptrouten nahmen ihren Anfang in der Hauptstadt und verbanden diese mit den anderen großen Städten, von wo aus sie zu den Orten des Binnenlandes führten.

Die großen Achsen sind die Straßen Córdoba-Sevilla, Córdoba-Toledo, Córdoba-Almería, Córdoba-Valencia, von wo aus eine Küstenstraße nach Murcia, Almería und Málaga führt. Die Straße von Córdoba nach Zaragoza ist zunächst mit der nach Toledo identisch, setzt sich aber dann über Guadalajara und Calatayud fort.

Ins nördliche Ausland führt der Weg über Narbonne, von wo aus die jüdischen Händler nach Syrien und Ägypten aufbrachen, sowie über Arles, den wichtigen Marktort, wo man auch «die goldenen Stoffe des Orients, das Leder aus Córdoba und goldene Münzen» verkaufte. Weiterhin gab es die Routen der Pyrenäenpässe, über Bayonne, den Pass von Velat, Pamplona, Saint-Jean-Pied-de-Port, Roncesvalles, und auch über den Somport nach Jaca und Zaragoza. Diese Routen, sagt M. Lombard (in *Espaces et Réseaux*), öffneten dem Maas- und Rheinland den gesamten Horizont des muslimischen Spanien: wirtschaftlich, geistig und künstlerisch. Auf diesen Fernstraßen vollzieht sich der Handelsaustausch mit flandrischen Tuchen, mit Waffen, Metallen des Nordens gegen Seidenwaren, Gewürze und Farbstoffe der muslimischen Welt. Auf diesen Routen verbreiteten sich auch im Westen das über den Islam vermittelte antike Erbe und «die arabischen Wissenschaften.» Über solche Wege erfuhr die sächsische Stiftsdame Hrotsvith von Gandersheim, dass weit entfernt in einem südlichen Land eine wundervolle Stadt mit Namen Córdoba existiert. Auf dem Seeweg segelte man wenn möglich in Sichtweite der Küste nach Barcelona, Tarragona, Valencia und anderen Häfen.

Schiffstransporte erfolgten nicht nur in Süd-Nord-Richtung oder umgekehrt, man wählte auch die schnellere, wenn auch nicht immer sicherere Seeroute entlang der maghrebinischen Küste. Neben der Verbindung zwischen den marokkanischen Häfen gab es schon seit der Römerzeit einen direkten Waren- und Personenaustausch zwischen den Häfen der Iberischen Halbinsel und den Häfen Ifrikiyas sowie des mittleren und östlichen Mittelmeerraumes, darunter das bedeutende Alexandria, das libanesische Tripolis, nach den Häfen am Roten Meer und zum Jemen. Auf dem Seeweg transportierte man schwere Lasten, Holz beispielsweise, landwirtschaftliche Erzeugnisse, Wolle, Baumwolle, Öl, aber auch Passagiere, namentlich die Pilger nach Mekka, die die gefährliche Seeroute den langsamen, anstrengenden und auch nicht ungefährlichen Karawanen vorzogen. Einige Muslime der Küstenstädte oder der Balearen besaßen regelrechte kleinere Flotten. Von einem Sklaven heißt es, er habe sich in Denia eine Art Seefürstentum errichtet. Natürlich kamen auch auf fremden Schiffen Handelsware und Reisende zu den andalusischen Häfen. Es waren meist Schiffe aus Ägypten und Ifrikiya, welche dieselben Waren und Reisenden transportierten wie die andalusischen Schiffe. Ein bedeutender Handelsverkehr entwickelte sich mit muslimischen Schiffen zwischen den andalusischen Häfen und den christlichen Reichen des Nordens, mit Barcelona und Ampurias. Sie brachten im Großen und Ganzen dieselben Waren wie die ausländischen Schiffe. Mit den italienischen, namentlich genuesischen und pisanischen Handelsschiffen, standen die muslimischen in starker Konkurrenz.

Schiffe aus den Mittelmeerhäfen von al Andalus suchten auch die Häfen an der marokkanischen Atlantikküste auf. Schiffe aus Denia, Almería, Málaga und natürlich Sevilla fuhren nach Anfa, Safi, Mazagan und weiter bis Massa südlich von Agadir, um schwerlastige Waren aufzunehmen, Getreide, Zucker, im Austausch gegen Seide, getrocknete Feigen, Teer und andere Waren.

Zur Zeit der Omayyaden lag die Wirtschaft von al Andalus größtenteils in Händen der Muslime und der Juden, die Mozaraber spielten nur eine bescheidene Rolle, die sie bis zur wirtschaftlichen Revolution im Europa des 10. Jahrhunderts auch beibehielten.

Die von den Westgoten verfolgten Juden traten in vielen Bereichen zunächst nicht in Erscheinung. Ihre Unterstützung der Araber während der Eroberung brachte ihnen nicht nur eine relative Freiheit, sondern eröffnete ihnen auch die Gelegenheit, in Spanien – und mit Hilfe ihrer Glaubensbrüder im Ausland – ein Handelsnetz aufzubauen, das ihnen in der gesamten Omayyadenepoche eine herausragende Stellung, vor allem im internationalen Handel, sicherte. Wie schon gesagt, besorgten die Juden einen Großteil des Handelsverkehrs zwischen südeuropäischen und nordeuropäischen Ländern. Einige von ihnen sind namentlich bekannt, die mit Italien und anderen Ländern im Osten Handel trieben. Meist sprachen sie mehrere Sprachen, verfügten über Familienbeziehungen im ganzen Mittelmeerraum, waren bestimmend im internationalen Warenaustausch der Iberischen Halbinsel, einschließlich des Handels mit den christlichen Reichen Spaniens. In den meisten wirtschaftlichen Zentren mit bedeutenden jüdischen Gemeinden, in Arles, Lyon, Verdun, hatten sie Warendepots eingerichtet sowie Unterkünfte für Sklaven, die dort auf ihren Weitertransport warteten. Unter anderem gab es in Narbonne ein bedeutendes Judenviertel mit Handelshäusern, die den Handelsverkehr zwischen den jüdischen Gemeinden im muslimischen Osten sowie mit Barcelona, «wo die Juden genauso zahlreich waren wie die Christen», Tarragona, Valencia und Almería aufrechterhielten. Zumindest bis zum 10. Jahrhundert waren die Juden in den Städten besonders aktiv, und sie erfreuten sich in der Regel einer beachtlichen gesellschaftlichen Stellung. Man weiß von einem jüdischen Kaufmann und Textilfabrikanten, dass er von Hischam II. zum obersten Steuereinnehmer für alle Juden Spaniens ernannt worden war.

Die Juden waren jedoch nicht die einzigen, die sich in al Andalus mit Handelsgeschäften befassten. Muslime waren auf diesem Gebiet ebenfalls engagiert, die Christen dagegen in geringerem Ausmaß. In der Regel war der Handel nicht die typische Domäne der Muslime. Einmal abgesehen von den lokalen Einzel- und Großhändlern, übten die im internationalen Handel tätigen Muslime daneben meist andere Berufe aus, sie waren Ärzte, Lehrer an den Schulen, hatten geistliche Positionen inne. Der professionelle Kaufmann war unter den Muslimen weniger verbreitet als unter den Juden. Nicht, dass der Islam Betätigungen im Handel verboten hätte. Mohammed selbst begleitete Warenlieferungen, bevor er Khadidja, die wohlhabende Besitzerin dieser Waren, heiratete. In der Sunna, den nach der Tradition überlieferten Taten und Worten des Propheten, findet man an vielen Stellen wortreiche Bemerkungen über Kaufleute. «Der aufrichtige und vertrauenswürdige Kaufmann wird (am Tag des Jüngsten Gerichts) bei dem Propheten sein, ebenso die Gerechten und die Märtyrer.» Omar, einer der ersten Nachfolger Mohammeds, soll gesagt haben: «Ich könnte an keinem Ort angenehmer vom Tod ereilt werden als dort, wo ich mit Kaufen und Verkaufen in Handelsgeschäften begriffen bin.» Betrügerische Handelspraktiken, der Handel mit unreinen Dingen (Wein, Fleisch von nicht rituell geschlachteten Tieren etc.) sind streng verboten. Somit hinderte in al Andalus nichts und niemand einen guten Muslim daran, sich mit Handelsdingen nach innen und nach außen zu befassen.

Das kleinere und mittlere Handelsgeschäft ist überall und zu allen Zeiten bekannt gewesen: Händler, die von ihrem Handel mit Nahrungsmitteln und den verschiedensten Waren mehr oder weniger gut leben konnten. Am häufigsten werden die Fernhandelskaufleute erwähnt, von denen, wie bereits gesagt, viele zugleich als Gelehrte und Geistliche den Auslandsaufenthalt für ihre wissenschaftlichen Studien nutzen. Pilger nach Mekka und Medina führten Waren mit sich, um sie in Ägypten oder der Levante zu verkaufen, ganz zu schweigen von solchen, die sich als Pilger ausgaben, aber nur einfache Kaufleute waren. Aber auch die levantinischen Kaufleute behaupteten, in al Andalus wissenschaftliche Studien betreiben zu wollen, waren aber in Wirklichkeit Kaufleute.

Muslimische Händler trieben in erster Linie mit islamischen Ländern Handel – im Maghreb, im Vorderen und Mittleren Orient – bis hin nach Indien und China und folgten so einer alten Tradition (Sindbad der Seefahrer in *Tausendundeine Nacht*). Man trifft sie selten in den Ländern des nördlichen Mittelmeeres. Die

Gewohnheiten des Islam – nicht das Gesetz – hinderten sie daran, sich zu den Ungläubigen zu begeben. In Spanien war das etwas anderes. Dort gingen Händler aus al Andalus auch in die christlichen Gebiete des Nordens. Es kam vor, dass die christlichen Obrigkeiten den Handel mit Muslimen auf bestimmte Produkte beschränkten, sie genossen aber in christlichen Territorien meist umfassende Bewegungsfreiheit.

In der Omayyadenepoche nahmen die Christen im Wirtschaftsleben nur einen sehr begrenzten Platz ein. Die Obrigkeiten legten ihnen keine Hindernisse in den Weg, aber die christlichen Kaufleute benötigten eine Handelslizenz (*amman*), die man ihnen bereitwillig ausstellte. Die Christen hielten sich von Handelsgeschäften hauptsächlich deshalb fern, weil sie es nicht riskieren wollten, in Ländern tätig zu sein, deren Bewohner als «Anbeter des abscheulichen Mohammed» galten, wie man es in späteren Zeiten ausdrückte. Die religiöse Obrigkeit der Christen förderte keineswegs – um es einmal so auszudrücken – den Austausch mit islamischen Ländern. Solche Hinderungsgründe variierten je nach der politischen Lage. In Friedenszeiten wurden Handelslizenzen ohne weitere gewährt und respektiert. Zu anderen Zeiten, namentlich unter den religiös strengen, wenn nicht fanatischen Almoraviden und Almohaden, sah das anders aus. Da war es für Christen durchaus riskant, in al Andalus Handel zu treiben, und es war ihnen bisweilen unmöglich, im Lande umherzureisen. Bei Seefahrten zeigten sich die Almoraviden und Almohaden jedoch etwas liberaler, aus dem einfachen Grund, weil ein per Schiff ankommender Kaufmann, der seine Waren in einer Hafenstadt verkaufte, leichter zu kontrollieren war als ein über Land ziehender Kaufmann, dessen Spur man leicht aus dem Auge verlieren konnte. Die Folge dieser «Ermunterung» war ab dem 10./11. Jahrhundert ein verstärkter Kontakt zu christlichen Häfen, vor allem zu Genua und anderen italienischen Küstenstädten, die ihre Handelsbeziehungen zu al Andalus in dieser Zeit kräftig ausbauten. Die Namen von Genueser Kaufmannsfamilien, oder von solchen,

die von Genua aus operierten und mit al Andalus Handelsverbin-
dungen unterhielten sind bekannt: die Venta, Blandardus und andere… Man kaufte und verkaufte Waren, wurde aber auch nach
dem System der «Auftragserteilung» tätig. Neben Florenz sollte
Sevilla zu einem wichtigen Bankplatz im Westen werden. Zu dieser Zeit intensivieren auch Kastilien, Aragón und Katalonien mit
ihren langen Küstenabschnitten ihren Seehandel und treten damit
in Konkurrenz zu den Italienern.

Die Techniken des Handelsverkehrs

Die in al Andalus praktizierten Handelsmethoden sind dieselben,
die schon seit langer Zeit in der islamischen Welt bekannt waren.
Die erste und einfachste dieser Methoden ist der seit alters her
bekannte Tauschhandel, der jedoch in der andalusischen Epoche
nur noch selten geübt wurde. Die hauptsächliche und lange Zeit
die einzige Art des Handelsgeschäfts bestand darin, die Waren
selbst zu kaufen und zu verkaufen. So machte es Sindbad der Seefahrer in *Tausendundeine Nacht*: Mit einem Schiff von Hafen zu
Hafen zu fahren, die Waren zu einem guten Preis zu kaufen und
wenn möglich andere Waren aufzunehmen, mit denen man anderswo einen guten Gewinn erzielen konnte. Das ist die einfachste, aber auch riskanteste Methode. Es konnten auch mehrere
Kaufleute ein Schiff mieten und damit die Waren transportieren,
die sie an anderer Stelle verkaufen wollten. Dieses System wurde
rasch durch ein anderes ersetzt: Bestimmte Kapitalseigner liefern
die Ware an Leute, die von ihnen beauftragt werden, den Verkauf
der Ware vorzunehmen. Die Gewinne werden nach einem im voraus bestimmten Schlüssel aufgeteilt: 75 Prozent für den Investor,
25 Prozent für die beauftragten Verkäufer der Waren. Handels-
gesellschaften entstehen durch den Zusammenschluss mehrerer
Personen, die in mehr oder weniger große Handelsunternehmun-
gen investieren. Es ist häufig zu beobachten, dass in solchen Han-
delsgesellschaften Mitglieder derselben Familie tätig sind: der

Vater leitet das Unternehmen von einem städtischen Handelshaus aus, ein Sohn sitzt beispielsweise in Ägypten, ein anderer in Aden verhandelt die Waren bis nach Indien, bisweilen bis nach China, wo dann neue Waren gekauft werden. Es gibt den professionellen Kaufmann, aber auch den Gelegenheitskaufmann wie etwa der bei M. Lombard behandelte Dichter Abu Bakr, dem seine Dichtwerke eine große Summe Geldes einbrachten, die er in Almería in gewinnbringende Handelsgeschäfte anlegte. Verschiedene Formen einer Handelsgesellschaft sind möglich: Ein Kapitaleigner übergibt einer dritten Person eine mehr oder weniger bedeutende Summe mit der Auflage, sie gewinnbringend anzulegen. Die Gewinne werden gemäß einer zuvor ausgehandelten Übereinkunft aufgeteilt. Für die Überweisung von Geldmitteln benutzten die Muslime Schecks (*sakka*). Man gab auch Wechsel aus, Kreditbriefe, Umbuchungsanweisungen. Selbst die strengsten muslimischen Juristen, etwa zur Zeit der Almoraviden und Almohaden, haben in Spanien stets eine außerordentliche Fähigkeit an den Tag gelegt, einen Ausgleich mit den Prinzipien der Religion herzustellen, die exzessive Gewinne zwar ausdrücklich verbot, den Handel selbst aber nicht untersagte.

DIE KUNST DER MAUREN

«Der Reiz Spaniens ist es,
der Ort zu sein,
wo Orient und Okzident
einander begegnet sind.»
Émile Mâle

Schmelztiegel der Kulturen

Die Kunst von al Andalus, «die in den Okzident überführte muslimische Kraft», ist der Reflex eines doppelten orientalischen Einflusses, einmal seitens der syrischen Omayyaden, Araber also, die lange Zeit unter Römern und Byzantinern lebten und deren Baukunst kennen gelernt hatten, zum anderen seitens der mesopotamischen Abbasiden, auch sie Araber, die jedoch mehr zum Iran der Sasaniden hin orientiert waren. Durch die dortige Revolution des 8. Jahrhunderts waren die Abbasiden im Zweistromland an die Macht gekommen. Die Omayyaden Spaniens hatten vor allem in den Jahrzehnten nach der Eroberung ihre starken Bindungen, auf allen Gebieten, zu dem «verlorenen Paradies» Damaskus bewahrt, bis sie der Raffinesse des glänzenden Bagdad mit seiner verfeinerten Zivilisation und Kultur erlagen. Der berühmte Dandy Zyriab trat in Spanien als der betörende Propagandist dieser Zivilisation auf. Griechen und Römer hatten auf der Halbinsel nur oberflächliche Spuren hinterlassen, die der Iberer waren kaum spürbar. Die hispano-muslimische – oder maurische – Kunst stellt sich so als eine facettenreiche Kunst dar, mit einem weit reichenden, jedoch nicht alles dominierenden muslimischen Element. Emir und Kalifen, *reyes de taifas*, Almoraviden und Almohaden standen in beständigem familiären und wirtschaftlichen Kontakt zu den Kulturen am Südrand des Mittelmeeres. Ifrikiya, lange Zeit unter zumindest nomineller Oberherrschaft der Abbasiden, fungierte über einen größeren Zeitraum als Bindeglied zwischen Bagdad mit seinem gewaltigen Einflussgebiet und Córdoba mit seinem Hinterland auf der Iberischen Halbinsel. Auf den Schiffen Ifrikiyas gelangten nicht nur die Produkte und künstlerische Traditionen der Abbasiden nach Spanien, sondern auch die des Byzantinischen Reiches, Syriens, Ägyptens, Indiens und noch weiter entfernter Länder.

Dekor, Kleinkunst und Skulptur

Auf Grund der vielfältigen Einflüsse, die das Kunstschaffen in al Andalus prägte, ist das Dekor der Bauwerke, der Paläste und Moscheen, aber auch anderer Gegenstände von Wert von bemerkenswerter Vielfalt. Alle Materialien wurden verwendet: Steine, Marmor, Holz, Terrakotta aller Art, dekorierte und nicht-dekorierte Ziegel, Stuck in Form von Blumen, stilisierten Weinblättern, Akanthusblättern, als Flechtwerk, Rankenornamentik, als Schriftfriese und Fenstergitter. Vieles davon kam aus Syrien und Bagdad und wurde durch die Aghlabiten von Ifrikiya vermittelt.

Die Technik der glasierten Keramik kam aus dem abbasidischen Zweistromland und war mit ihrem metallischen Glanz, in Form profilierter Einzelstücke oder als Verblendung weit verbreitet. In Córdoba, Madinat az Zahra und an anderen Stellen verwendet man sie bei kufischen Schriftfriesen, zur Dekorierung von Bögen und Simsen, als Pflasterung etc. Die metallisch glänzende Keramik sollte später eine der schönsten handwerklichen Produkte des post-muslimischen Spanien werden. Ihr Ursprung liegt ohne Zweifel in den schimmernden Fayencefliesen, die von Bagdad über Kairuan nach Málaga gelangten, von wo aus sich diese Technik im 15. und 16. Jahrhundert auch in andere Zentren Spaniens ausbreitete.

Mosaiken sind ein Import aus Byzanz. Nach Angaben des Historiografen Ibn Idrisi hat Kaiser Nikephoros Phokas auf Bitten des Kalifen al Hakam diesem neben 320 Doppelzentern farbiger Mosaikkuben einen Mosaizisten mitgeschickt, der einigen Sklaven des Kalifen die Mosaikkunst beibringen sollte. Nach den Worten Idrisis «erwiesen sie sich als so geschickt, dass sie ihren Meister übertrafen.» Reiche Goldmosaiken bedecken die Wandpaneelen und das Bogenwerk der großen Moschee von Córdoba.

Das römische und byzantinische Erbe zeigt sich besonders augenfällig unter anderem an den Säulen der Großen Moschee von Córdoba und in Madinat az Zahra. Die meisten dieser Säulen wurden antiken Bauwerken entnommen, aber viele stammen auch aus muslimischer Produktion. Die Kapitelle, die Kranzgesimse, die Bildhauerarbeiten, namentlich in der Moschee von Córdoba oder in der Kathedrale von Tarragona kombinieren häufig dorische und korinthische Elemente und sind in der Regel Werke muslimischer

Künstler. Malereien auf Holz und Gips sind häufig vertreten. Der Fußboden der Moschee von Córdoba, von dem Teile bewahrt blieben, war mit floralem Dekor in den Farben Weiß, Rot, Blau, Grün und Schwarz bemalt. Es findet sich überall eine Fülle verschiedenster ornamentaler Dekorformen – ein Hinweis auf die von verschiedensten Seiten einwirkenden Einflüsse. Zahlreiche Inschriften in kufischen Lettern – meist Zitate aus dem Koran oder anderen Überlieferungen – sind in Stein oder Marmor gehauen, in Stuck oder Mosaik ausgeführt. Die Außenmauern sind mit geometrischen Schmuckformen versehen: polygone Sterne, Quadrate, Rechtecke in verschiedensten Kombinationen, bei denen der Künstler seiner Phantasie freien Lauf lassen konnte.

In al Andalus erscheint schon bald ein *mukarbas* oder *mukarnas* genannter Dekortyp, eine Abfolge von Nischen, die um eine kleinere Anzahl von Achsen gruppiert ist und die man meist mit Waben oder Stalaktiten vergleicht. Diese im Iran und Bagdad entwickelte Form wurde von früh an zum Schmuck von Nischen verwendet und ist überall in der muslimischen Welt verbreitet. In Spanien findet man sie an der Moschee von Sevilla (Ende des 12. Jahrhunderts), im Alcázar von Sevilla und eigentlich in allen Gebäuden der nachfolgenden Zeit. Mukarbas sollten dann zum vorherrschenden und prächtigen Dekor des Löwenhofes in der Alhambra von Granada werden. Dennoch nahmen sie in Spanien niemals diesen prominenten Platz ein wie in der Architektur Ägyptens oder Zentralasiens, wo sie zum integralen Ausdruck der islamischen Kultur und Mentalität wurden.

Kleinkunsterzeugnisse aus al Andalus, von denen leider nur wenige Beispiele bewahrt sind, gehören zu den originellsten Schöpfungen: Berühmt sind die Werke der Keramik. Unter dem Namen *Majolika* (von Málaga) erreichte sie unter anderem Italien und schmückte dort die Fassaden von Kirchen und Kirchtürmen. In Spanien verbreitete sich die Mode in dem Maße, wie die Produktpalette reicher wird: grüne und weiße, manganbraune und gelbe, hellblaue und dunkelblaue Keramik. Die metallisch glänzenden

Das Kästchen von Leyre (Elfenbeinschnitzerei, 1005) (Pamplona, Kathedrale)

Gefäße Spaniens, versehen mit blauer Malerei auf weißer Glasur, mit kalligraphischem Schmuck, mit stilisierten Tierfiguren und sogar menschlichen Abbildungen waren in ganz Europa berühmt, vor allem die großen «Alhambragefäße». Im 15. Jahrhundert erfreut sich die Keramik von Valencia mit ihrer Arabeskenornamentik, mit ihren Schriftzügen in Kufi oder Nakschi großer Beliebtheit, desgleichen die schimmernden Keramikplatten mit stilisiertem zoomorphem Dekor und menschlichen Figuren. Man exportierte diese Produkte nach Venedig, nach Kairo und Alexandria, in die Städte des Maghreb und Syriens. In maurischer Tradition stehen die reizvollen spanischen Keramikfliesen der Renaissance, die *Azulejos*, wie sie etwa die Casa de Pilatos in Sevilla schmücken. Elfenbeinarbeiten aus al Andalus, die oft höfische Szenen und Jagddarstellungen zeigen, sind Erbe einer langen, von Sasaniden und Abbasiden getragenen orientalischen Tradition,

Erbe auch byzantinischen Einflusses, aber sie wurden im muslimischen Spanien zur Vollendung gebracht. Dort empfing diese Kunst eine Lebenskraft und phantasievolle Ausgestaltung, wie sie in der Kunst zurückliegender Epochen nur selten zu finden sind.

In Hinblick auf Dekor und Inspiration stehen die Elfenbeinarbeiten den mit Skulpturschmuck versehenen Steinpaneelen nahe, wie sie etwa in Madinat az Zahra an den Becken für rituelle Waschungen angebracht sind und Fische, Vögel, Tierkämpfe zeigen. In Madinat az Zahra findet sich ein üppiger Elfenbeinschmuck – Blattwerk, Marmorpalmetten –, dieselben Schmuckformen wie am Marmorsockel des Mihrāb der Moschee von Córdoba. Eines dieser rechteckigen, mit Pinienzapfen und stilisierten Blumen dekorierten Becken verweist deutlich auf den Einfluss syrischer Stilformen in Spanien, zumindest in den ersten Jahrhunderten nach der Eroberung

Viel seltener sind in Spanien freistehende Skulpturen. Ein berühmtes Beispiel ist der Löwenbrunnen in der Alhambra. Es handelt sich dabei um ein recht archaisches Motiv, obwohl das Objekt auf 1305 datiert wird; möglicherweise haben wir es hier mit der Kopie eines viel älteren Werkes zu tun. Tierfiguren in Bronze – Löwen, Greife – belegen Einflüsse aus Ägypten und Ifrikiya und bestätigen auch hier die enge Verbindung von al Andalus mit den Ländern des Mittelmeers bis hinüber nach Mesopotamien.

Die Baukunst

Die hispano-maurischen Architekturzeugnisse sind ebenfalls von großer Vielfalt. Allein die Große Moschee von Córdoba vereinigt in sich alle einschlägigen Beispiele.

Staunen und Bewunderung erregen in erster Linie die sich kreuzenden Vielpassbögen und Bögen in Hufeisenform, die sich bisweilen überschneiden, bisweilen übereinander angeordnet sind. Skulptierte oder einfache Keilsteine im Wechsel mit roten Ziegelsteinen verleihen diesem Bauwerk seinen farbigen und einzigartigen Charakter, der die Betrachter schon immer in seinen Bann geschlagen hat. Man denkt bei diesem Anblick an die großartigen römischen Aquädukte, wie beispielsweise an den von Mérida, mit ihren Schlusssteinen aus Naturstein oder Ziegeln. Die Spuren des syrischen und persischen Orients manifestieren sich in den sich überschneidenden, sternförmigen Bogenrippen, in den muschelförmigen Trichternischen am Fuß der Kuppeln, in den sich überschneidenden Bögen, die in den abbasidischen Bauwerken so weit verbreitet waren. Als eigener Gebäudeteil in diesem gewaltigen Bauwerk ist der *Mihrāb* – eine architektonische Kostbarkeit – von einer Kuppel mit Kleeblattbögen gekrönt, die von Marmorsäulen mit goldenen Kapitellen gestützt werden. Als erstes Beispiel eines Mihrābs dieses Typs, findet man es später an mehreren Ort des Maghreb, namentlich in Tlemcen, aber auch am Portal der Moschee von Kairuan. Das Mittelschiff der Moschee von Córdoba und die beiden anderen Schiffe werden ebenfalls von Kuppeln überwölbt, unterfangen von Vielpassbögen wie in Damaskus, dessen Einfluss auch hier sichtbar wird. Es lässt sich eine augenfällige Ähnlichkeit mit den Kreuzrippengewölben westlicher zeitgenössischer Kirchen beobachten. Andalusischer Einfluss auf die Hauptwerke westlichen Kirchenbaus?

Es ist auffällig, mit welcher Leichtigkeit Konzeptionen der Kunst zwischen den entferntesten Gegenden übermittelt werden, denn Rippenkuppeln finden sich auch in Armenien, und diese wiederum sind von Damaskus her beeinflusst. Die Zusammenstellung von Kuppeln in Dreiergruppen erscheint auch in der toledaner Moschee Bib el Mardom, die heute eine Kirche ist; dort sind acht Kuppeln um eine höhere neunte gruppiert. Kuppelgruppen sind auch im Maghreb, namentlich in Tlemcen, verbreitet.

Die Ankunft der Almoraviden und dann der Almohaden auf der Halbinsel veränderte die religiöse Architektur Spaniens nachhaltig. Auch wenn recht wenige architektonische Zeugnisse dieser beiden Dynastien erhalten sind, dominiert doch ein Element alle anderen: Die Säulen, welche den Omayyadenmoscheen ein Gutteil ihrer Schönheit verleihen, werden durch Ziegelsteinpfeiler ersetzt; sie entsprechen damit dem asketischen und radikalen religiösen Ideal der afrikanischen Berber, die unter anderem auf die Halbinsel kamen, um den andalusischen Islam zu reformieren. Im Vergleich zur Architektur der Omayyaden kann dieser aus dem Zweistromland stammende Baustil von seiner Wirkung her nur als schwer bezeichnet werden. Da es nur wenige almoravidische und almohadische Bauzeugnisse in Spanien gibt, lässt sich dieser Stil am besten in Nordafrika, in Algier und Tlemcen beobachten. Die Moschee von Sevilla, oder was sich davon noch bewahrt hat, gehört zum Ende der Almoravidenepoche. In ihrem kompromisslosen Asketismus beschränkten die Almohaden jede Ornamentik auf ihr Minimum. Ihre Moscheen sind weiträumige symmetrische und solide Bauwerke und reagieren damit auf die um sich greifende Laxheit der ausgehenden Almoravidenzeit. Die großen Moscheetore ähneln den Toren befestigter Städte und unterstreichen damit das Ideal der Solidität, aber auch der Größe, während zugleich die Almohaden bestrebt waren, alles auszumerzen, was dem ursprünglichen, strengen islamischen Stil widersprach. Ihre radikalen religiösen Prinzipien hinderten sie indessen nicht daran, die Moschee von Córdoba zum Vorbild zu nehmen, als sie in Nordafrika, an erster Stelle in Marrakesch, ihre Moscheen bauten.

Alhambra

«Granada ist eine romantische Erfindung», hat einmal ein Kenner Spaniens und spanischer Kunst gesagt (P. Guinard) und scheint damit eine gewisse Verärgerung darüber zum Ausdruck bringen zu wollen, dass die hispano-muslimische Kunst – zumindest in den Augen vieler Touristen – auf jenen roten Hügel reduziert wird, der auf einem seiner Enden eines der meist besuchten Bauwerke Europas trägt. Seit den ersten Jahren des 19. Jahrhunderts existiert ein Mythos von Granada und der Alhambra, der bevorzugte *locus romanticus* romantischer Schriftsteller des Westens –

Chateaubriand, Théophile Gautier, Washington Irving, um nur die bekanntesten zu nennen, doch haben auch moderne spanische Musiker und Dichter wie Manuel de Falla und Federico García Lorca zum Ruhm Granadas beigetragen. Die sich vor den Schneefeldern der Sierra majestätisch erhebende Alhambra hoch über der Stadt ist einer der schönsten Plätze in Europa, und für die Touristen ist sie die ideale, steingewordene Imagination des Islam. Die an islamischer Kunst Interessierten in Spanien stellen dem Palast zu Granada die Moschee von Córdoba gegenüber, in einem größeren islamischen Zusammenhang dann die geschichtsträchtigere und majestätischere Süleymaniye von Istanbul, die Mevlana-Türbe von Konya, sie vor allem ein Spiegel der islamischen Seele, die Moschee von Omar und noch manche andere Hauptwerke islamischer Architektur. Dennoch: In ihrer Raffinesse und ihrer Vielfalt der Stilelemente beeindruckt und bewegt die Alhambra schon deshalb, weil sie der Schauplatz des letzten Gefechts der Muslime auf europäischem Boden war.

Der Bau der Alhambra zog sich über anderthalb Jahrhunderte hin. Allein ihre Berglage bedeutete ein wichtiges natürliches Verteidigungselement. Der Nasridenkönig Mohammed I. ließ den Bergrücken mit einer 2 Km langen Mauer bewehren, die mit viereckigen Zinnentürmen versehen war, wobei zwei besonders mächtige Türme an den äußersten Enden der Anlage, der Velaturm und der Rote Turm, dem Plateau besondere Sicherheit verliehen. Sein Sohn Mohammed II. verstärkte die Verteidigungsanlagen und setzte die Arbeiten an einem von seinem Vater begonnenen Palast fort. Der Fluss sicherte die Wasserversorgung. Beim Tod Mohammeds II. bot die Alhambra alle Elemente einer Stadt, beherbergte Läden, Wohnhäuser etc. Unter Mohammed III. wurde die Bautätigkeit fortgesetzt, unter anderem ließ er eine Moschee bauen. Alle nachfolgenden Sultane trugen das Ihre zum Ausbau der Alhambra bei.

Die Gesamtanlage dieser Festungsstadt wird bestimmt von Innenhöfen mit umstehenden Gebäudegruppen, die über Durchgänge und Fluchten kleinerer Säle miteinander verbunden sind. Die Alhambra wurde nicht in einem Atemzug gebaut. Paläste und sonstige Gebäude wurden niedergerissen, von anderen Sultanen wieder aufgebaut und nach ihren Vorstellungen verändert – und jeder der Bauherren setzte sich damit sein eigenes Denkmal. Jusuf I. ließ, neben der Medresse von Granada, das Tor der Gerechtigkeit und den östlichen Teil des Comarespalastes bauen, sowie die Säle, die zum Myrtenhof führen, dessen lang gestrecktes Wasserbecken von einer Myrtenhecke umrahmt ist. Die Schmalseiten des Hofes werden von einem Portikus auf zierlichen Säulen abgeschlossen. Diese Komposition ist typisch für die Architektur der Alhambra: Ein mehr oder weniger großer Hof mit einem zentralen Wasserbassin, von dem aus Tore in die um den Hof stehenden Gebäude führen. Das jeweilige Obergeschoss wird von Zwillingsfenstern durchbrochen. Eines der Tore führt zum Thronsaal oder Saal der Botschafter, der von einer auf Mauern ruhenden Kuppel überwölbt wird. Hier ist man weit entfernt von Córdoba und seinem Säulenwald. Um den berühmten Löwenhof herum ließ Jusufs Nachfolger Mohammed V. einen neuen Palast bauen – zahlreiche Inschriften nennen seinen Namen – ; in der Mitte des rektangulären Hofes ein Wasserbecken in Form einer runden Brunnenschale, die von zwölf steinernen Löwen getragen wird. Ein aus kannelierten Säulen bestehender umlaufender Portikus verleiht diesem berühmten Innenhof das Aussehen eines klösterlichen Kreuzgangs. Der Löwenhof gewährt Zugang zu vier Sälen unterschiedlicher Größe: Im Süden der «Saal der Abenceragen», im Osten der «Königssaal» («Sala del Tribunal»), im Norden der dem Harem benachbarte Prunkraum «Saal der zwei Schwestern» mit seiner unerhört reichen *mukarna*-Decke, im Westen dann ein rektangulärer Saal, der in einem *mukarna*-Dekor funkelt, wie man ihn im Westen sicherlich noch nie gesehen hat.

Auch der Schmuck der Innenräume steht im deutlichen Gegensatz zu Córdoba und zu allem, was bis dahin zur Tradition der hispano-muslimischen Kunst gehörte. Die Nüchternheit weicht der Fülle. Es finden sich hier sogar Spuren christlicher Kunst. Im «Turm der Damen» («Torre de las Damas») zeigen Malereien – vermutlich von der Hand europäischer Künstler – Szenen einer Hetzjagd, einer Eber- oder Bärenjagd. Männer und Frauen sind in (Liebes-?)Gespräche vertieft, Reiter sprengen vorbei, Szenen also, die niemanden in einem Schloss Südfrankreichs oder an der Loire überrascht hätten. Die Mauersockel sind mit Keramik verblendet, darüber erheben sich bis zur Decke Stuckaturen, die scheinbar bis ins Unendliche auslaufende, verflochtene Arabesken entwickeln. Palmwedel verbinden sich zu Gesträuch, Blumen wiegen sich sanft auf und ab, Zweige und Blätter bilden ein dichtes Gewirr, die Mauern sind überzogen von vegetabilen Schmuckformen, von einem Dekor stilisierter Natur. Blumen und Pflanzen lösen sich mit grenzenlosem Fantasiereichtum in Rosetten, Sterne und Palmetten auf. Viele Raumdecken der Alhambra sind bemalt. Die Mitwirkung christlicher Künstler bei den Stuckaturen und den Malereien liegt klar zu Tage. Einige von ihnen waren Kriegsgefangene, andere wurden gegen Entlohnung engagiert. Vor allem die vegetabilen Formen wurden von Gebieten außerhalb Spaniens übernommen, ebenso die menschlichen und tierischen Figuren. Umgekehrt wirkten Künstler und Handwerker des Sultans beim König von Kastilien.

Die epigraphische Kunst ist überall präsent mit ihren klaren kufischen, vertikal ausgerichteten Lettern, während sich die Naskhischrift in unendlichen kursiven Formen entwickelt und sich mit ihrem dicken und feinen Strich leicht und harmonisch in arabeske Formen einfügt, eine Schmuckform, die Glauben macht, sie sei improvisiert, sei mit leichter Hand hingeworfen, so fantasiereich entfaltet sie sich, so geschmeidig verschmilzt sie mit Blütenranken und geometrischen Motiven. Mukarbas von unbegrenztem Variationsreichtum, in allen Größen und Formen lassen sich beinahe überall im Palast bewundern – namentlich die Kuppeln im «Saal der Abenceragen» und im «Saal der Damen» –, sie vermischen sich mit Versinschriften, erreichen aber den Glanzpunkt ihrer Schönheit im Löwenhof, «die wahrhafte Kathedrale der hispano-mauresken Mukarbas wegen der Breite ihrer stilistischen Lösungen.»

So schön die Alhambra auch ist, es stellt sich die Frage, ob nicht einige benachbarte Palastbauten ihr an Leichtigkeit und ausgewogenen Proportionen gleichkommen – etwa der Generalife. Eine lang gestreckte Allee mit schönen Zypressen und einem schmalen Wasserbecken im Zentrum führt zu diesem Bau. Er tritt uns im Großen und Ganzen so entgegen, wie ihn Yusuf erbauen ließ. Dorthin hatte er sich mit seiner nächsten Umgebung während der Pestepidemie von 1348 zurückgezogen, die damals ganz Spanien und alle Länder des Mittelmeers heimsuchte. In Einzelteilen leicht verändert erscheint uns der Generalife mit seiner offenen Galerie als ein Juwel an Eleganz und Anmut. Ein großer länglicher Hof öffnet sich zu den hinter dem Portikus liegenden Sälen. Sie sind alle nicht ausgeschmückt, aber ihre Proportionen sind perfekt. Kleine Lauben und Pavillons stehen in den Gartenanlagen zwischen Rosen und Jasmin, im Schatten hoher Zypressen. Wasserfontänen speisen das zentrale Bassin, in dem sich die friedliche Landschaft spiegelt. Nichts ist zu mächtig, nichts zu streng – eine Harmonie im Maß des Menschen –, während die Alhambra den Souverän und seinen Ruhm verherrlicht. Mit seiner natürlichen Harmonie hat der Generalife die größten Komponisten inspiriert. Andere Pavillons, insbesondere der «Partalpalast» mit seinen Malereien, die uns über die Kleidung der Menschen des 14. Jahrhunderts unterrichten, sind noch erhalten, aber die meisten der graziösen Lusthäuser, welche sich der Adel Granadas im Gartenland der Vega hatte erbauen lassen, sind verschwunden, mit Ausnahme des von den Nasriden errichteten «Dar al Arusa» («Haus der Braut»).

Die Mudéjarkunst

«Der Mudéjarstil ist die Kunst der Muslime, die unter dem Joch
der christlichen Eroberer weiterlebten und weiterarbeiteten»
(Georges Marçais).

Im Zuge der langandauernden Reconquista kamen eine Reihe
muslimischer Provinzen bereits mit dem 11. Jahrhundert unter
christliche Herrschaft, während andere erst am Ende des 15. Jahrhunderts in christliche Hand fielen. Dementsprechend verteilt
sich auch die künstlerische Produktion über einen langen Zeitraum. Nach 1492 gilt alles als Mudéjar, was in Spanien von muslimischen Künstlern geschaffen wurde, der Begriff bezieht sich
aber auch entsprechend auf die davorliegende 400-jährige Periode. Die Mudéjarkunst erstreckt sich somit über denselben Zeitraum wie die Rückeroberung muslimischer Territorien durch die
Christen.

Das 1085 von Alfons von León eroberte Toledo war der erste
christliche Ort, an dem sich das Talent muslimischer Künstler entfalten konnte. Zwei Kirchen dieses Stils sind erhalten. Die eine,
Santa María la Blanca, ursprünglich Synagoge, erinnert mit ihren
Hufeisenbögen an die Große Moschee von Córdoba. Die Säulen
tragen in Gips skulptierte Kapitelle, die Tympana sind mit Arabesken geschmückt. Andere Elemente weisen Beziehungen zur
Moschee von Tlemcen auf. Es ist offenkundig, dass muslimische
Arbeiten in der christlichen Epoche als Vorbild dienten. Ein toledaner Palast des 14. Jahrhunderts zeigt deutlich andalusischen
Einfluss. Privathäuser schmücken Friese mit rosenförmigen Sternen und geometrischem Dekor – eher muslimische Schmuckformen als christliche. Die Architektur eines der bekanntesten Bauwerke Toledos, die vermutlich im 14. Jahrhundert erbaute Puerta
del Sol, erinnert vollständig an muslimische Architektur: übereinander angeordnete Galerien mit Hufeisenbögen oder Rund-
bögen, aus Kreisbögen zusammengesetzte, mit einander verflochtene Bögen etc.

Was in Sevilla von muslimischer Kunst übrigblieb, ist nur schwer fassbar und lässt sich oft kaum identifizieren, so sehr haben die Bautätigkeiten Peters des Grausamen, Ferdinands und Isabellas, Karls V. und anderer Herrscher bis ins 19. Jahrhundert hinein zerstörend gewirkt. Selbst der Alcázar erlitt irreparable Schäden. Alles jedoch deutet darauf hin, dass der Mudéjarstil in den Sälen, Höfen, Fluren des Alcázar ausgiebig verwendet wurde. Der «Hof der Puppen» (*Patio de las Muñecas*) mit seinen gezahnten Hufeisenbögen, seinen Stalaktiten und seinen vielen Gemeinsamkeiten mit der Alhambra wurde im 14. Jahrhundert ausgeschmückt. Es ist ein rein muslimisches Werk, genauso wie der später gänzlich umgebaute, benachbarte «Saal der Gesandten»: Rundbogenöffnungen, ausgiebige Verwendung von Emailfliesen, kufische Inschriften und geometrische Muster – alles muslimischer Baudekor, ebenso die Stalaktiten und die sich überschneidenden Sternformen der Decke. Im später von Peter dem Grausamen umgebauten Salon Karls V. sind alle klassischen muslimischen Dekorelemente vertreten. Noch eine ganze Reihe anderer Beispiele könnten genannt werden, in Sevilla und anderen Städten – dazu gehören auch die aragonesischen Glockentürme, die an die Giralda von Sevilla erinnern. Auf allen Gebieten der Kunst bezeugen die prachtvollen und verfeinerten Werke muslimischer Künstler der Epoche nach der Reconquista die großartige künstlerische Vergangenheit des Islam in der westlichen Hemisphäre.

Auf den großen Pilgerrouten

Noch im 19. Jahrhundert konnte der Reisende in Ktesiphon in Verlängerung des imposanten und majestätischen großen Bogens eine lang gestreckte, dreigeschossige Fassade mit Vielpassbögen erkennen. Ein Teil davon ist inzwischen verschwunden, aber was übrigblieb, eröffnet uns einen gewaltigen Horizont bis hin zur Moschee von Córdoba und bis zu den Kirchen Südwestfrankreichs, zur Kathedrale von Le Puy und vielen anderen.

Der aus dem sasanidischen Persien stammende Vielpassbogen wurde von den abbasidischen Architekten übernommen, wie Bogenreste der Moschee von Samarra bezeugen. Er ist mit seinen vielfältigen Formen, etwa mit dem an ein Kleeblatt erinnernden Dreipassbogen ein konstituierendes Element der islamischen Architektur. Er begegnet uns in den Moscheen von Ifrikiya (Kairuan) und bald auch in Spanien, in Córdoba, wo er das charakteristische Schmuckelement im Inneren wie im Äußeren darstellt, dann auch jenseits der Pyrenäen, namentlich in La Charité-sur-Loire, wo er vermutlich von Architekten eingeführt wurde, die Toledo besucht hatten. Toledo hatte auch noch nach der Reconquista sein arabisches Aussehen bewahrt. So findet man in La Charité-sur-Loire – ein Priorat des Cluniazenser, von denen man durchaus sagen kann, sie seien «die Seele des spanischen Kreuzzuges» gewesen – überall den Vielpassbogen, ebenso in der Kirche Notre-Dame-du-Port zu Clermont-Ferrand, dort als Dreipass oder als Rundbogen. In der Jakobsbasilika von Santiago de Compostela erscheinen die Rundbogen der Fenster wie verdoppelt durch Bögen mit fünf Pässen und Kleeblattbögen. In der Kirche Notre-Dame-du-Port in Clermont konnte Émile Mâle beobachten, dass die Nischen der Apsis von volutenförmigen Konsolen unterfangen sind, die denen der Moschee von Córdoba ähneln, wo sie ein wichtiges inneres und äußeres Schmuckelement darstellen. So deutet alles darauf hin, dass sich der französische Architekt in der Hauptstadt des muslimischen Spanien aufgehalten haben muss. Solchen Volutenkonsolen begegnet man in zahlreichen französischen Kirchen, vor allem in der Auvergne, in Saint-Sernin von Toulouse, im Berry, im Poitou und selbst im normannischen Jumièges. Einige sind exakte Repliken der Konsolen von Córdoba. Genauso wie die in Notre-Dame-du-Port gefundenen Mosaiken, sind die Volutenkonsolen Kopien arabischer, nach Frankreich überführte Vorbilder. Wer aber hat sie nach Frankreich gebracht?

Der Beziehungen zwischen den Muslimen Spaniens und dem großen Nachbarland im Norden waren – trotz des ständigen Auf und Ab – häufiger und enger, als man für eine Epoche annehmen könnte, in der die Völker kaum die notwendigen Mittel und Wege besaßen, sich zu begegnen. Allen voran war es der Pilgerweg nach Santiago, der jedes Jahr Zehntausende von Pilgern nach Spanien zog. Mehrere Routen führten zu diesem neben Rom wichtigsten religiösen Zentrum Westeuropas. Eine begann in Puy-en-Velay und führte über Conques und Moissac nach Roncesvalles und Pamplona bis nach Puente la Reina, wo alle Routen zusammenliefen; sie führte von Arles nach Narbonne und Carcassonne und von dort über den Col du Somport nach Jaca; eine dritte ging von Vézelay nach Limoges, Périgueux und Roncesvalles wie auch diejenige über Orléans, Poitiers, Bordeaux und Dax. Von Puenta la Reina ging es dann über Burgos und León nach Santiago.

Ganz offenkundig befanden sich unter diesen Pilgermassen auch Leute von Bildung, Künstler, Handwerker, die neugierig waren, die Werke und Techniken ihrer christlichen und muslimischen Kollegen kennen zu lernen. Christen hatten grundsätzlich keine Schwierigkeiten, Moscheen zu besuchen. Einige haben sicherlich ihre Reise nach Córdoba fortgesetzt. Auch mangelte es in Spanien nicht an Moscheen, deren Erbauer sich von den Hauptwerken des westlichen Islam oder der mozarabischen Kirchen hatten inspirieren lassen; alle standen ja in Spanien der in Córdoba praktizierten Baukunst nahe. Ohne Zweifel sind auch Araber nach Frankreich gekommen. Émile Mâle bezieht sich auf die Worte des Autors des *Speculum Morale* aus dem 13. Jahrhundert, der berichtet, dass «die Sarazenen des Westens, wie er hat sagen hören, Gaben in Notre-Dame-du-Puy opfern, damit sie die Jungfrau Maria vor Blitzschlag und Unwetter bewahre.» Die Reisenden des Mittelalters übten sich offenbar in religiösen Gesten, die uns heute merkwürdig, geradezu synkretistisch anmuten. Einzelne Araber, Künstler und Gelehrte, traten zweifellos in Kontakt mit ihren französischen Berufskollegen und beschrieben ihnen und skizzierten vielleicht die muslimischen Bauwerke Spaniens samt ihrem Bauschmuck. Mehrheitlich waren es wohl Mozaraber, die von den großen Wallfahrtsorten jenseits der Pyrenäen angezogen wurden und dort bei dieser Gelegenheit Baumeister und Kunsthandwerker in Kirchen, Klöstern und anderen christlichen religiösen Stätten im Languedoc, im Limousin und im Velay trafen.

In diesem vulkanischen und zerklüfteten Velay, das dem Mittelalter wie das Ende der bewohnten Welt erscheinen mochte, hat die Begegnung zwischen französischen und muslimischen Architekten, Künstlern und Dekorateuren die sichtbarsten und schönsten Spuren hinterlassen, namentlich auf dem Puy, auf einem der *heiligen Hügel*, die auch anderswo in Frankreich einen so starken Eindruck hinterlassen.

Nach der Legende soll die Jungfrau auf einem Dolmen einer kranken Frau erschienen sein, und zwar auf dem Corneille-Felsen, einer heute mitten in Le Puy gelegenen hoch aufragenden Erhebung, und befohlen haben, an diesem Ort eine Kirche zu erbauen. Um das Jahr 420 wurde von mysteriöser Hand, so erzählt die Legende weiter, das noch bescheidene Sanktuarium errichtet, in Wahrheit jedoch an der Stelle eines römischen Tempels, der auf Geheiß christlicher Könige zerstört worden war. Es entstanden mehrere aufeinander folgende, immer größere und schönere Kirchenbauten und Ausbauten, bis im 12. Jahrhundert das letzte Joch geschlossen wurde. An diesem verehrten Kultort – dem «Lourdes des Mittelalters» – ist der Einfluss der arabischen Kunst spürbar wie sonst nirgendwo in Frankreich und im gesamten Okzident – mit Ausnahme von Sizilien. Der Besucher, der die großen Moscheen der islamischen Welt kennt, und insbesondere diejenigen Spaniens, kommt beim Anblick der Arkaden aus weißen und schwarzen Steinen, der Vielpassbögen, der Volutenkonsolen von Le Puy nicht umhin, an den hochragenden Säulenwald der Moschee von Córdoba zu denken. Besonders das Kloster mit seinen farblich alternierenden Bogensteinen rivalisiert an Schönheit und Pracht mit den ebenfalls farblich wechselnden Säulenreihen von Córdoba. Am Portal ist eines der Tore von Dreipass- und Vielpassbögen, von Schriftornamentik, die an kufische Lettern erinnern,

eingerahmt. Der eigenartige Portalvorbau besteht aus zwei übereinander angeordneten Bögen – nichts dergleichen findet sich
in einem anderen französischen Bauwerk des Mittelalters. Das
Decke des Schiffes besteht aus Kuppeln auf Trichternischen und
nicht aus einem Gewölbe, wie im sasanidischen Persien.

WAS BLIEB VON AL ANDALUS?

Am Ende diese Streifzuges durch rund achthundert Jahre maurischer Herrschaft und maurischer Kultureinflüsse drängt sich eine
Frage auf: Hat diese Herrschaft von «Fremden» – Fremde in
Bezug auf Religion und Lebensgewohnheiten – dem «Dunklen
Mittelalter» auf der Iberischen Halbinsel eine allzu lange Überle-
benszeit gesichert und damit die gesamte Region gegenüber anderen Nationen ins Hintertreffen gebracht, oder hat sie dem Land
neue geistige und materielle Kenntnisse gewährt, die ihren Eintritt in die neuzeitliche Welt erleichterten? Die Anregungen, die
Spanien aus dem Orient erhielt und die in hohem Maße als
Grundlage für die Erkenntnisse der dortigen Philosophen, Mathematiker, Mediziner und anderer dienten, hatte sie eher negative
oder eher positive Auswirkungen? Und die Werke der genannten
Gelehrten, bedeuteten sie ihrerseits für den Okzident einen Zuge-
winn an Wissen und Kenntnissen?

Es fällt nicht schwer, hier mit einem Ja zu antworten. Ohne in
Übertreibung zu verfallen, kann man nur Bewunderung empfin-
den über den Glanz und die Tiefe der hispano-muslimischen Zivilisation, der Europa so viel verdankt und die in so vielen Wissensgebieten sichtbar wurde, von den landwirtschaftlichen Techniken
bis zur Mathematik, in der Astronomie, vor allem in der Philosophie und auch der Theologie. Wieviele Spuren von Averroes, Avicenna, Farabi finden sich nicht bei Dante und selbst bei Thomas
von Aquin… Hätten am Ausgang des Mittelalters unsere großen

Universitäten in Italien, Frankreich, England jemals ihr hohes Niveau erreicht ohne die arabischen, mozarabischen und jüdischen Gelehrten aus Córdoba, Sevilla, Toledo und anderen geistigen Zentren in al Andalus?

Es ist zudem unbestreitbar, dass sich Spanien, dank der hohen islamischen Zivilisation, die so viel von der antiken Kultur in sich aufgenommen hatte, befähigt sah, auf dem Weg zur Renaissance seinen eigenen Beitrag zu leisten. Und lassen sich etwa die Werke von Gelehrten wie Averroes – «vielleicht der Spanier, der die tiefsten Spuren im Denken der Menschheit hinterlassen hat» (J. Vernet) – mit Schweigen übergehen, wenn man die Entwicklung der Wissenschaften im Orient, in Persien, in Syrien, würdigen will?

Vor einigen Jahrzehnten war es bei einer Reihe von Historikern Mode zu behaupten, die muslimischen Jahrhunderte hätten sich verhängnisvoll für Spanien ausgewirkt, und sie attestierten dem Land deshalb einen deutlichen Entwicklungsrückstand gegenüber anderen europäischen Ländern. Diese Polemik ist inzwischen verstummt oder doch fast verstummt; viele Andalusier der Gegenwart sehen mittlerweile in der muslimischen, der maurischen und sefardischen Vergangenheit ihrer Heimat ein wichtiges kulturelles Vorbild, an das es anzuknüpfen gilt. Daher kann man – angesichts des immensen intellektuellen Beitrags der Muslime für Spanien und für Europa – jetzt festhalten: Wenn es Brüche in der materiellen und politischen Entwicklung Spaniens gegeben hat, so liegt die Verantwortung dafür in erster Linie bei den Spaniern selbst. Die Spanier der Oberschichten, die wohlhabenden Stadtbürger, Muslime eingeschlossen, lebten weitgehend von der Arbeitsleistung der muslimischen Bauern. Als diese zum Verlassen des Landes gezwungen wurden, gerieten Grund und Boden samt der kunstvollen Bewässerungsanlagen in die Hände einer Bevölkerung, die nur geringe Erfahrungen mit landwirtschaftlichen Arbeiten hatte. Die intensiv mit der Reconquista beschäftigten Christen hatten diesem Bereich nur wenig Aufmerksamkeit geschenkt. Sie begriffen sich in erster Linie als Kämpfer für eine, in ihren Augen, heilige Sache, und standen der niederen Arbeit auf dem Felde oft fremd gegenüber. Es war die Epoche, als das «Gold Amerikas» ins Land zu fließen begann, und das beschäftigte die stolzen Hidalgos mehr als die Urbarmachung des spanischen Bodens. Die Krone richtete ihrerseits ihre ganze Aufmerksamkeit auf die «große» Außenpolitik und träumte von einer Herrschaft über Europa und die fünf Kontinente, und dabei vergrößerte sich der Abstand zwischen Spanien und den anderen europäischen Ländern. Die Vertreibung der Muslime stellte sich für die Landwirtschaft, das Handwerk, für die Entwicklung des Landes im allgemeinen, als ein schlimmer Fehler heraus. Es sollte Jahrhunderte in Anspruch nehmen, bis dieser Rückstand wieder aufgeholt werden konnte.

LITERATURVERZEICHNIS

I. Übergreifende Werke

M. Aguilar/A. Robertson, A Guide to Jewish Spain. Madrid 1984.

Atlas de l'Islam, hg. W. C. Price. Leiden.

R. Bennassar, Histoire des Espagnols. Paris 1985.

R. Blachère, Histoire de la littérature arabe des origines à la fin du XVe siècle. Paris 1952.

The Cambridge History of Islam. Cambridge 1970–78.

A. Clot, Harun al Raschid. Kalif von Bagdad. Düsseldorf/Zürich 2001.

R. Dozy, Histoire des Musulmans d'Espagne. Leiden 1932.

G. Endress, Einführung in die islamische Geschichte. München 1982.

Encyclopaedia Judaica, 10 Bde (bis «Lyra»). Berlin 1928–34.

Encyclopaedia Judaica, 16 Bde (bis «Lyra»). Jerusalem 1971–72.

Encyclopedia of Islam. London. Leiden 1954 ff.

Encyclopédie de l'Islam. Leiden 1954² ff.

Enzyklopädie des Islam. Leiden, Leipzig 1913–1934.

W. Hoenerbach, Islamische Geschichte Spaniens. Zürich/Stuttgart 1970 (Artemis. Bibliothek des Morgenlandes).

Der Koran. Deutsche Übers. von R. Paret. Stuttgart 1962, 1996[7].

K. Kreiser/R. Wielandt, Lexikon der Islamischen Welt. Stuttgart 1992.

M. A. Ladero Quesada, Granada. Historia de un pais islámico. Madrid 1979².

W. G. Lerch, Denker des Propheten. Die Philosophie des Islam. Düsseldorf/ Zürich 1999.

E. Lévi-Provençal, Histoire de l'Espagne musulmane, 3 Bde. Paris/Leiden 1950–53, 1967².

Lexikon der Arabischen Welt. München/Zürich 1972.

Lexikon des Mittelalters, 9 Bde. München/Zürich 1977–98 (mit Beiträgen u. a. von H.-R. Singer, *al-Andalus, Córdoba, Granada, Omayyaden,* U. Rudolph, *Philosophie, arabische,* C. Anawati/L. Hödl, *Averroes* u.v.a.).

R. Menéndez Pidal (hg. J. Zamora), Historia de España, Bd III–XVII. Madrid 1963 ff.

A. Miquel, L'Islam et sa civilisation. Paris 1990.

F. Prinz, Von Konstantin zu Karl dem Großen. Entfaltung und Wandel Europas. Düsseldorf/Zürich 2000, 2001².

P. Schulthess/R. Imbach, Die Philosophie im lateinischen Mittelalter. Düsseldorf/Zürich 1996, 2000².

H.-R. Singer, Der Maghreb und die Pyrenäenhalbinsel bis zum Ausgang des Mittelalters, in: U. Haarmann (Hg.), Geschichte der arabischen Welt. München 1987.

J. Sourdel-Thomine/B. Spuler, Die Kunst des Islams (Propyläen Kunstgeschichte, Bd IV). Berlin 1973.

M. und U. Tworuschka, Islam Lexikon. Düsseldorf/Zürich 2002.

M. Ullmann, Die Medizin im Islam. Leiden 1970.

J. Vernet, Die spanisch-arabische Kultur in Orient und Okzident. Zürich/München 1984 (Artemis. Bibliothek des Morgenlandes).

L. Vones, Geschichte der Iberischen Halbinsel im Mittelalter (711–1480). Sigmaringen 1993.

II. Literatur zu einzelnen Themen

R. Arie, L'Espagne musulmane au temps des Nasrides. Paris 1990.

E. Ashtor, History of the Jews in Muslim Spain. 1960.

A. Bednoory, Moorish Architecture in Andalusia. Köln 1992.

B. Bennassar, Les Chrétiens d'Allah. Paris 1989.

R. Allen Brown, Die Normannen. Düsseldorf/Zürich 2000.

Ch. Dawson, The Expansion of Moslem Culture in The Making of Europe. London 1946.

Ch. E. Dufourcq, La vie quotidienne dans l'Europe médiévale sous domination arabe. Paris 1978.

J. Edwards, Die spanische Inquisition. Düsseldorf/Zürich 2003.

J. Fontaine, Isidore de Séville et la culture classique de l'Espagne wisigothique. Paris 1983².

J. Fontaine, L'Art mozarabe. Paris 1977.

T. F. Glick, Islamic and Christian Spain in the Early Middle East. Princeton 1979.

P. Guichard, Tribus arabes et berbères en al-Andalus. Paris 1973.

P. Guichard, Les Arabes ont bien envahi l'Espagne. Annales 1974.

P. Guichard, Structures sociales «orientales» et «occidentales» dans l'Espagne musulmane. Paris 1977.

H. H. Hendrix (Hg.), 1492–1992: 500 Jahre der Vertreibung der Juden Spaniens. Aachen 1992.

K. Herbers, Der Jakobsweg. Tübingen 1986.

A. Huici, Histoire politique de l'Empire almohade. Paris 1956.

S. M. Imamuddin, A Political History of Muslim Spain. Dacca 1969.

S. M. Imamuddin, The Economic History of Spain under the Omeyyads. Dacca 1963.

Al-Idrisi, Description de la grande mosquée de Cordoue. Trad. Dessus-Lamare. Algier 1949.

B. Leroy, L'Espagne au Moyen Age. Paris 1988.

E. Lévy-Provençal, La Civilisation arabe en Espagne. Paris 1948.

E. Lévy-Provençal, Le Cid de l'Histoire. Revue Historique, 1937.

U. Lindgren, Gerbert von Aurillac und das Quadrivium. Wiesbaden 1976.

M. Lombard, Les Textiles dans le monde musulman. Paris 1968.

M. Lombard, L'Islam dans sa première grandeur. Paris 1971.

M. Lombard, Espaces et réseaux du Haut Moyen Age. Paris 1972.

M. Lombard, Le Fer et les métaux précieux. Paris 1975.

M. Mágnusson, Die Wikinger. Düsseldorf/Zürich 2003.

É. Mále, «Les influences arabes dans l'art roman». Revue des Deux-Mondes, 1923.

G. Marçais, L'Architecture musulmane d'Occident. Paris 1954.

R. Mercier, Charles Martel et la bataille de Poitiers. Paris 1944.

Millert-Gérard, Chrétiens mozarabes et culture islamique. Paris 1984.

N. Ohler, Die Kathedrale. Düsseldorf/Zürich 2002.

N. Ohler, Pilgerstab und Jakobsmuschel. Düsseldorf/Zürich 2000.

Ch. Pellat (trad.), Le Calendrier de Cordoue. Leiden 1961.

G. Peyronnet, L'Espagne et la civilisation islamique. Paris 1992.

M. Puhle (Hg.), Otto der Große, Magdeburg und Europa. Mainz 2001 (vgl. dort in: Bd. I Essays: F. Valdés Fernández, Die Gesandtschaft des Johannes von Gorze nach Cordoba, S. 525–536; Bd. II Katalog: Das Kalifat von Cordoba…, S. 496–508).

C. Sánchez Albornoz, «L'Espagne et l'Islam». Revue Historique, 1932.

C. Sánchez Albornoz, España, un enigma histórico. Buenos Aires 1956.

P. C. Scales, The Fall of the caliphate of Cordoue. Leiden 1994.

P. Tucoo-Chala, Quand l'islam était aux portes des Pyrénées. Biarritz 1994.

Ch. Verlinden, L'Esclavage dans l'Europe médiévale. Paris 1955.

Wahid Abdul, The Moslem Immigration and Settlement of North Africa and Spain. 1989.

M. Watt, Islam and Integration of Society. London 1961.

DANKSAGUNG

Wir danken Herrn Karl-Heinz Herrmann für die freundliche Unterstützung des Werks durch Bereitstellung zahlreicher Bilddokumente zur Architektur und Kultur von al Andalus.